LES LITTÉRATIES :
PERSPECTIVES LINGUISTIQUE, FAMILIALE ET CULTURELLE

LES LITTÉRATIES :
PERSPECTIVES LINGUISTIQUE, FAMILIALE ET CULTURELLE

Sous la direction de Anne-Marie Dionne et Marie Josée Berger
Faculté d'éducation
Université d'Ottawa

Les Presses de
l'Université d'Ottawa

Les Presses de l'Université d'Ottawa remercient le Conseil des Arts du Canada et l'Université d'Ottawa de l'aide qu'ils apportent à leur programme de publication.

Nous reconnaissons également l'aide financière du gouvernement du Canada par l'entremise du Programme d'aide au développement de l'industrie de l'édition (PADIE) pour nos activités d'édition.

Catalogage avant publication de Bibliothèque et Archives Canada

Dionne, Anne-Marie, 1965-

  Les littératies : perspectives linguistique, familiale et culturelle / Anne-Marie Dionne et Marie-Josée Berger.

  Comprend des réf. bibliogr. et un index.

  ISBN 978-2-7603-0632-5

  1. Alphabétisation—Aspect social. 2. Alphabétisation—Programmes familiaux. 3. Langage et éducation. 4. Alphabétisation—Aspect social—Canada. I. Berger, Marie-Josée II. Titre.

LC149.D56 2007   302.2'244   C2006-906940-9

Les Presses de
l'Université d'Ottawa

Révision linguistique : Gilles Vilasco

Mise en page : Creative Publishing Book Design (Ghislain Viau)

Correction d'épreuves : Dominique Fortier

Maquette de la couverture : Kevin Matthews

Tous droits de traduction et d'adaptation, en totalité ou en partie, réservés pour tous les pays. La reproduction d'un extrait quelconque de ce livre, par quelque procédé que ce soit, tant électronique que mécanique, en particulier par photocopie et par microfilm, est interdite sans l'autorisation écrite de l'éditeur.

© Les Presses de l'Université d'Ottawa, 2007
524, avenue King Edward, Ottawa, Ontario, K1N 6N5, Canada
press@uottawa.ca / www.uopress.uottawa.ca

Table des Matières

INTRODUCTION   1
   Anne-Marie Dionne

UNE VISION GLOBALE DE L'APPROPRIATION DE L'ÉCRIT
EN MATERNELLE   7
   Marie-France Morin

LES PRÉOCCUPATIONS DU JEUNE SCRIPTEUR ET LE
DÉVELOPPEMENT DES COMPÉTENCES LANGAGIÈRES
À L'ÉCRIT   35
   Isabelle Montésinos-Gelet

LA LITTÉRATIE MATHÉMATIQUE : UNE NOUVELLE
CULTURE EN SALLE DE CLASSE   55
   Christine Suurtamm

LES PARENTS ET L'APPRENTISSAGE DE L'ÉCRITURE :
COMMENT CONÇOIVENT-ILS CET APPRENTISSAGE ET
QUE FONT-ILS POUR AIDER LEUR ENFANT?   75
   Nathalie Lavoie

LA SUPERVISION D'UNE TÂCHE DE LECTURE PAR LES
PARENTS : DES INTERVENTIONS EFFICACES POUR LES
LECTEURS DÉBUTANTS?   93
   Isabelle Beaudoin, Jocelyne Giasson, Lise Saint-Laurent

L'INFLUENCE DES PARENTS FAIBLEMENT SCOLARISÉS
SUR LE RENDEMENT EN LECTURE ET EN ÉCRITURE
DE LEUR ENFANT À L'ÉCOLE ÉLÉMENTAIRE   131
   Anne-Marie Dionne

DE L'AUTRE COTÉ DU MIROIR : CONSIDÉRATIONS
MÉTHODOLOGIQUES POUR LA PRÉPARATION ET LA MISE
EN ŒUVRE DE RECHERCHES SUR LE DÉVELOPPEMENT
DE LA LECTURE							159
   André A. Rupp et Nonie K. Lesaux

INTERVENTIONS PÉDAGOGIQUES FAVORISANT
L'APPRENTISSAGE DE LA LECTURE EN CONTEXTE
D'ACTUALISATION LINGUISTIQUE				187
   Marie Josée Berger

LIRE AU 21E SIÈCLE : LA PERSPECTIVE DES LITTÉRATIES
MULTIPLES							209
   Diana Masny et Thérèse Dufresne

À PROPOS DES AUTEURS					225

INDEX SÉLECTIF DES NOMS PROPRES			229

Introduction

Anne-Marie Dionne
Faculté d'éducation
Université d'Ottawa

LA littératie, présente dans presque toutes les sphères de l'activité humaine, est essentielle au développement de l'individu et de la société. Tout au long de sa vie, l'enfant qui grandit dans une société évoluée devra développer et maintenir un niveau de littératie élevé afin de mener une vie productive et satisfaisante. En fait, l'acquisition de la littératie sera l'un de ses plus grands accomplissements puisqu'elle lui permettra de prendre une part active dans une société où il devra continuellement « lire le monde » qui l'entoure. Acquérir des compétences en littératie signifie que l'enfant devra maîtriser des codes utilisés culturellement pour communiquer (DeBruin-Parecki et Krol-Sinclair, 2003). Toutefois, dans une même culture, les moyens de communiquer varient selon les besoins. La parole, les dessins, les gestes, la musique, les chiffres et l'écrit, ce sont des moyens qui, selon les situations, permettent aux membres d'une communauté de vaquer à leurs occupations quotidiennes ou d'échanger leurs pensées les plus abstraites. Dès lors, il convient de souligner que la littératie est un concept qui englobe beaucoup plus que les habiletés en lecture et en écriture.

Le terme « littératie » apparaît depuis peu dans la langue française. Ce néologisme ne doit pas être confondu avec le terme « alphabétisation », lequel fait davantage référence à l'apprentissage fonctionnel de la lecture, de l'écriture et du calcul (Joseph, 1998). Bien que ces notions soient étroitement reliées au concept de la littératie, celle-ci dénote une vision plus étendue en faisant référence aux multiples aspects des fonctions communicatives dans différents contextes. En fait, la littératie comporte une dimension sociale et culturelle dans laquelle se greffe son développement (Masny, 2001). Plusieurs chercheurs (Heath,

1983; Morrow, 1995; Taylor et Dorsey-Gaines, 1988) soulignent que le développement de la littératie varie d'un contexte socioculturel à un autre. Selon Heath (1983), les idéologies du milieu socioculturel font en sorte que les pratiques de littératie auxquelles sont exposés les enfants dans leur famille sont parfois bien différentes de celles valorisées dans le milieu scolaire, ce qui nous amène à considérer l'apport de la littératie familiale au développement de la littératie chez l'enfant.

Les travaux de Taylor (1983) sont à la base du concept de la littératie familiale. Dans une étude ethnographique considérée comme la pierre angulaire dans ce champ d'études, l'auteure a mis en évidence que dans la grande majorité des familles, divers aspects de l'environnement familial contribuent au développement de la littératie des enfants. Différentes facettes de la vie familiale, souvent reliées les unes aux autres, s'amalgament pour créer un milieu plus ou moins favorable au développement de la littératie de tous les membres de la famille. Depuis ces travaux précurseurs, la littératie familiale a été étudiée par des chercheurs provenant de disciplines variées telles que la psychologie, l'anthropologie et la sociologie. On compte un nombre encore plus important de recherches associées à ce domaine si l'on considère aussi celles qui s'intéressent plus précisément à l'émergence de la littératie chez le jeune enfant et à son évolution en tant que lecteur (Purcell-Gates, 2000). Les pratiques de littératie familiale ont donc été étudiées sous plusieurs angles (Bus, VanIJzerndoorn et Pellegrini, 1995; Heath, 1983; Morrow, 1995). Toutefois, selon Taylor (1997), la diversité qui distingue les familles fait en sorte qu'il est difficile de circonscrire les multiples aspects de la littératie familiale en donnant une simple définition de ce concept. En effet, celle-ci varie en fonction des contextes linguistique, familial et culturel qui influencent la façon dont les membres d'une même famille partagent les activités de littératie.

C'est en considérant ces différents contextes que nous avons regroupé les neuf études qui se retrouvent dans cet ouvrage collectif. Dans le premier chapitre, Marie-France Morin met en évidence le fait que chez le scripteur d'âge préscolaire la diversité des expériences de littératie vécues avant l'enseignement formel a une influence marquante sur sa compréhension du traitement de la langue écrite. Les enfants d'âge préscolaire auraient des connaissances importantes et variées concernant l'écrit, ce qui leur permettrait de s'investir avec succès dans des activités de productions graphiques. C'est ce qui ressort également de l'étude d'Isabelle Montésinos-Gelet qui est présentée dans le deuxième chapitre. L'auteure met en relief certaines préoccupations métalinguistiques du jeune scripteur face à la langue écrite. En tentant d'écrire les mots et les phrases qui lui sont demandés, le jeune scripteur se retrouve en situation de résolution de problème. Il procède alors par hypothèses pour s'approcher graduellement de l'orthographe conventionnelle. Dans ce processus, il laisse alors transparaître ses préoccupations visuographiques, sémiographiques et lexicales, phonographiques ainsi que ses préoccupations relatives à la norme orthographique et aux stratégies d'appropriation. Le troisième chapitre, rédigé par Christine Suurtamm, aborde la question du développement de la littératie mathématique. L'auteure explique les raisons pour lesquelles la mathématique fait partie de la littératie. Elle souligne que comparativement à l'écrit, la mathématique se développe dans le cadre d'une culture où les attitudes ont un effet évident. Elle amène l'élève à s'engager, à raisonner et à interpréter son environnement. La mathématique implique aussi des processus tels que la compréhension, la maîtrise des procédures et la disposition constructive. Le développement de la littératie mathématique à l'école est un défi de taille, car pendant longtemps son enseignement a été essentiellement associé à la numération et à la mémorisation. À l'heure actuelle, on accorde une grande importance à des aspects tels que la recherche de sens et la résolution de problèmes.

Les trois chapitres suivants traitent du rôle des parents dans le développement de la littératie de leur enfant. Dans le quatrième chapitre, Natalie Lavoie s'est penchée sur les conceptions qu'entretiennent les parents concernant l'apprentissage de l'écriture chez leur enfant. Dans cette étude, elle souligne le fait que lorsqu'ils guident leur enfant dans une tâche d'écriture, les parents interviennent en fonction d'expériences relatives à leur propre scolarisation. Leurs conceptions traditionnelles de l'écriture s'observent dans leurs interventions qui portent davantage sur les conventions de l'écrit qu'en ce qui a trait à la recherche du sens. Or, en situation d'écriture, il s'avère tout aussi important de pouvoir organiser ses idées et ses phrases que d'écrire les mots correctement. Dans le cinquième chapitre, Isabelle Beaudoin, Jocelyne Giasson et Lise Saint-Laurent font état d'une recherche portant sur la relation entre la qualité de l'étayage parental et la réussite en lecture des élèves de la 1re année scolaire. Les auteures soulignent le fait que les parents optent souvent pour des stratégies graphophonétiques lorsqu'ils soutiennent leur enfant dans des tâches de lecture. Toutefois, il semblerait qu'il y ait une relation bidirectionnelle entre la qualité de l'étayage parental et la réussite en lecture de l'enfant, puisque les parents des lecteurs habiles accordent plus de place à l'autocorrection et le guident davantage dans la mise en œuvre de stratégies orientées vers le sens. Dans le sixième chapitre, Anne-Marie Dionne s'intéresse à la réussite scolaire des enfants dont les parents sont faiblement scolarisés. Cette caractéristique parentale constitue un facteur de risque pour les enfants qui vivent des échecs scolaires, notamment en lecture et en écriture. Pourtant, malgré cette entrave à la réussite, certains élèves possèdent de bonnes compétences dans ces deux domaines. Le niveau de scolarité des parents, leur implication dans l'éducation de leur enfant ainsi que l'environnement de littératie familiale sont des facteurs qui entrent en jeu dans cette recherche afin d'essayer de mieux connaître comment des parents faiblement scolarisés contribuent à la réussite de leur enfant en lecture et en écriture.

Le septième chapitre revêt un caractère particulier puisqu'il traite d'aspects méthodologiques dans les recherches portant sur le développement de la lecture. Dans ce chapitre, André Rupp et Nonie Lesaux s'appuient sur des théories statistiques et psychométriques pour décrire des éléments fondamentaux à considérer lors de la prise de décisions concernant divers aspects des études tels que les questions de recherche, la collecte de donnée, leur analyse, etc. Les concepts sont présentés à l'aide d'exemples tirés de la recherche en lecture. De plus, les auteurs discutent des récentes avancées de la recherche sur des variables latentes qui canalisent l'attention des chercheurs en les conduisant à mener des études plus riches et plus complexes dans le domaine de la lecture.

Le huitième chapitre aborde un aspect particulier de la littératie scolaire dans le contexte de l'enseignement en milieu francophone minoritaire. Dans ce chapitre, Marie Josée Berger présente un bon nombre d'interventions pédagogiques essentielles à la mise en œuvre d'un programme d'actualisation linguistique en français dans le cadre de l'enseignement de la lecture. Premièrement, l'auteure fait état de la situation particulière des élèves qui bénéficient d'un tel programme. En fonction de défis particuliers, elle propose ensuite des interventions reconnues pour leur efficacité ainsi que des mécanismes pour les mettre en œuvre, compte tenu de la particularité du contexte qui est décrit.

Enfin, le neuvième chapitre présente une vision évolutive de la littératie en actualisant ce concept par le biais de la perspective des littératies multiples. Dans ce dernier chapitre, Diana Masny et Thérèse Dufresne font état d'un cadre conceptuel dans lequel les littératies multiples se définissent par l'interaction de la littératie personnelle, scolaire, communautaire et critique. L'ensemble de ces littératies permet à l'individu de répondre aux nouvelles exigences de son intégration à la société. En milieu francophone minoritaire, comme le soulignent les auteures, ce modèle constitue le moyen par excellence pour promouvoir la langue française à l'école, au foyer et dans la communauté puisqu'il implique indubitablement une continuité de la culture et de la langue françaises d'un milieu à l'autre.

Compte tenu de la diversité des chapitres réunis dans ce volume, il en ressort que la littératie constitue un domaine d'étude complexe qui se détermine fortement par son caractère culturel et social. En réunissant, dans un même ouvrage, différentes perspectives de recherche portant sur la littératie, nous espérons favoriser une réflexion dynamique tout en offrant de nouvelles informations susceptibles d'influencer l'évolution de la théorie et de la pratique dans le domaine de la littératie.

RÉFÉRENCES

Bus, A. G., M. H. VanIJzerndoorn et A. D. Pellegrini. (1995). Joint book reading makes for success in learning to read: a meta-analysis on intergenerational transmission of literacy. *Review of Educational Research*, 65, 1-21.

DeBruin-Parecki, A., et B. Krol-Sinclair. (2003). *Family literacy: from theory to practice.* Newark, Delaware: International Reading Association.

Heath, S. B. (1983). *Ways with words: language, life and work in communities and classrooms.* Boston, MA: Cambridge University Press.

Joseph, M. (1998). La littératie chez les jeunes. *Inform APPIPC, 10*(9), 12-15.

Masny, D. (2001). Pour une pédagogie axée sur les littératies. Dans Masny, D. (dir.), *Culture de l'Écriture : Les défis à l'école et au foyer*. Outremont : Les Éditions Logiques, 15-26.

Morrow, L. M. (1995). *Family literacy: connections in schools and communities*. Newark, DE: International Reading Association.

Purcell-Gates, V. (2000). Family literacy. Dans M. L. Kamil, P. B. Mosental, P. D. Pearson et R. Barr (Eds.), *Handbook of reading research: Volume III*. Mahwah, NJ: Lawrence Erlbaum Associates Publishers.

Taylor, D. (1983). *Family literacy: young children learning to read and write*. Portsmouth, NH: Heinemann.

Taylor, D. (1997). *Many families, many literacies*. Portsmouth, NH: Heinemann.

Taylor, D., et C. Dorsey-Gaines. (1988). *Growing up literate : learning from inner-city families*. Portsmouth, NH: Heinemann.

Une vision globale de l'appropriation de l'écrit en maternelle

Marie-France Morin
Département d'études sur l'adaptation scolaire et sociale
Faculté d'éducation
Université de Sherbrooke

PROBLÉMATIQUE
LA SPÉCIFICITÉ DE L'ACTIVITÉ DU JEUNE SCRIPTEUR

La lecture et l'écriture sont les deux faces d'un même objet : la langue écrite. Une forte tradition scientifique a souvent privilégié les recherches portant sur les débuts de l'apprentissage de la lecture chez le jeune enfant, sur la base du postulat que le point de départ au développement de la langue écrite était la lecture et non l'écriture. Par conséquent, le nombre de recherches qui portent sur la mobilisation des connaissances orthographiques dans des tâches de production écrite est nettement déficitaire en comparaison de celles qui s'intéressent à la compréhension en lecture (Rieben, Fayol et Perfetti, 1997).

En effet, les recherches visant à mieux comprendre le rôle des habiletés orthographiques en écriture sont moins nombreuses et font souvent référence aux modèles explicatifs de la lecture (Frith, 1985) qui conçoivent le développement orthographique selon des stades successifs de développement. Or, des chercheurs ont montré clairement la spécificité des activités d'écriture, en soulignant notamment la complexité mise en œuvre dans l'activité de production écrite (Bonin, 2003; Ehri, 1997). Selon Ehri (1997), même si les activités de lecture et d'écriture sollicitent des connaissances de même nature (connaissances sur les correspondances phonèmes-graphèmes, connaissances sur les indices morphologiques et connaissances de mots), ces activités se distinguent les unes des autres. En effet, lorsque l'enfant est confronté à des activités d'écriture, il ne doit plus uniquement construire du sens en décodant des signes qui ont été produits par d'autres, mais construire du sens en produisant des signes écrits qu'il doit mettre en forme en tenant compte des normes orthographiques qui régissent le français écrit. Pour le très jeune apprenti, la nécessité d'automatiser des gestes moteurs (tenir un crayon, former des lettres) afin de dégager de l'énergie cognitive pour l'activité même de production (organisation des idées) constitue un autre facteur qui vient complexifier la tâche (Bonin, 2003).

UNE CONCEPTION RENOUVELÉE DE L'APPRENTISSAGE DE L'ORTHOGRAPHE

De récentes études empiriques montrent que le jeune élève, même en début d'apprentissage de la langue écrite, est capable de tenir compte, non seulement des signes qui transcrivent les sons de la langue (dimension phonogrammique), mais aussi d'autres signes comme des lettres muettes (dimension morphogrammique) [Colé et Fayol, 2000; Marec-Breton, 2003; Morin, 2004; Sénéchal, 2000]. La prise en compte de ces nouvelles hypothèses a conduit à des positions théoriques qui nuancent les modèles de développement orthographique par stades qui prennent désormais en considération la capacité précoce des jeunes apprenants à tenir compte des indices morphologiques à l'écrit (Treiman et Bourassa, 2000).

D'autres recherches ont également enrichi les études portant sur l'apprentissage de l'orthographe en montrant que les caractéristiques structurales de la langue écrite à apprendre influençaient la plus ou moins grande facilité des scripteurs à traiter les informations écrites (en portugais, Alves-Martins, 1993; en allemand, Prêteur et Louvet-Schmauss, 1992; en anglais, Kamii, Long, Manning et Manning, 1993; en italien, Ferrreiro et Pontecorvo, 1993; en espagnol, Borzone de Manrique et Signorini, 1994). Ces études viennent ainsi complexifier la vision du développement de la litéracie[1] qui s'enracine dans un contexte linguistique spécifique (Seymour, Aro et Erskine, 2003).

Ce nouveau regard sur l'apprentissage de l'orthographe contribue à mieux faire comprendre le développement des connaissances écrites chez le jeune apprenant en envisageant que, très tôt, il peut déjà témoigner de préoccupations variées concernant ce code (Besse, 2000; Montésinos-Gelet et Morin, 2001; Morin, 2002), qui peuvent coexister. Ces préoccupations peuvent être regroupées en trois grandes catégories : les préoccupations visuographiques, phonographiques et orthographiques. Les *préoccupations visuographiques* orientent l'attention du jeune scripteur vers l'aspect visuel des traces écrites qu'il produit, ce qui englobe différents aspects du schéma de mise en page (orientation de gauche à droite, du haut vers le bas) et des caractères utilisés (orientation des lettres, choix de lettres de l'alphabet). Ce type de préoccupations permet notamment à l'enfant de distinguer l'écriture du dessin, sans pour autant faire correspondre une valeur sonore aux caractères produits.

Quant à elles, les *préoccupations phonographiques* traduisent le fait que l'apprenti scripteur commence à saisir le principe alphabétique qui gère le français écrit. Ce sont les préoccupations phonographiques qui conduisent les jeunes scripteurs à établir un lien entre l'oral et l'écrit en témoignant d'une capacité plus ou moins raffinée à analyser les unités de la langue orale (Ferreiro et Gomez-Palacio, 1988; Jaffré, 1992; Montésinos-Gelet, 1999; Treiman et Bourassa, 2000). Les préoccupations phonographiques sont particulièrement fondamentales pour l'apprenti scripteur qui tente de s'approprier une langue régie par un principe alphabétique comme le français.

Par ailleurs, pour développer une compétence à l'écrit, l'enfant doit aussi témoigner de *préoccupations orthographiques* qui se manifestent notamment par l'attention qu'il porte aux indices morphologiques présents dans les mots écrits. En effet, les contacts de plus en plus fréquents et variés avec l'écrit conduisent le jeune enfant à s'interroger et à attribuer un sens à des unités graphiques qui obéissent à d'autres règles que la correspondance graphophonétique, et dont la fréquence est plus élevée à l'écrit (par exemple, les lettres muettes et les morphogrammes grammaticaux : les fill<u>es</u> jou<u>ent</u>). Par une sensibilité grandissante face aux normes orthographiques, le jeune scripteur en viendra à multiplier ses connaissances sur les mots afin de mieux mémoriser les particularités de ces derniers en français (par exemple *éléphant, monsieur*).

LES HABILETÉS ORTHOGRAPHIQUES AU CŒUR DU DÉVELOPPEMENT DE LA LITÉRACIE

Les résultats de récentes recherches contribuent à souligner l'importance de tenir compte des deux aspects de la langue écrite (lecture et écriture) dès les premiers moments de son apprentissage. Dans cette optique, de récentes recherches contribuent à jeter une lumière utile sur cette vision globale de l'apprentissage de la langue écrite en montrant que les compétences mises en œuvre par de jeunes scripteurs sont ancrées dans des expériences sociales et linguistiques variées (Fijalkow, 1993) et peuvent être mises en relation avec d'autres habiletés participant au développement de la litéracie, en particulier la conscience phonologique (Vernon et Ferreiro, 1999) et la lecture (Frost, 2001; Shatil, Share et Levin, 2000).

Ces recherches, qui se situent dans une approche constructiviste de l'entrée dans l'écrit, contribuent à la naissance d'un nouveau champ d'intérêt que les chercheurs anglo-saxons ont appelé *emergent literacy*, traduit en français par *litéracie émergente*, domaine qui se rapporte essentiellement au passage de l'oral à l'écrit effectué dans la langue maternelle. Plus globalement, ces recherches, qui tentent d'éclairer le cheminement cognitif de l'enfant dans l'appropriation de l'instrument culturel par excellence qu'est la langue (Bruner, 1991), visent à mieux comprendre le développement de la litéracie qui s'avère être l'un des enjeux majeurs de la scolarisation.

OBJECTIFS DE LA RECHERCHE

Dans cette optique, la recherche présentée ici apporte une contribution à l'explicitation de l'appropriation de l'écrit en s'attardant à l'analyse des habiletés en écriture mises en place dès la maternelle. De plus, nous avons également cherché à mettre en évidence des liens pouvant apparaître entre le niveau de connaissances traduit par les productions graphiques et celui relié au développement de la conscience phonologique et des connaissances litéraciques[2].

MÉTHODE DE LA RECHERCHE

POPULATION

Nous avons rencontré deux cent deux enfants de langue maternelle française à la fin de la maternelle (mai-juin), soit 102 filles et 100 garçons dont l'âge moyen était de six ans. Ces enfants, issus d'un milieu socio-économique moyen, étaient répartis dans quatre écoles de quatre municipalités différentes appartenant à une même région de la province de Québec (Canada)[3]. Ainsi, treize classes de maternelle ont participé à cette recherche.

ÉPREUVE D'ÉCRITURE DE MOTS ET D'UNE PHRASE

Les enfants ont été soumis à un entretien individuel durant lequel une tâche d'écriture de mots (6) ainsi que d'une phrase a été proposée[4]. Cette épreuve d'écriture sans modèle a été effectuée selon une procédure semi-structurée inspirée des travaux menés par l'équipe dirigée par Jean-Marie Besse à l'Université Lumière-Lyon 2 (Besse, 1990; Luis, 1998; Montésinos-Gelet, 1999).

La sélection des mots à écrire tenait compte d'un certain nombre de caractéristiques. Par exemple, les six mots sélectionnés étaient de longueur variable (monosyllabe, dissyllabe, trisyllabe et quadrisyllabe; voir fig. 1), ce qui a notamment permis d'évaluer le contrôle que l'enfant exerce au regard de la quantité des caractères utilisés en tenant compte ou non de la longueur de la chaîne sonore des mots. Cet aspect est en effet considéré comme important dans l'évolution des conceptualisations de l'enfant face à l'écrit (Ferreiro, 2000). Le choix de certains mots a aussi permis d'évaluer le type de traitement phonologique fait par l'enfant (par exemple *macaroni* ou *cerise*), ou d'examiner la prise en compte de constituants linguistiques (mutogramme ou digramme) dont l'acquisition est traditionnellement considérée comme tardive dans la majorité des modèles développementaux; c'est le cas, par exemple, pour des mots comme *éléphant* et *riz* qui possèdent chacun un morphogramme lexical (t et z). Pour examiner certaines particularités de la phrase comme les blancs graphiques et la présence d'idéogrammes (majuscule, point), nous avons soumis les sujets à l'écriture de la phrase *Je m'appelle _ et mon ami c'est _*.

Cette tâche d'écriture se réalise lors d'un entretien individuel filmé[5]. L'enfant écrit les mots sur une feuille blanche sans ligne, ce qui lui laisse la possibilité d'écrire où il veut et ainsi d'adopter la mise en page qu'il désire. Le sujet se sert d'un stylo-feutre noir à pointe fine, ce qui permet de lire facilement les mots écrits par tous les enfants. Après chacun des mots produits, le sujet est invité à justifier certaines traces produites; cette démarche vient enrichir l'analyse des données en s'appuyant à la fois sur les écritures et les verbalisations des sujets (David, 2003).

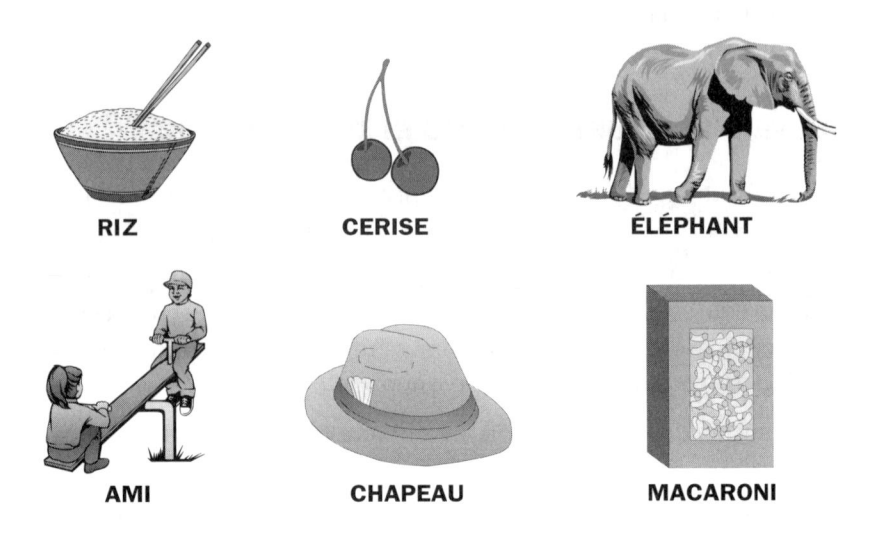

| RIZ | CERISE | ÉLÉPHANT |
| AMI | CHAPEAU | MACARONI |

Fig. 1 – *Illustrations présentées aux enfants dans l'épreuve d'écriture de mots.*

ÉPREUVE ÉVALUANT LES HABILETÉS DE LITÉRACIE

Dans le but d'inscrire notre étude dans une vision globale du développement de la litéracie, les sujets ont également été soumis à une tâche permettant d'évaluer différentes connaissances sur l'écrit construites dans des contextes informels et familiers (maison, garderie, maternelle). Cette tâche (Ziarko, De Koninck et Armand, 2003) vise, d'une part, à évaluer la connaissance des fonctions associées à la lecture et des conventions d'orientation en lecture (lecture de gauche à droite, de haut en bas, etc.) et, d'autre part, à évaluer la capacité à lire des mots et des non-mots et à identifier des lettres de l'alphabet et des phonèmes. Cette épreuve est individuelle et dure environ dix minutes.

3.4 ÉPREUVE ÉVALUANT LA CONSCIENCE PHONOLOGIQUE

En nous appuyant sur de nombreux résultats de recherches qui montrent que la conscience phonologique constitue un facteur important à considérer dans la réussite avec l'écrit (Evans *et al.*, 2000; Gombert et Colé, 2000; Mélançon et Ziarko, 1999), les sujets de cette recherche ont également été soumis à une tâche évaluant la capacité à isoler et à manipuler des unités plus ou moins petites de la chaîne sonore telles que la syllabe, la rime et le phonème (Ziarko *et al.*, 2003). Cette tâche comporte six sous-épreuves qui visent à identifier ou à catégoriser le phonème initial, à catégoriser la rime, à supprimer la syllabe ou le phonème initial et à fusionner des phonèmes. À la différence des épreuves précédemment mentionnées, celle-ci est collective et dure environ cinquante minutes.

RÉSULTATS[6] ET DISCUSSION

Dans un premier temps, nous présenterons les résultats obtenus à la suite de l'analyse des mots produits isolément et ceux découlant de l'écriture de la phrase. Ensuite, nous présenterons les résultats des analyses corrélationnelles visant à mettre en relation les habiletés en écriture et les performances obtenues à une première épreuve évaluant le niveau de litéracie et ensuite à une seconde évaluant le niveau de conscience phonologique.

LES HABILETÉS MISES EN ŒUVRE LORS DE L'ÉCRITURE DE MOTS ISOLÉS

Préoccupations visuographiques

Afin de mieux comprendre l'état des connaissances sur l'écrit, et éventuellement l'influence des *expériences litéraciques* des jeunes scripteurs avant d'entrer à l'école primaire, notre étude a notamment permis d'examiner la mise en place d'habiletés qui permettent de gérer l'aspect externe de l'écriture. Nous avons étudié le schéma de mise en page utilisé par ces jeunes scripteurs en considérant les aspects reliés aux conventions régissant ce schéma (mots écrits en colonne ou alignés), la présence de blancs graphiques ainsi que l'orientation de gauche à droite et du haut vers le bas de l'écriture. De plus, étant donné que l'emploi de caractères appartenant au répertoire alphabétique marque un pas important dans l'apprentissage de l'écriture chez le jeune enfant, nous avons également étudié la conventionnalité des caractères employés et leur orientation (présence ou non de lettres en miroir).

La figure 2 présente les résultats obtenus aux différents critères évalués; elle montre déjà une certaine intégration des normes liées à l'écriture.

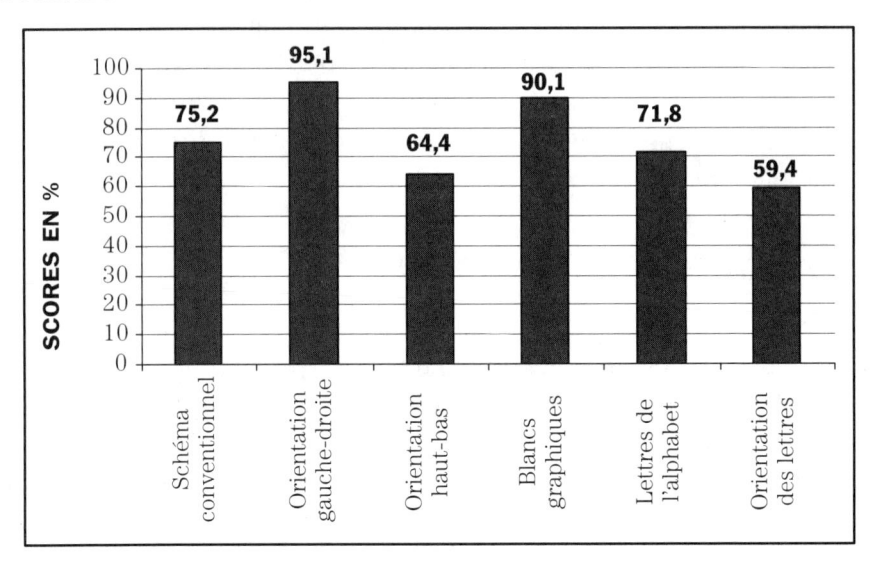

Fig. 2 – *Scores globaux (en %) obtenus pour les critères reliés aux aspects visuographiques de l'écriture (schéma de mise en page et caractères) en maternelle (n = 202).*

Plus précisément, l'analyse des productions permet de dégager :
- qu'une large majorité (75,2 %, n = 152) de sujets adopte un schéma conventionnel, en disposant les mots en colonne ou en les alignant;
- que 95,1 % des sujets alignent systématiquement les mots de gauche à droite, tandis qu'un nombre un peu moins élevé (64,4 %) procède systématiquement du haut vers le bas. Ces deux modes de disposition, complémentaires, indiquent qu'ils sont appris de façon simultanée;
- qu'une large majorité d'enfants (90,1 %, n = 182) est en mesure d'isoler par des blancs graphiques au moins la moitié des mots à écrire, alors que seulement 4,5 % des enfants (n = 9) n'en introduisent aucun et que 5,4 % (n = 11) d'entre eux ne le font que rarement (2 mots ou moins). Ces résultats se rapportant aux blancs graphiques suggèrent une capacité à isoler l'unité linguistique « mot », ce qui traduit un niveau de construction

avancé du concept de mot écrit. Toutefois, comme nous le confirmerons un peu plus loin en présentant les résultats obtenus pour l'écriture de la phrase, ces résultats sont à nuancer étant donné la situation expérimentale au cours de laquelle les mots sont présentés de manière isolée;
- que 71,8 % d'entre eux (n = 145) recourent exclusivement aux lettres de l'alphabet dans tous les mots produits. Seulement 2,5 % (n = 5) d'entre eux introduisent des chiffres dans leurs productions[7], tandis que 25,8 % (n = 52) incluent des pseudo-lettres[8]. Concernant l'orientation des lettres produites, plus de la moitié des sujets (59,4 %, n = 120) les réalisent correctement, tandis que les autres (40,6 %, n = 82) incluent au moins une lettre produite en miroir.

En ce qui a trait aux aspects visuographiques traduits par les écritures des sujets, nous observons qu'ils recourent, de façon relativement généralisée, à un schéma de mise en page conventionnel et à des caractères propres à l'écriture du français. Cette façon de procéder suggère que les *expériences litéraciques* vécues avant la scolarisation ont suffisamment d'impact sur les connaissances reliées à la mise en forme graphique de l'écriture pour que les enfants les mettent à profit dans une tâche d'écriture de mots. Il est par ailleurs important de rappeler que nos résultats traduisent des degrés divers de compréhension.

Préoccupations phonographiques

Les préoccupations d'ordre phonographique ont un rôle crucial à jouer dans une langue régie par un principe alphabétique comme le français. En effet, dans la langue française, une large proportion des signes écrits (80 à 85 %), également appelés graphèmes, appartiennent à la catégorie des phonogrammes, c'est-à-dire des signes écrits qui servent justement à transcrire les sons de la langue. Sur ce point, des résultats d'études ont montré l'importance pour le jeune apprenant de construire des connaissances sur les correspondances graphophonétiques (les relations entre les phonèmes et les graphèmes), que ce soit pour l'apprentissage de la lecture (Écalle et Magnan, 2002) ou encore pour l'apprentissage de l'écriture (Montésinos-Gelet, 1999).

Par ailleurs, l'apprentissage des correspondances graphophonétiques ne se fait pas sans embûches en langue française. Cet apprentissage, considéré comme relativement difficile, cause des problèmes dans les appariements de phonèmes et de graphèmes en lecture. Par exemple, ch se prononce différemment dans archive et archaïque. En écriture, [o] peut également se traduire par différents graphèmes o, eau, au, ô.

Sur la base du modèle descriptif élaboré par Montésinos-Gelet (1999), nous examinons les préoccupations phonographiques du sujet de manière à dégager sa capacité : 1) à identifier les phonèmes de la chaîne sonore (extraction phonologique) et 2) à combiner les unités distinctes qui constituent la syllabe, c'est-à-dire la voyelle et la consonne (combinatoire phonologique). De plus, nous considérons sa capacité de produire des mots en utilisant des signes écrits qui renvoient uniquement à des graphèmes (exclusivité graphémique).

Pour établir le niveau d'extraction phonologique, c'est-à-dire la capacité des enfants à isoler les phonèmes de la langue, les signes écrits produits par les enfants ainsi que les verbalisations accompagnant l'écriture ont servi de sources d'information.

Tableau I – Distribution des sujets selon
les différents niveaux d'extraction phonologique

Échelle d'évaluation	Nombre d'enfants	Pourcentage (%)
Aucune extraction	23	11,4 %
De 1 à 9 phonèmes	108	53,5 %
De 10 à 18 phonèmes	53	26,2 %
Plus de 19 phonèmes	18	8,9 %

Ces résultats montrent qu'à la fin de la maternelle, la plupart de nos sujets, soit 88,6 %, traduisent occasionnellement par des signes écrits certains éléments de la chaîne sonore qu'ils ont été en mesure d'isoler. Notons que pour la majorité (53 %, n = 108), cette extraction demeure encore très partielle (de 1 à 9 phonèmes). À la fin de la maternelle, on peut toutefois considérer que la majorité de nos sujets (88,6 %) ont commencé à établir un lien entre l'oral et l'écrit. Soulignons la relative variabilité intersujet qui caractérise ces résultats, puisque 11,4 % des sujets (n = 23) n'extraient aucun phonème, tandis que 8,9 % d'entre eux (n = 18) en extraient 70 % ou plus (entre 19 et 27).

Pour rendre compte de la progression de la compréhension chez l'enfant au regard du système de la langue écrite qu'il doit maîtriser, nous avons examiné la présence de combinaisons de consonnes et de voyelles dans les productions enfantines. Les résultats montrent, qu'en ne considérant que les sujets qui possèdent une capacité à extraire des phonèmes (n = 180), plus de la moitié (56,4 %) ne produisent aucune combinatoire phonologique, tandis que seulement 4,5 % d'entre eux réussissent à constituer au moins trois quarts des syllabes résultant d'une combinaison de type consonne(s)-voyelle sur un total possible de 12 syllabes.

La forte proportion d'enfants qui ne produisent pas encore de telles syllabes montre très clairement que le niveau d'abstraction auquel parviennent les enfants de la maternelle dans la compréhension de notre système écrit demeure malgré tout limité. Plus concrètement, comme l'ont observé Ferreiro et Gomez-Palacio (1988), on remarque que ces enfants transcrivent fréquemment une syllabe par une seule marque graphique, ce qui semblerait indiquer que, pour ces sujets, la syllabe reste encore une entité phonologique insécable. Sur ce point, les exemples présentés dans la figure 3 montrent d'abord que Michaël utilise de façon généralisée la procédure syllabique en n'attribuant qu'une lettre pour chaque syllabe. Il est également intéressant d'observer que Michaël n'emploie que des voyelles, tandis que Billy, tout en recourant à la même procédure, utilise généralement des consonnes. Enfin, les mots produits par Stéphanie témoignent d'une compréhension de la syllabe et de ses constituantes en évolution progressive et se traduisant par une procédure syllabico-alphabétique partagée entre l'utilisation d'un caractère pour une syllabe, et la présence conjointe d'une voyelle et d'une consonne dans une même syllabe.

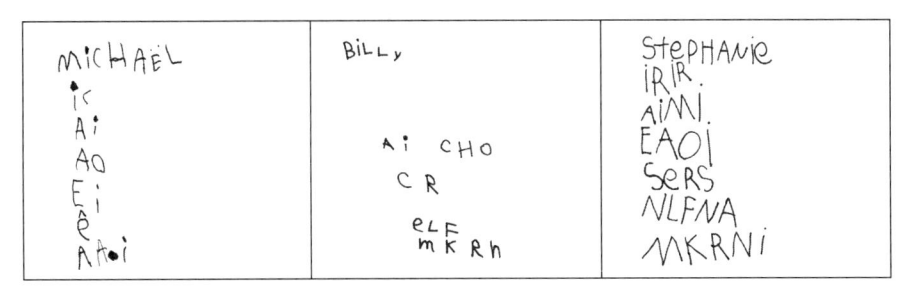

Fig. 3 – *Exemples de productions graphiques démontrant le recours à une procédure syllabique ou syllabico-alphabétique (dans l'ordre, les mots* riz, ami, chapeau, cerise, éléphant, macaroni*).*

Concernant maintenant le niveau d'exclusivité graphémique, c'est-à-dire la capacité à produire des mots écrits en utilisant uniquement des caractères portant une information linguistique (comme la transcription d'un phonème en graphème), les résultats présentés dans le tableau II indiquent que plus de la moitié des sujets produisent au moins un mot ne comportant que des graphèmes, et parmi ceux-ci, 17,3 % (n = 35) écrivent une majorité ou la totalité des mots (5 ou 6 mots sur 6) de façon exclusivement graphémique. Par contre, près de la moitié des sujets (46,5 %, n = 94) sont incapables de produire des mots qui sont exclusivement graphémiques. Cette proportion importante renvoie, d'une part, aux sujets qui juxtaposent l'écriture de graphèmes et de caractères non significatifs du point de vue de la langue écrite et, d'autre part, à ceux qui n'utilisent encore aucun graphème dans leurs productions.

Tableau II – Distribution des sujets selon
les différents niveaux d'exclusivité graphémique

Échelle d'évaluation	Nombre d'enfants	Pourcentage (%)
Aucun mot	94	46,5 %
De 1 à 2 mots	41	20,3 %
De 3 à 4 mots	32	15,8 %
Plus de 5 mots	35	17,3 %

Ce nombre relativement élevé d'enfants, qui introduisent des caractères non significatifs dans la plupart (c'est-à-dire 4 ou 5 mots) ou la totalité (6 mots) de leurs productions, montre qu'avant leur entrée à l'école primaire, l'écriture est encore le plus souvent conçue comme la production de caractères aléatoires, ne portant pas nécessairement des informations linguistiquement pertinentes, notamment phonologiques.

Cette dernière conception de la langue écrite peut amener l'enfant à écrire des mots selon une stratégie prototypique, le conduisant à utiliser un nombre relativement fixe de caractères pour écrire des mots différents, que ceux-ci soient monosyllabiques, bisyllabiques ou encore trisyllabiques. Très souvent, l'enfant recourt alors aux lettres de son prénom, répertoire familier fréquemment et précocement maîtrisé par l'enfant. Par exemple, en consultant la figure 4, on constate que, pour chacun des mots produits, Mathieu n'utilise qu'un seul caractère, et ce, peu importe la longueur du mot, tandis que Rosalie utilise une quantité fixe de caractères (4), tous puisés à partir de l'écriture de son prénom.

MathiEuB	Rosalie
i	iaei
A	aeSi
M	Aeio
F	ieai
M	Aies
N	AeSi

Fig. 4 – *Exemples de productions enfantines qui présentent une procédure prototypique (dans l'ordre,* riz, ami, chapeau, cerise, éléphant, macaroni*).*

Dans le but d'illustrer l'ensemble des éléments considérés précédemment dans nos résultats, la figure 5 montre différents niveaux de maîtrise des trois critères, c'est-à-dire l'extraction phonologique, la combinaison voyelle-consonne et l'exclusivité graphémique; ces critères sont utilisés pour caractériser les connaissances des sujets relativement à la dimension phonogrammique.

En particulier, la figure 5 indique que les productions de Pascal témoignent d'un faible niveau d'extraction phonologique, de l'absence systématique de combinaison voyelle-consonne et de la présence de caractères aléatoires, c'est-à-dire non porteurs d'informations linguistiques (non-exclusivité graphémique). Israël démontre quant à lui un niveau d'extraction phonologique un peu plus avancé, la présence de 2 syllabes présentant une combinaison consonne-voyelle et une écriture de mots presque exclusivement graphémique (5 sur 6). Enfin, Mathieu est celui qui est le plus avancé dans la construction de la dimension phonogrammique : une extraction phonologique presque parfaite (18 sur 21), des combinaisons de consonnes et de voyelles présentes dans tous les mots et le recours exclusif aux graphèmes. Cette comparaison entre Pascal, Israël et Mathieu témoigne de la grande variation interindividuelle qui a été observée. Cependant, il est aussi important de souligner que, selon les propriétés linguistiques des mots, l'enfant sera plus ou moins capable d'adopter les mêmes stratégies, ce qui suggère aussi l'existence de variations intra-individuelles.

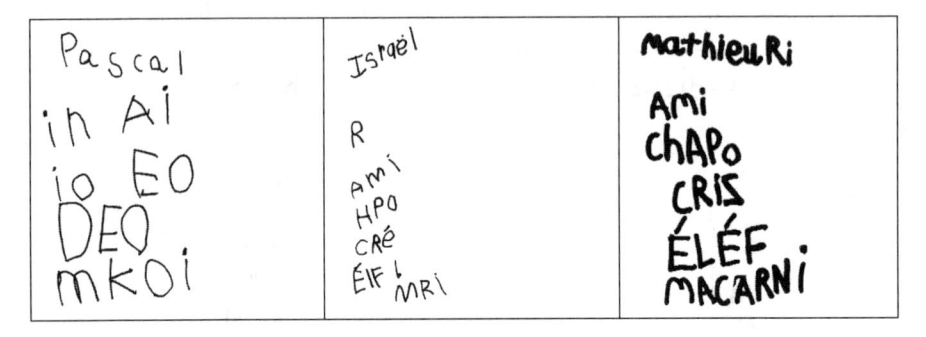

Fig. 5 – *Trois exemples illustrant différents niveaux de connaissances relatifs à la dimension phonogrammique (dans l'ordre, riz, ami, chapeau, cerise, éléphant, macaroni).*

Préoccupations orthographiques

Quoique très importante pour l'apprentissage d'une langue alphabétique comme le français, la seule maîtrise de la correspondance graphophonétique ne suffit pas à faire acquérir une compétence orthographique complète[9]. En effet, l'apprenti scripteur doit avoir des préoccupations orthographiques permettant l'analyse approfondie de la structure complexe de la langue française. Ces préoccupations le conduiront à prendre en compte les indices morphologiques de l'écrit (morphogramme lexical dans *éléphant*) et à être de plus en plus sensible à la norme orthographique (le son [o] à la fin du mot *oiseau* s'écrit « eau »), ce qui exigera le recours à un répertoire de mots mémorisés.

Notons que la majorité des informations traduites par les sujets dans l'écriture de mots est de nature exclusivement phonologique. Une mince proportion d'entre eux utilisent aussi des signes liés à la dimension morphogrammique dans leurs productions (8 %, n = 16), mais seulement la moitié de ceux-ci (4 %) en font une utilisation conforme aux normes orthographiques; par exemple, certains sujets introduisent des morphogrammes lexicaux qui sont plausibles en français (la lettre t ou le e à la fin d'un mot) mais, parmi eux, seulement quelques-uns introduisent le morphogramme correspondant à la norme orthographique (le z dans le mot *riz*). Même si cette proportion d'enfants utilisant des morphogrammes dans leurs productions est très mince, elle est cependant révélatrice dans la mesure où ces résultats viennent corroborer ceux obtenus dans des études récentes (Bousquet, Cogis, Ducard, Massonnet et Jaffré, 1999) où l'on observe que de jeunes scripteurs pouvaient, de façon précoce, prendre en compte des informations morphologiques avant même que la maîtrise du code alphabétique ne soit atteinte. Ces observations viennent ainsi nuancer certains aspects des modèles développementaux associés à l'orthographe (par exemple celui de Frith), qui font apparaître plus tardivement cette préoccupation dans le développement orthographique.

LES HABILETÉS MISES EN ŒUVRE DANS L'ÉCRITURE D'UNE PHRASE

Nous rappelons que les sujets participant à notre étude[10] ont également produit une phrase dictée (*Je m'appelle_ et mon ami c'est_.*). Les critères retenus pour examiner la phrase produite par les sujets sont parfois similaires à ceux retenus pour l'écriture de mots isolés, tels que la présence de blancs lexicaux et l'extraction phonologique. Par ailleurs, d'autres critères ont également été considérés afin de rendre compte de la spécificité de l'écriture de cette phrase : la présence d'idéogrammes (majuscule et point) et le type de traitement adopté pour produire son propre prénom et celui de son ami.

Préoccupations visuographiques

Lors de l'examen de la phrase produite du point de vue des aspects visuographiques, l'analyse a permis de déterminer la capacité des sujets à produire une phrase en y intégrant les blancs graphiques attendus. Cette analyse a permis d'établir qu'une majorité de sujets (51,52 %; n = 102) n'introduisent aucun blanc graphique. Afin d'approfondir cette analyse, nous avons constaté que, même si certains les utilisent, une forte proportion de sujets (35,86 %; n = 71) placent uniquement ces blancs graphiques pour délimiter les prénoms.

Comme nous l'avons déjà précisé, ces résultats viennent nuancer la question de l'emploi généralisé des blancs graphiques, déjà observé lors de l'écriture de mots isolés. En effet, la tâche d'écriture de mots a été réalisée de façon à traiter isolément chacun des mots. De plus, compte tenu de l'adoption d'un schéma de mise en page utilisant majoritairement une disposition en colonne, les enfants en arrivent à faire l'économie de la gestion des blancs graphiques. Par conséquent, les résultats obtenus concernant la présence de ces blancs graphiques dans l'écriture de la phrase traduiraient davantage l'état embryonnaire de la compréhension élaborée par les enfants au regard du concept de mot. Cette difficulté à isoler les mots par des blancs graphiques chez nos sujets est évidemment à mettre en relation avec une caractéristique propre au français écrit : dans ce code écrit, les mots sont isolés par des blancs graphiques, tandis qu'à l'oral – qui constitue la forme la plus connue des sujets rencontrés – les mots de la langue se présentent sous une forme continue, et donc, sans rupture apparente entre les mots. Cette caractéristique de la langue écrite devient ainsi un défi à relever pour l'apprenti scripteur (Blanche-Benveniste, 1997).

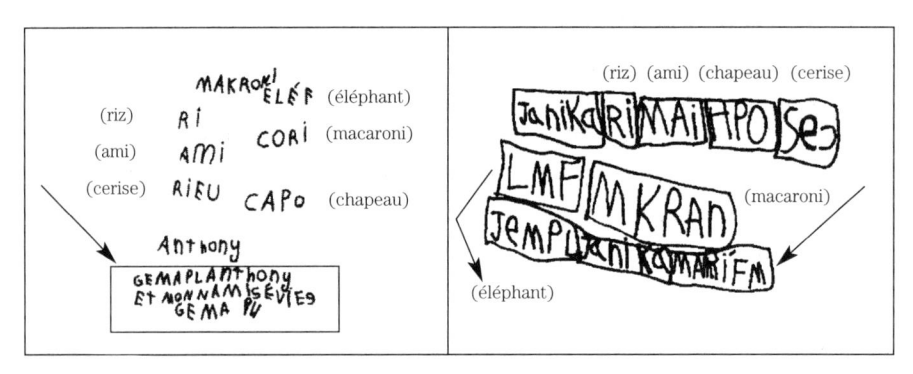

Fig. 6 – *Exemples de productions illustrant le recours progressif à des blancs graphiques chez des sujets à la fin de la maternelle.*

L'examen des productions présentées à la figure 6 permet d'induire qu'il existe différents niveaux de compréhension de l'unité mot dans la phrase produite par deux élèves fréquentant la maternelle. Anthony n'introduit aucun blanc graphique pour isoler les différents mots dans sa phrase, tandis que Janika isole de façon non conventionnelle (par des cadres) son prénom de ce qui précède (Je m'appelle = JeMPL) et de ce qui suit (et mon ami c'est X = MARIFM).

Préoccupations phonographiques

Afin de pouvoir comparer l'écriture de mots isolés à l'écriture d'une phrase, un score correspondant au niveau d'extraction phonologique lors de l'écriture de la phrase a été établi en divisant la somme des phonèmes extraits par le nombre total de phonèmes dans la phrase (15)[11]. L'analyse des résultats a montré que la moitié des sujets (51,52 %; n = 102) n'extraient aucun phonème des mots proposés. Seulement trois d'entre eux parviennent à tous les extraire et 87 % des autres sujets en extraient moins de dix, sur un total possible de quinze.

Il est important de rappeler que l'analyse du critère d'extraction phonologique, lors de l'écriture de mots isolés, permettait de constater que seulement 11,4 % des sujets n'arrivaient à extraire aucun phonème dans ces mots, alors que cette proportion s'élève à 51,52 % pour l'écriture de phrase. Cette importante différence vient ainsi appuyer d'autres études qui mettent en relief la complexité des opérations cognitives nécessaires pour la gestion de l'activité d'écriture (Bonin, 2003). Plus un apprenti scripteur gère simultanément des activités qui ne sont pas automatisées (gestion de l'espace graphique, du geste graphique, des correspondances graphophonétiques), plus les risques de surcharge cognitive sont grands. C'est ici le cas lorsque l'enfant ne doit plus seulement produire des mots isolés, mais agencer plusieurs mots dans l'écriture de la phrase.

Préoccupations orthographiques

La production de la phrase choisie pour cette étude a aussi été l'occasion d'examiner le traitement écrit de prénoms (de l'enfant et d'un ami), afin de vérifier l'éventuel recours à des mots mémorisés pour écrire une phrase. Notre analyse visait à rendre compte du fait que, pour chaque prénom, le sujet le produit de façon orthographique, phonologique, partiellement phonologique ou lexicale. Le sujet peut aussi le créer en produisant des lettres de façon aléatoire, c'est-à-dire sans mobiliser les voies lexicales ou phonologiques. Le tableau III présente la répartition des sujets selon leurs performances en ce qui concerne l'écriture de leur prénom et de celui de leur ami.

Tableau III – Répartition des sujets en maternelle pour les critères liés à l'écriture du prénom de l'enfant et du prénom de son ami

	Écriture du prénom de l'enfant n =	Écriture du prénom de l'enfant %	Écriture du prénom de l'ami n =	Écriture du prénom de l'ami %
0 = prénom absent ou produit de façon aléatoire	16	8,08	59	29,8
1 = production partielle (phonologique ou orthographique)	18	9,09	125	63,13
2 = production phonologique	12	6,06	2	1,01
3 = production orthographique	152	76,77	12	6,06

Le tableau III indique que 76,77 % (n = 152) des scripteurs écrivent leur prénom de façon orthographique tandis que très peu de sujets font appel à une procédure phonologique, (6,06 %; n = 12). Par ailleurs, pour la production du prénom de l'ami, une majorité de sujets le produisent partiellement (63,13 %; n = 125), ou encore ne le produisent pas ou tentent de le produire sans faire appel à une procédure lexicale ou phonologique (29,8 %; n = 59), tandis qu'une minorité de sujets le produisent de façon orthographique (6,06 %; n = 12). On observe ainsi que l'écriture de son propre prénom est largement mieux réussie que l'écriture du prénom de l'ami.

Ces données relatives à l'écriture de prénoms dans une phrase et la mise en relief de la procédure ayant guidé cette écriture viennent appuyer les résultats déjà obtenus par des études françaises (Besse, De Gaulmyn et Luis, 1993; De Gaulmyn et Luis, 1996). En effet, comme dans ces études qui utilisaient une tâche semblable, notre recherche nous a permis d'observer que l'écriture de ce type de phrase fait souvent appel à deux modes différents de traitement de l'écrit : l'écriture mémorisée, associée au rappel de mots stockés en mémoire, et l'écriture construite, qui implique l'utilisation des représentations que l'enfant a construites sur les correspondances graphophonétiques. À l'instar de ces chercheurs, nous croyons que le scripteur, dès ses premières tentatives d'écriture à l'âge préscolaire, est en mesure de recourir à différents procédés pour écrire, et que ces derniers ne sont pas successifs, mais cooccurrents et alternatifs selon la tâche proposée et le défi orthographique rencontré.

En observant qu'à la fin de la maternelle, une majorité de sujets arrivent à produire correctement leur prénom, alors que seulement trois sujets sur les 198 arrivent à extraire tous les phonèmes composant les autres mots de la phrase (extraction phonologique), nous appuyons l'hypothèse de Besse et de ses collaborateurs (1993) selon laquelle le prénom de l'enfant n'a pas le même statut que les autres mots produits. Par conséquent, nous ne pouvons nous limiter à l'examen de l'écriture du prénom pour évaluer les habiletés en écriture du jeune scripteur.

Pour terminer notre analyse des aspects orthographiques lors de l'écriture de la phrase, nous avons examiné la présence d'idéogrammes, en particulier la présence de la majuscule et du point. Cette analyse a permis de dégager que la presque totalité des sujets (98,99 %; n = 196) ne produisaient pas ce type de signes dans l'écriture de la phrase et que seulement deux d'entre eux (1,01 %) produisaient l'un ou l'autre de ces signes. Comme nous avons pu le relever pour la présence de morphogrammes lexicaux lors de l'écriture de mots, certains enfants, dès la maternelle, peuvent arriver à témoigner de préoccupations variées qui les conduisent à prendre en compte des éléments qui, traditionnellement, font l'objet d'un enseignement formel à l'école primaire.

LES RELATIONS ENTRE LES HABILETÉS EN ÉCRITURE ET D'AUTRES HABILETÉS LITÉRACIQUES

En nous appuyant sur une vision globale de l'appropriation de l'écrit qui implique une interrelation entre différentes habiletés, nous avons examiné dans quelle mesure les performances observées durant la tâche d'écriture de mots pouvaient être reliées à celles observées durant l'épreuve de litéracie et à celles qui évaluent les habiletés métaphonologiques[12]. Globalement, ces analyses font ressortir un lien significatif, que ce soit entre l'épreuve de production de mots et l'épreuve faisant intervenir la conscience phonologique, ou entre l'épreuve de production de mots et l'épreuve évaluant le niveau de litéracie.

L'écriture et la litéracie

Il s'agit maintenant d'examiner la relation entre le score moyen obtenu pour le critère d'extraction phonologique (29,52 %) pour l'ensemble des scripteurs (n = 202) et les performances observées à l'épreuve de litéracie (score global moyen = 59,77 %; écart-type = 16,65). Les analyses statistiques effectuées indiquent qu'il existe une corrélation positive (p < 0,0001) entre le niveau d'extraction phonologique, mis en évidence par les productions, et le score global obtenu à l'épreuve de litéracie. Malgré un coefficient un peu plus faible, nous avons également établi une corrélation (p < 0,0001) entre les aspects visuographiques de l'écriture et le score global à l'épreuve de litéracie.

Pour approfondir la relation entre les habiletés mises en œuvre lors de l'écriture de mots et les habiletés en litéracie, nous avons comparé les deux scores en écriture (extraction phonologique et aspects visuographiques) avec deux sous-scores qui correspondent à la sélection de certains items dans l'épreuve de litéracie. D'une part, il s'agit d'un sous-score « lecture » qui englobe les items relatifs à la lecture de mots et de non-mots (score moyen = 35,59 %; écart-type = 21,11) et, d'autre part, il s'agit d'un sous-score « phonèmes-lettres-orientation » qui englobe quant à lui les items évaluant la connaissance du nom des lettres, des phonèmes et de l'orientation en lecture (score moyen = 70,77 %; écart-type = 21,52). Les analyses corrélationnelles effectuées permettent de constater qu'il existe une forte corrélation entre le score d'écriture (extraction phonologique) et les sous-scores « lecture » (p < 0,0001) et « phonèmes-lettres-orientation » (p < 0,0001). Par ailleurs, le score d'écriture (aspects visuographiques) est seulement corrélé de façon significative avec le sous-score « phonèmes-lettres-orientation » (p < 0,0001).

Ces résultats appuient l'idée que les connaissances que l'enfant d'âge préscolaire construit sur l'écrit peuvent être mises en relation avec le niveau des habiletés relevées dans une tâche d'écriture (Korkeamäki et Dreher, 2000). Ainsi, il semble que la progression de jeunes scripteurs, quant à un traitement de plus en plus efficace de la langue écrite, résulterait de la diversité des expériences litéraciques qu'ils ont vécues avant l'enseignement formel. Cette mise en relation nous conduit ainsi à souligner l'importance de la notion de litéracie familiale, un facteur qui favorise l'introduction d'activités de familiarisation à la lecture et à l'écriture dans la période préscolaire (Saint-Laurent, Giasson et Drolet, 2001) et qui, par la suite, confère à l'écrit une place de choix dans les activités vécues en maternelle.

L'écriture et la conscience phonologique

Nous avons également examiné la relation que l'on peut dégager entre le score moyen obtenu à l'épreuve d'écriture de mots pour le critère d'extraction phonologique (29,52 %) et le score moyen pour l'épreuve de conscience phonologique (59,67 %; écart-type = 19,04). L'analyse statistique indique qu'il existe une corrélation significative entre le score d'écriture (critère d'extraction phonologique) et le score global obtenu par les sujets à l'épreuve de conscience phonologique ($p < 0,0001$). Ce niveau de signification élevé est lié à un coefficient de corrélation de 0,5514 qui indique, pour un sujet de maternelle, le lien étroit qui existe entre les performances d'extraction phonologique en écriture et l'épreuve de conscience phonologique. Cette relation significative vient corroborer celle obtenue par l'étude de Vernon et Ferreiro (1999) auprès d'enfants hispanophones, qui était l'une des premières à établir ce type de relation.

Ce résultat suggère une relation importante entre les habiletés à manipuler les unités de la langue orale et les habiletés en écriture, surtout du point de vue de l'extraction phonologique. Cette relation n'est pas étonnante dans la mesure où l'apprentissage de l'écriture est fortement associé à une capacité de transcrire en signes écrits des sons de la langue orale, laquelle rend compte d'une prise de conscience progressive des mécanismes de la langue. En ce sens, nous sommes en partie d'accord avec Vernon et Ferreiro (1999) lorsqu'elles proposent que les nouvelles recherches expérimentales portant sur l'apprentissage de l'écrit utilisent des tâches d'écriture dans le but de rendre compte de la conscience phonologique. Toutefois, bien que les résultats aux tâches d'écriture de mots et de conscience phonologique soient fortement corrélés et que toutes deux soient similaires du point de vue de l'extraction phonologique, deux remarques viennent nuancer ce propos.

Tout d'abord, un enfant peut démontrer une faible conscience phonologique, mais obtenir quand même un score intéressant du point de vue de l'extraction phonologique dans ses productions en procédant à l'activation d'un mot puisé dans son lexique mental en construction; le mot a pu être alors encodé globalement, c'est-à-dire sans en analyser les composantes distinctes. Ainsi, tandis que l'enfant recourt à ce type d'activation lexicale, les mots écrits peuvent, à tort, suggérer une autre procédure reliée à la maîtrise des aspects phonologiques de la langue écrite. Au contraire, un enfant peut aussi témoigner d'un bon niveau de conscience phonologique, mais s'être appuyé sur une représentation visuographique de l'écrit pour produire un mot plutôt que sur les caractéristiques phonologiques de celui-ci. Dans ce cas, les représentations construites sur l'écrit viennent faire obstacle à l'activité de production qui illustre mal la capacité de l'enfant à utiliser sa conscience phonologique. En ce sens, il est important de distinguer la présence d'habiletés liées à la conscience phonologique et la mobilisation de celles-ci dans une tâche d'écriture.

Les résultats obtenus à la suite des analyses de corrélation entre les différentes épreuves soumises en maternelle se retrouvaient déjà dans d'autres recherches qui ont souligné le caractère complexe de l'appropriation de l'écrit chez le jeune enfant (Frost, 2001; Shatil, Share et Levin, 2000), en révélant que le niveau d'extraction phonologique et la maîtrise des aspects visuographiques attestés lors de la tâche d'écriture de mots ont une corrélation significative avec les connaissances construites sur l'écrit ainsi qu'avec la capacité des sujets à manipuler les différentes unités de la langue.

CONCLUSION

Dans le cadre des recherches cherchant à mieux comprendre la mise en place des habiletés orthographiques chez l'apprenti scripteur, cette étude vient renforcer les résultats obtenus par d'autres recherches (Montésinos-Gelet, 1999) en montrant qu'une majorité d'enfants fréquentant la maternelle ont entamé leur entrée dans la phonétisation de l'écrit. Cela dit, on observe que la compréhension du système écrit dont témoignent nos sujets reste limitée, étant donné qu'ils ne combinent que très rarement les unités d'une même syllabe (voyelle-consonne).

Notre étude contribue à enrichir le domaine de recherche qui s'intéresse à l'apprentissage de l'écrit en montrant que des enfants n'ayant pas encore été soumis à l'apprentissage formel de l'écrit témoignent, en grande majorité, de connaissances importantes et variées, que ce soit du point de vue du schéma de mise en page ou du point de vue des caractères utilisés, et que ces connaissances sont suffisamment ancrées pour être mobilisées dans une activité de production graphique. L'analyse des performances dans l'écriture de la phrase a aussi permis de mieux comprendre le jeune scripteur d'âge préscolaire en mettant en relief, d'une part, la diversité des procédures qu'il met en œuvre lorsqu'il tente d'écrire son prénom en respectant les règles de l'orthographe et, d'autre part, les défis qu'il doit relever pour s'approprier la forme écrite (par exemple blancs graphiques) d'une langue qu'il connaissait essentiellement à l'oral.

Enfin, les résultats de cette recherche montrent que les activités d'écriture mobilisent des connaissances diverses et devraient être particulièrement encouragées en maternelle, surtout dans une perspective de stimulation pour mieux préparer aux apprentissages formels du début du primaire. En effet, ces activités sont l'occasion pour l'apprenti scripteur de mettre à l'essai les hypothèses encore implicites qu'il a pu construire sur l'écrit, hypothèses très révélatrices des connaissances déjà disponibles chez le jeune enfant et sur lesquelles l'enseignant peut s'appuyer pour encourager le développement d'une compétence orthographique s'inscrivant dans une approche globale et progressive de l'écrit.

NOTES

1. À l'instar de Jaffré (2004, p. 31), nous choisissons l'orthographe « litéracie » pour marquer l'appartenance de ce néologisme au concept anglais « literacy », qui renvoie à « l'ensemble des activités humaines qui impliquent l'usage de l'écriture, en réception et en production. Elle met un ensemble de compétences de base, linguistiques et graphiques, au service de pratiques, qu'elles soient techniques, cognitives, sociales ou culturelles. »
2. Ce néologisme est aussi emprunté à Jaffré et David (1998).
3. Au Québec, les enfants ne fréquentent la maternelle que pendant l'année qui précède leur entrée à l'école primaire et cette fréquentation à temps plein ne se fait que depuis 1998. De plus, traditionnellement,

la pratique d'activités conçues dans la perspective d'un enseignement formel de l'écrit est encore peu répandue, même si de plus en plus d'enseignants sont sensibilisés au développement de la conscience phonologique.
4. Tous les enfants ont également été soumis à trois mesures individuelles permettant de contrôler l'effet possible de variables reliées au potentiel intellectuel (Raven, 1998) ou au niveau de vocabulaire ÉVIP (Dunn, Thériault-Whalen et Dunn, 1993).
5. Cette trace de l'entretien permet à l'expérimentateur de consacrer toute son attention à l'enfant lors de l'entretien, tout en assurant la conservation de toutes les informations recueillies pendant son déroulement et nécessaires à l'analyse.
6. Les résultats rapportés ici sont associés à une recherche doctorale menée par M.-F. Morin (Morin, 2002) et dirigée par H. Ziarko et I. Montésinos-Gelet. Cette recherche a reçu l'appui financier du CRSH, du FCAR et de la Faculté des sciences de l'éducation de l'Université Laval.
7. Il est à noter qu'une certaine logique peut amener des enfants à introduire des chiffres dans leurs productions graphiques. En effet, dans l'environnement, des chiffres et des lettres peuvent parfois coexister sur certains objets (plaque d'immatriculation, par exemple). Cependant, on peut qualifier de non conventionnelles les écritures des enfants qui montrent que les lettres sont remplacées par des chiffres.
8. Généralement, ces pseudo-lettres ressemblent aux lettres de notre alphabet.
9. Cependant, comme le démontre Véronis (1988) à partir d'une simulation sur ordinateur, les correspondances phonèmes-graphèmes ne permettent d'écrire qu'un peu plus de la moitié des mots en français, en respectant la norme orthographique.
10. Pour cette tâche, quatre sujets ont refusé d'écrire la phrase suggérée, ce qui porte l'échantillon à 198 sujets pour les analyses découlant de cette épreuve.
11. Compte tenu de la diversité des prénoms à produire qui sont variables d'un enfant à l'autre, le calcul pour l'extraction phonologique a été déterminé en fonction des mots qui sont les mêmes pour tous les enfants : *Je m'appelle_ et mon ami c'est_*.

12. Pour explorer ces relations, des scores globaux ont été constitués pour les deux aspects reliés à la tâche d'écriture, c'est-à-dire le score d'extraction phonologique et les aspects visuographiques, pour le niveau de conscience phonologique et celui qui est associé à la litéracie.

RÉFÉRENCES

Alves-Martins, M. (1993). Les idées des enfants sur l'écrit à l'entrée à l'école primaire. Dans M. Alves-Martins et J.-M. Besse (dir.), *La lecture pour tous*. Paris : Armand Colin, 45-52.

Besse, J.-M. (2000). *Regarde comme j'écris!* Paris : Magnard.

Besse, J.-M. (1990). L'enfant et la construction de la langue écrite. *Revue française de pédagogie, 90*, 17-22.

Besse, J.-M., M.-M. De Gaulmyn et M. H. Luis. (1993). Du pouvoir lire-écrire son prénom au savoir lire-écrire. *Études de linguistique appliquée, 91*, 8-21.

Blanche-Benveniste, C. (1997). The unit in written and oral language. Dans C. Pontecorvo (dir.), *Writing development: an interdisciplinary view*. Amsterdam: John Benjamins Publishing company, 21-45.

Bonin, P. (2003). *Production verbale de mots : approche cognitive*. Bruxelles : Éditions De Boeck.

Borzone de Manrique, A. M. et A. Signorini. (1994). Phonological awareness, spelling and reading abilities in Spanish-speaking children. *British Journal of Educational Psychology, 64*, 429-439.

Bousquet, S., D. Cogis, D. Ducard, J. Massonnet et J.-P Jaffré. (1999). Acquisition de l'orthographe et mondes cognitifs. *Revue française de pédagogie, 126*, 23-37.

Bruner, J. S. (1991). *Le développement de l'enfant : savoir faire, savoir dire*. Paris : Presses Universitaires de France.

Colé, P., et M. Fayol. (2000). Reconnaissance de mots écrits et apprentissage de la lecture : rôle des connaissances morphologiques. Dans M. Kail et M. Fayol (dir.), *L'acquisition du langage : le langage en développement au-delà de 3 ans*. Paris : PUF, 151-181.

David, J. (2003). Les procédures orthographiques dans les productions écrites des jeunes enfants. *Revue des sciences de l'éducation, XXIX* (1), 137-158.

David, J., et J.-P. Jaffré. (1997). Le rôle de l'autre dans les procédures métagraphiques. *Recherches, 26*, 155-168.

De Gaulmyn, M.-M., et M. H. Luis. (1996). Écriture du prénom et genèse du lire-écrire. Dans C. Barré-De Miniac (dir.), *Vers une didactique de l'écriture*. Bruxelles : De Boeck Université, 35-48.

Dunn, L. M., C. M. Thériault-Whalen et L. M. Dunn. (1993). *Échelle de vocabulaire en images Peabody EVIP*. Adaptation française du Peabody picture vocabulary test revised. Forme B. Toronto : Psycan.

Écalle, J., et A. Magnan. (2002). *L'apprentissage de la lecture : fonctionnement et développement cognitifs*. Paris : Armand Colin.

Ehri, L. (1997). Apprendre à lire et apprendre à orthographier, c'est la même chose, ou pratiquement la même chose. Dans L. Rieben, M. Fayol et C. A. Perfetti (dir.), *Des orthographes et leur acquisition*. Lausanne : Delachaux et Niestlé, 231-265.

Evans, M. A., D. Shaw et M. Bell. (2000). Home Literacy Activities and Their Influence on Early Literacy Skills. *Canadian Journal of Experimental Psychology, 54*(2), 65-75.

Ferreiro, E. (2000). *L'écriture avant la lettre*. Paris : Hachette Éducation.

Ferreiro, E., et M. Gomez-Palacio. (1988). *Lire-écrire à l'école comment s'y prennent-ils?* Lyon : Centre régional de documentation pédagogique.

Ferreiro E., et C. Pontecorvo. (1993). Le découpage graphique dans des récits d'enfants entre 7 et 8 ans. Étude comparative espagnol-italien. *Études de linguistique appliquée, 91*, 22-33.

Fijalkow, E. (1993). Clarté cognitive en grande section maternelle et lecture au cours préparatoire. Dans C. Boudreau (dir.), *Réussir dès l'entrée dans l'écrit*. Sherbrooke : Éditions du CRP, 69-85.

Frith, U. (1985). Unexpected spelling problems. Dans U. Frith (dir.), *Cognitive processes in spelling*. London: Academic Press, 495-516.

Frost, J. (2001). Phonemic Awareness, Spontaneous Writing, and Reading and Spelling Development from a Preventive Perspective. *Reading and Writing, 14*(5-6), 487-513.

Gombert, J. É., et P. Colé. (2000). Activités métalinguistiques, lecture et illettrisme. Dans M. Kail et M. Fayol (dir.), *L'acquisition du langage : le langage en développement au-delà de 3 ans*. Paris : PUF, 117-150.

Jaffré, J.-P. (2004). La litéracie : histoire d'un mot, effets d'un concept. Dans C. Barré-De Miniac, C. Brissaud et Rispail, M. (dir.), *La littéracie : conceptions théoriques et pratiques d'enseignement de la lecture-écriture*. Paris : Harmattan, 21-41.

Jaffré, J.-P. (1992). Le traitement élémentaire de l'orthographe : les procédures graphiques. *Langue française, 95*, 27-48.

Jaffré, J.-P., et J. David. (1998). Premières expériences en littératie. *Psychologie et Éducation, 33*, 47-61.

Kamii, C., R. Long, G. Manning et M. Manning. (1993). Les conceptualisations du système alphabétique chez le jeune enfant anglophone. *Études de linguistique appliquée, 91*, 34-47.

Korkeamäki, R. L., et M. J. Dreher. (2000). Finnish kindergartners' literacy development in contextualized literacy episodes: A focus on spelling. *Journal of Literacy Research, 32*(3), 349-393.

Luis, M. H. (1998). De l'écriture en grande section de maternelle. *Revue du C.R.E.* (Centre de Recherche en Éducation), *14*, 35-52.

Marec-Breton, N. (2003). *Les traitements morphologiques dans l'apprentissage de la lecture*. Thèse de doctorat, mention Psychologie. Rennes : Université de Rennes 2.

Mélançon, J., et H. Ziarko. (1999). De la maternelle à la première année : évolution des habiletés métalinguistiques et compréhension de l'écrit. *Revue canadienne de l'étude en petite enfance, 8*(1), 37-58.

Montésinos-Gelet, I. (1999). La construction de la dimension phonogrammique du français écrit. *Les dossiers des Sciences de l'éducation, 1*, 91-107.

Montésinos-Gelet, I., et M.-F. Morin. (2001). S'approcher de la norme orthographique en 1re année du primaire : qu'en est-il de la pluralité des conceptions linguistiques? *Archives de psychologie, 69* (270-271), 159-176.

Morin, M.-F. (2004). Comprendre et prévenir les difficultés en écriture chez le jeune enfant en examinant les orthographes approchées et les commentaires métagraphiques. Dans J.-C. Kalubi et G. Debeurme (dir.), *Identités professionnelles et interventions scolaires : contextes de formation de futurs enseignants*. Sherbrooke : Éditions du CRP, 145-173.

Morin, M.-F. (2002). *Le développement des habiletés orthographiques chez des sujets francophones entre la fin de la maternelle et de la première année du primaire*. Thèse de doctorat, Québec : Université Laval.

Prêteur, Y., et E. Louvet-Schmauss. (1992). How French and German children of preschool age conceptualize the writing system. *European Journal of Psychology of Education, 7* (1), 39-49.

Raven, J. C. (1998). *Colored progressive matrices*. Oxford : Psychologists Press.

Rieben, L., M. Fayol et C. V. Perfetti. (1997). *Des orthographes et leur acquisition*. Lausanne : Delachaux et Niestlé.

Sénéchal, M. (2000). Morphological effects in children's spelling of French words. *Canadian Journal of Experimental Psychology, 54* (2), 76-85.

Seymour, P. H. K., M. Aro et J. N. Erskine. (2003). Foundation literacy acquisition in European orthographies. *British Journal of Psychology, 94*, 143-174.

Shatil, E., D. L. Share et I. Levin. (2000). On the contribution of kindergarten writing to grade 1 literacy : a longitudinal study in Hebrew. *Applied Psycholinguistics, 21* (1), 1-21.

Treiman, R., et D. Bourassa. (2000). The development of spelling skill. *Topics in Language Disorders, 20* (3), 1-18.

Vernon, S. A., et E. Ferreiro. (1999). Writing development: a neglected variable in the consideration of phonological awareness. *Harvard Educational Review, 69* (4), 395-415.

Véronis, J. (1988). From sound to spelling in French: simulation on a computer. *Cahiers de psychologie cognitive, 8*, 315-334.

Ziarko, H., Z. De Koninck et F. Armand. (2003). Profils cognitivo-langagiers d'élèves québécois francophones à la fin de la maternelle. Dans M. Nouri Romdhane, J.-É. Gombert et M. Belajouza (dir.), *L'apprentissage de la lecture*. Rennes : Presses Universitaires de Rennes, 297-319.

Les préoccupations du jeune scripteur et le développement des compétences langagières à l'écrit

Isabelle Montésinos-Gelet
Département de didactique
Faculté des sciences de l'éducation
Université de Montréal

Dans nos sociétés où l'écrit est omniprésent, le jeune enfant commence très tôt à considérer les traces écrites autour de lui. Bien souvent, il est témoin d'une utilisation de la langue écrite par ses parents ou ses frères et sœurs et il peut ainsi constater que l'écrit produit des effets sur les comportements de ses proches. Ces effets peuvent être positifs, par exemple la joie à la réception de la lettre d'un proche ou encore négatifs, comme le découragement d'un aîné face à ses devoirs. À travers l'ensemble de ses expériences, le jeune scripteur commence à construire une représentation des fonctions et des usages de l'écrit et de la place qu'occupe ce code dans la vie de ceux qu'il côtoie. Ces expériences et la représentation de la langue écrite qui en découle sont déterminantes dans l'émergence du désir de s'approprier cet objet. En effet, si l'enfant constate autour de lui que l'usage de la langue écrite dispose ses proches de manière positive, il va souhaiter, lui aussi, bénéficier d'un tel avantage. Si, au contraire, il observe régulièrement l'inquiétude de ses proches relativement à l'écrit, il risque d'appréhender cet apprentissage. Dans l'hypothèse d'une relation précoce positive par rapport à l'écrit, l'enfant disposé à investir dans cet apprentissage ne va pas attendre l'entrée à l'école pour commencer à se poser des questions sur la langue écrite. Son questionnement va porter sur différents aspects de la langue écrite. Chauveau (2000) considère que le jeune enfant se pose trois questions fondamentales au sujet de l'écrit : « À quoi ça sert ? Comment ça fonctionne ?

Comment s'approprier cet outil? » Ce questionnement est à la source de différentes préoccupations métalinguistiques et métacognitives du jeune scripteur qui lui permettent de s'approcher progressivement de la compréhension de la langue écrite. L'objet de cette recherche est de mettre en relief les types de préoccupations de l'enfant dans sa considération de l'écrit. N'ayant pas encore étudié en profondeur les préoccupations reliées à l'identification des fonctions de l'écrit, il n'en sera pas question dans ce texte. Nous nous limiterons donc à présenter les quatre sortes de préoccupations reliées à la compréhension du fonctionnement de la langue écrite ainsi que les préoccupations rattachées aux stratégies mises en œuvre pour s'approprier la langue écrite. Les données qui serviront à décrire les préoccupations des élèves sont issues d'une recherche subventionnée par le FCAR[1]. Mais avant de présenter nos résultats, il convient d'abord de préciser notre domaine de recherche, en offrant un aperçu des travaux sur la question du rapport avec l'écrit des jeunes enfants et leur développement sur le plan de l'apprentissage de l'orthographe.

LE JEUNE ENFANT ET SON RAPPORT AVEC L'ÉCRIT

L'intérêt des chercheurs au sujet du rapport que les enfants entretiennent avec l'écrit avant la scolarisation ne date pas d'hier (Luria, 1929, traduit en 1983; Vygotsky, 1930, traduit en 1978). En effet, un grand nombre de travaux ont été effectués depuis une trentaine d'années. Tout d'abord, les recherches de Chomsky (1970), de Read (1971) et de Ferreiro (1977), dans les années 70, ont précisé l'idée que la maîtrise de l'orthographe, loin d'être simplement le fruit d'une transmission de savoirs, relève d'un processus développemental dans lequel les enfants sont activement engagés dans la construction de leurs savoirs orthographiques.

Une première ligne de recherche a été alors définie, il s'agissait de décrire et de comprendre les étapes par lesquelles les enfants passent pour en venir à maîtriser l'orthographe. Des descriptions et des modèles marquants à la suite de travaux (Ehri, 1986; Ferreiro et Teberosky, 1982; Frith, 1985; Frost, 2001; Gentry, 1982; Henderson, 1985) relèvent tous d'une conception unidimensionnelle du développement de l'enfant, c'est-à-dire qu'ils postulent l'existence d'une progression universelle par étapes.

Récemment – à la fin des années 90 –, cette conception unidimensionnelle et étapiste du développement a fait l'objet de nombreuses critiques (Martinet, Bosse, Valdois et Tainturier, 1999). Dans un premier registre de critiques, l'idée d'étape, qui suggère un changement qualitatif dans les modes de fonctionnement des élèves, est contesté par certains chercheurs qui voient dans ce développement des changements de nature quantitative (Treiman et Bourassa, 2000; Varnhagen, McCallum et Burstow, 1997). Dans un autre registre de critiques, c'est le caractère unidimensionnel qui est contesté, car il ne permet pas de rendre suffisamment compte des variations intra-individuelles et interindividuelles observées chez les enfants (Besse, 2000; Jaffré et David, 1998; Montésinos-Gelet, 2001).

Cette première ligne de recherche centrée sur la nature du développement de l'enfant n'est pas la seule à avoir été suivie. Rapidement, une deuxième ligne s'est développée à partir de la recherche de liens existant entre le développement orthographique des enfants et d'autres habiletés langagières, notamment la conscience phonologique (Frost, 2001; Griffith, 1991; McBride-Chang, 1998; Silva et Alves-Martins, 2003; Tangel et Blachman, 1992; Vernon et Ferreiro, 1999) et la lecture (Richgels, 1995; Uhry, 1999).

Une troisième ligne de recherche, prenant en considération les caractéristiques particulières des enfants, a cherché à repérer les répercussions de ces caractéristiques sur le développement orthographique. Les caractéristiques les plus souvent retenues sont la scolarisation en langue seconde (Araujo, 2002; Chapman et Michaelson, 1998; Riojas Clark, 1995), la surdité (Allman, 2002; Johnson, 1994) et le fait de provenir d'un milieu défavorisé (Center, Freeman et Robertson, 1998).

Enfin, une quatrième ligne de recherche s'est attachée à formuler des orientations pédagogiques susceptibles de favoriser le développement orthographique des enfants (Cunningham et Cunningham, 1992; Invernizzi, 1994; Miller, 2002; Rubin et Eberhardt, 1996; Shilling, 1997; Sipe, 2001) et à évaluer la mise en œuvre de ces propositions (Brasacchio, Kuhn et Martin, 2001; Clarke, 1988; Gettinger, 1993; Nicholson, 1996).

L'intérêt que l'on porte aux préoccupations des jeunes scripteurs relève de la première ligne de recherche, celle qui cherche à décrire et à modéliser le développement de ces jeunes. Ce concept a été proposé par Besse (2000) afin de prendre une certaine distance par rapport aux modèles étapistes. C'est ainsi qu'il décrit trois périodes dans le développement des scripteurs, caractérisées par des préoccupations dominantes, bien que non exclusives. Ce concept permet à Besse de lancer l'idée que les enfants peuvent parfois être préoccupés, de prime abord, par différents aspects de l'écrit, même si ces préoccupations suivent généralement un certain ordre d'apparition selon les trois étapes.

À la suite de Besse, nous reprenons ce concept qui nous semble d'une grande utilité pour décrire l'apprentissage. Une préoccupation, c'est un souci, c'est-à-dire une ouverture vers l'avenir, un projet que l'on forme (Heidegger, 1927). Étant donné cette orientation, les préoccupations deviennent alors le moteur de l'apprentissage. Après une brève présentation des caractéristiques de la recherche, nous allons donc décrire ce que nous avons observé, c'est-à-dire les préoccupations relatives à l'écrit chez les élèves rencontrés dans le cadre de notre recherche.

PRÉSENTATION DE LA RECHERCHE

Au total, 126 enfants du préscolaire (58 filles et 68 garçons), âgés en moyenne de 66,3 mois au début du projet et ayant comme langue maternelle le français, ont été choisis. Ces enfants proviennent majoritairement d'un milieu socioéconomique moyen et sont répartis dans huit classes de trois commissions scolaires de la Montérégie, dans lesquelles une large place est accordée à l'éveil à l'écrit.

Nous avons proposé aux enfants la même dictée de six mots (*riz, ami, chapeau, cerise, éléphant, macaroni*) ainsi qu'une phrase (*Je m'appelle X et mon ami c'est Y.*) en octobre et en mai. La consigne était « d'essayer d'écrire avec ses idées ». La production a été recueillie sur une feuille blanche disposée sur une tablette graphique reliée à un ordinateur portable, ce qui permettait d'enregistrer les gestes graphiques de l'enfant et le temps de production. Les entretiens ont été filmés, les commentaires des enfants ont été transcrits et analysés afin de dégager leurs préoccupations métalinguistiques et métacognitives. Après une brève description de chacune des différentes préoccupations, les résultats de cette recherche sont présentés.

LES PRÉOCCUPATIONS VISUOGRAPHIQUES

L'apparence matérielle de l'écrit est l'un des premiers aspects que le jeune enfant considère. Visuellement, l'écrit se présente sous une forme particulière. Malgré des mises en page variées, certains aspects sont récurrents; par exemple, le français écrit est linéaire; l'orientation de gauche à droite est bien souvent visible lorsqu'on passe à la ligne même si l'enfant ne voit la trace qu'une fois fixée; de plus, les lettres de l'alphabet latin peuvent se présenter sous diverses formes.

Explorer les caractéristiques visuelles de la matière écrite permet de relever les préoccupations visuographiques du jeune enfant. Dans l'un de ses articles, Chauveau (1997) examine les principales spécificités de la matière écrite en mettant en relief ce qui distingue l'écrit des autres éléments visibles. Dans un premier temps, il compare la reconnaissance d'objets à la reconnaissance de lettres. Il fait remarquer que face à une chaise (ou à la représentation picturale d'une chaise), peu importe l'angle de vue, l'enfant la reconnaîtra comme étant une chaise. Par contre, il n'en est pas de même pour les lettres; changer l'orientation d'une lettre modifie sa nature (ex. p, q, b, d). Chauveau met également en relief le traitement particulier des allographes. Les allographes sont les différentes façons d'écrire une même lettre (ex. a, A, a, A). Bien que leurs traits constitutifs soient différents, l'enfant doit prendre conscience qu'il s'agit de la même lettre, et ce, même si certains allographes sont beaucoup plus proches de l'écriture d'une autre lettre (ex. $\boldsymbol{E}$ a plus de traits en commun avec $\boldsymbol{F}$ qu'avec $\boldsymbol{e}$).

Dans le domaine visuographique, l'enfant doit en venir à distinguer les deux mondes de la représentation graphique : le figuratif et le linguistique. Ces deux mondes sont distincts. Le figuratif est plus familier aux jeunes enfants et il est plus proche de leurs perceptions. La représentation d'éléments linguistiques est beaucoup plus contraignante. C'est à travers ses préoccupations visuographiques que l'enfant va distinguer les représentations graphiques linguistiques des autres informations perceptuelles.

Le tableau I indique que du point de vue visuographique, de façon spontanée, les élèves rencontrés mettent généralement en forme leur production dans une mise en page conventionnelle, le plus souvent en alignant les mots en colonne. L'orientation de gauche à droite ainsi que du haut vers le bas est le plus souvent respectée. La taille moyenne des caractères diminue sensiblement entre le début et la fin de l'année de maternelle. Dans le même temps, le répertoire moyen des lettres utilisées s'accroît.

Tableau I – L'évolution des préoccupations visuographiques entre les mois d'octobre et de mai

	Octobre	Mai
Mise en page conventionnelle	Systématiquement respectée par 70 % des enfants	Systématiquement respectée par 83 % des enfants
Orientation de gauche à droite	Systématiquement respectée par 94 % des enfants	Systématiquement respectée par 99 % des enfants
Orientation du haut vers le bas	Systématiquement respectée par 70 % des enfants	Systématiquement respectée par 83 % des enfants
Taille moyenne des caractères	Police 36	Police 30
Répertoire moyen des lettres utilisées	10 lettres différentes	15 lettres différentes

Lorsqu'on analyse la fréquence d'utilisation des lettres (tableau II), il apparaît clairement que toutes les lettres ne sont pas utilisées avec la même fréquence. En étudiant les lettres privilégiées par les élèves, il en ressort qu'elles correspondent dans une large mesure aux phonogrammes les plus fréquents en français (Catach, 1995), ce qui indique que les jeunes scripteurs sont influencés par les régularités graphiques du français. Cette influence se ressent également dans le nombre moyen de lettres par mot (entre 5 et 6 lettres) qui correspond au nombre moyen de lettres par mot en français (Malrieu et Rastier, 2001).

Tableau II – Fréquence d'utilisation des lettres

	Octobre	Mai
A	11,54 %	9,89 %
B	2,40 %	1,67 %
C	3,40 %	2,16 %
D	1,29 %	0,92 %
E	11,89 %	11,53 %
F	1,11 %	0,84 %
G	0,94 %	0,69 %
H	2,17 %	2,02 %
I	11,19 %	7,09 %
J	1,70 %	1,35 %
K	0,59 %	0,55 %
L	10,37 %	4,61 %
M	6,15 %	5,25 %
N	7,62 %	5,19 %
O	6,74 %	4,01 %
P	1,76 %	2,22 %
Q	0,64 %	0,03 %
R	3,69 %	3,52 %
S	2,64 %	3,63 %
T	3,05 %	1,93 %
U	2,99 %	1,07 %
V	1,99 %	0,75 %
W	0,47 %	0,17 %
X	2,05 %	1,56 %
Y	1,00 %	0,63 %
Z	0,64 %	0,20 %

Le tableau III révèle que la réalisation graphique des lettres connaît un spectaculaire essor lors de l'année de maternelle et que les lettres ne présentent pas toutes le même degré de difficulté de production (respect de l'ordre des traits et de l'orientation du tracé). À la fin de l'année, ce sont surtout les lettres *q*, *y* et *h* qui posent encore un problème pour les scripteurs.

Tableau III – Proportion des lettres produites sans respecter l'ordre et l'orientation des traits

	Octobre	Mai
A	48,22 %	26,24 %
B	87,80 %	48,28 %
C	34,48 %	22,67 %
D	72,73 %	21,88 %
E	41,38 %	23,75 %
F	42,11 %	44,83 %
G	37,50 %	25,00 %
H	83,78 %	52,86 %
I	53,93 %	37,40 %
J	68,97 %	27,66 %
K	80,00 %	
L	40,11 %	36,25 %
M	35,24 %	23,08 %
N	53,08 %	32,78 %
O	77,39 %	34,53 %
P	50,00 %	10,39 %
Q	90,91 %	100,00 %
R	58,73 %	46,72 %
S	24,44 %	15,08 %
T	73,08 %	44,78 %
U	47,06 %	2,70 %
V	38,24 %	11,54 %
W	12,50 %	0,00 %
X	85,71 %	35,19 %
Y	88,24 %	59,09 %
Z	45,45 %	14,29 %

Une très faible proportion d'enfants introduisent des pseudo-lettres. Ces pseudo-lettres sont dans une large mesure le fruit de la déformation d'une lettre conventionnelle par l'ajout, l'omission ou une modification dans l'orientation d'un trait; par exemple une forme semblable à un *E* avec quatre traits horizontaux ou encore, une sorte de *R* dont la barre oblique est orientée vers la gauche. L'orientation des lettres est un problème pour 25 % des enfants à la fin de l'année de maternelle. Toutefois, la plupart d'entre eux ne produisent qu'une seule lettre en miroir dans l'ensemble de leur production. Certaines lettres sont plus sujettes à être produites en miroir que d'autres, c'est le cas des lettres *S*, *Z*, *P*, *N* et *C*.

Ces résultats montrent clairement que la représentation graphique linguistique fait l'objet des préoccupations des jeunes élèves de maternelle, et qu'ils ont d'ores et déjà intégré de nombreux aspects de cette norme graphique avant même de commencer l'école. Il semble donc que les préoccupations visuographiques se manifestent très tôt, même si la construction du savoir sur les représentations graphiques linguistiques se poursuit durant de nombreuses années.

LES PRÉOCCUPATIONS SÉMIOGRAPHIQUES ET LEXICALES

L'enfant ne limite pas ses préoccupations aux aspects visuographiques, il prend rapidement conscience que l'écrit sert à véhiculer du sens. Il le manifeste en choisissant de produire des traces différentes pour des mots différents, et ce, même si son répertoire de lettres peut être limité avant l'enseignement systématique de l'écrit. Avant de saisir le principe alphabétique sur lequel repose essentiellement notre système d'écriture, l'enfant cherche à comprendre comment ce sens se traduit par la trace écrite. Il arrive fréquemment qu'un enfant cherche à faire porter à sa trace des caractéristiques de ce qu'il veut écrire en adoptant ainsi une logique propre à la représentation figurative. Par exemple, il va produire de grosses lettres pour écrire « éléphant » parce que l'animal est gros, de nombreuses lettres pour écrire « train » parce que le train est long. Bien souvent, le jeune élève est conscient que l'écrit ne fonctionne pas vraiment de cette façon, mais en procédant ainsi, il dépose dans sa trace des indices qui lui permettent d'en retrouver le sens. Autrement dit, il choisit une telle stratégie afin de pouvoir donner un sens à sa trace parce qu'il souhaite pouvoir l'interpréter en la lisant par la suite.

Dans cette même logique d'association d'une trace à un sens, l'enfant va chercher progressivement à mémoriser l'écriture de certains mots (son prénom, maman, papa, etc.). Comme le signale Frith (1985), cette stratégie de mémorisation lexicale est le plus souvent mise en œuvre en lecture. Au début, l'enfant est dépendant d'informations périphériques comme la couleur et la forme des caractères imprimés. Par exemple, il reconnaît *Coke* à partir des indices se rapportant à la couleur et à la police de caractères, mais il ne reconnaîtrait pas le mot sous une autre forme. On qualifie ce type de reconnaissance de *logographique*; l'écrit est traité comme un logo, de manière figurative. Par la suite, dans ses tentatives de reconnaissance de mots, l'enfant va sélectionner des indices reliés aux lettres: la lettre initiale, le nombre de lettres, la silhouette du mot avec ses hampes et ses jambages. Ces prises partielles d'indices lui permettent, dans un contexte prévisible – par exemple dans le contexte des prénoms des élèves de sa classe –, de réussir à identifier avec succès certains mots. Par contre, cette stratégie atteint rapidement certaines limites lorsqu'il s'agit de reconnaître des mots hors contexte ou encore de pouvoir les écrire. Seule une mémorisation lexicale et complète du mot permet à l'enfant, qui ne fait pas encore le lien entre l'oral et l'écrit, d'écrire ce mot en respectant l'orthographe. Les préoccupations lexicales sont à la source de l'élaboration du lexique orthographique de l'enfant, lexique qui ne cessera de s'enrichir tout au long de sa vie.

En début d'année, les élèves rencontrés, qui ne faisaient pas encore le lien entre l'oral et l'écrit (40 % des élèves de l'échantillon), avaient tous des préoccupations sémiographiques. Ces préoccupations lexicales transparaissaient dans la lexicalisation du prénom qui était presque totale en octobre (93 % des enfants) et systématique en fin d'année. Un nombre restreint d'enfants (6 sur 126) ont également lexicalisé certains mots proposés dans l'épreuve. Cependant, en classe[2], avec un plus large répertoire de mots, une proportion beaucoup plus importante d'élèves témoignent de leurs préoccupations lexicales.

LES PRÉOCCUPATIONS PHONOGRAPHIQUES

L'orthographe française repose en grande partie sur la mise en relation entre l'oral et l'écrit. Or, c'est le plus souvent à la maternelle que le jeune enfant se rend compte de l'existence d'un tel lien. Plusieurs recherches (De Gaulmyn, 1992; Montésinos-Gelet, 2001) ont déjà montré qu'au début de la maternelle, environ la moitié des élèves font ponctuellement des liens entre l'oral et l'écrit, alors qu'à la fin de cette même année, seule une faible minorité ne les font pas encore. Tout au long de cette année charnière, l'enfant cherche à comprendre de quelle manière l'oral et l'écrit sont liés. Ces préoccupations phonographiques conduisent l'élève à être plus conscient des sons de la langue et à développer des habiletés dans la discrimination de phonèmes. La conscience phonologique est donc au cœur même des préoccupations phonographiques. De plus, c'est en s'efforçant d'écrire pour exprimer ses idées que l'enfant en vient à éprouver le besoin de mémoriser les correspondances entre les phonèmes et les phonogrammes qui servent à les véhiculer. Bien souvent, cette mémorisation s'appuie sur des analogies à partir de mots lexicalisés par l'enfant, comme son prénom ou celui de ses proches. Quelques autres aspects sont également progressivement construits par l'enfant à travers ses préoccupations phonographiques comme, par exemple, l'ordre des phonogrammes qui doit être identique à celui des phonèmes à l'oral; la nécessité de respecter l'intégralité des phonèmes composant le mot pour qu'un lecteur puisse comprendre la production; la nécessité de ne pas introduire de lettres qui n'ont pas de fonction ou de ne pas répéter plusieurs fois la transcription d'un même phonème.

L'enfant qui a des préoccupations phonographiques n'écrit pas nécessairement de manière lisible, ses efforts pour établir un lien entre l'oral et l'écrit peuvent ne porter que sur certains aspects.

Les élèves rencontrés étaient assez nombreux (60 %) à faire le lien entre l'oral et l'écrit dès le mois d'octobre. Trois scores ont été attribués pour caractériser le degré de reconnaissance du principe alphabétique : le premier pour l'*extraction* phonologique, d'une valeur de 0 (s'il n'y a pas d'extraction réalisée par l'enfant) à 3 (la majorité des phonèmes sont extraits); le deuxième pour la *combinatoire*, d'une valeur de 0 (l'enfant ne combine pas les consonnes et les voyelles dans les syllabes qu'il produit) à 3 (la majorité des syllabes sont combinées); le troisième pour l'*exclusivité*, d'une valeur de 0 (l'enfant utilise systématiquement des caractères non graphémiques dans ses productions) à 3 (l'enfant ne produit que des graphèmes).

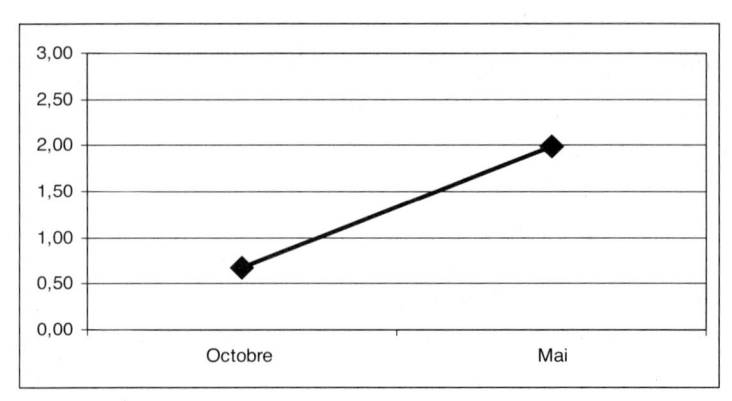

Fig. 1 – *Évolution du score d'extraction entre le mois d'octobre et le mois de mai.*

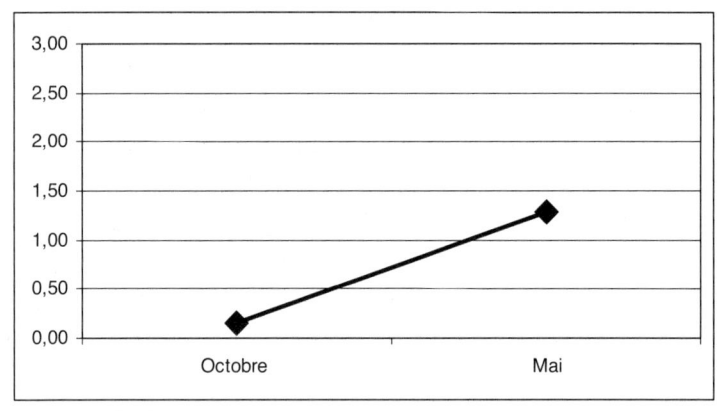

Fig. 2 – *Évolution du score de combinatoire entre le mois d'octobre et le mois de mai.*

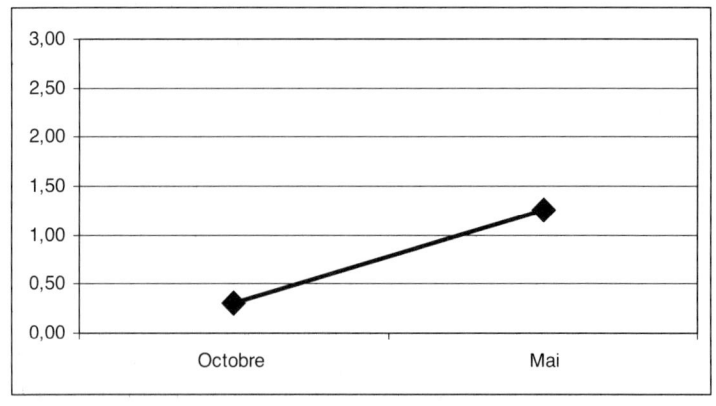

Fig. 3 – *Évolution du score d'exclusivité entre octobre et mai.*

La figure 1 met en relief l'évolution de la moyenne des scores d'extraction des élèves de notre échantillon entre le mois d'octobre et le mois de mai; la figure 2 se rapporte aux scores de combinatoire, et la figure 3 à ceux d'exclusivité. Il ressort que, même si les élèves sont nombreux à établir un lien entre l'oral et l'écrit, dès le début d'année, ils ne le font que sur une portion très restreinte de phonèmes; il est rare qu'ils combinent les phonèmes à l'intérieur des syllabes et le plus souvent, en plus des phonogrammes, ils utilisent de nombreuses autres lettres afin de respecter une certaine représentation prototypique des mots. Ainsi, ce lien entre l'oral et l'écrit est très peu perceptible à l'intérieur de la trace écrite; c'est à partir de l'observation de l'enfant durant la phase de production (ses subvocalisations, ses mouvements labiaux, ses commentaires) que l'on observe si ce lien a été fait. En fin d'année, les élèves sont beaucoup plus nombreux à reconnaître une portion plus large des phonèmes présents dans les mots, ils utilisent alors un répertoire de phonogrammes plus important et malgré le fait qu'ils sont encore nombreux à utiliser d'autres lettres en dehors des phonogrammes, il est plus facile à partir de la trace d'identifier le lien établi entre l'oral et l'écrit.

En classe[3], durant les périodes de sensibilisation à l'orthographe des mots, nous avons constaté que les élèves mémorisent bien souvent les phonogrammes sans pourtant recevoir un enseignement systématique des correspondances phonèmes/phonogrammes. La situation de résolution de problème dans laquelle ils sont placés rend utile à leurs yeux cet effort de mémorisation.

En matière de préoccupation phonographique, il ressort clairement que la maternelle reste une année charnière pour les élèves. L'enseignement explicite de la lecture et de l'écriture au début du primaire n'aurait certainement pas la même portée si les élèves n'avaient pas déjà une certaine intuition du principe alphabétique, connaissance qui leur permet de bénéficier de cet enseignement. Les préoccupations phonographiques demeurent présentes, elles aussi, tout au long de la scolarité, avec l'intégration progressive du large répertoire de phonogrammes que recèle le français.

LES PRÉOCCUPATIONS RELATIVES À LA NORME ORTHOGRAPHIQUE

Lorsque l'enfant prend conscience que certains phonèmes peuvent être transcrits à partir de plusieurs phonogrammes différents (ex. par *s* ou par le phonème *z*), et qu'il réalise que le choix de l'un ou l'autre des phonogrammes dépend d'une convention, d'une norme, il manifeste alors des préoccupations relatives à la norme orthographique. Il en est de même lorsqu'il considère les lettres muettes et les marques grammaticales de genre, de nombre ou de conjugaison. Ces préoccupations relatives à la norme orthographique ne signifient pas nécessairement que l'enfant écrit en respectant l'orthographe. Par exemple, un enfant peut écrire le mot *riz* au pluriel en disant qu'il l'écrit plusieurs fois (*rjrjrj*) parce qu'il y a plusieurs grains de riz, ce qui témoigne d'une préoccupation orthographique, sans que sa production soit orthographique. À l'inverse, un enfant peut écrire sans faire d'erreurs orthographiques, sans avoir de préoccupations de cet ordre. Par exemple, c'est le cas lorsqu'il a mémorisé lexicalement un mot, ou encore s'il écrit un mot régulier au niveau des correspondances phonèmes/phonogrammes, comme le mot *ami*.

Parmi les élèves rencontrés, trois d'entre eux avaient des préoccupations orthographiques dès le mois d'octobre. Dans tous les cas, leurs préoccupations se traduisaient en ajoutant des *e* muets en fin de mot. Ils se justifiaient en affirmant, soit que les mots finissent souvent par un *e* en français, même si on ne l'entend pas, ou encore, que le mot *amie* prend toujours un *e*, « parce que mon amie, c'est une fille ». À la fin de l'année, dix-sept élèves manifestent des préoccupations orthographiques. Il s'agit encore bien souvent pour eux d'ajouter des lettres muettes en fin de mot. Le *e* muet est encore largement favori (59 % des lettres muettes introduites dans les mots), suivi par le *s* (24 %) et le *t* (17 %). Quelques élèves (8) expriment aussi leurs préoccupations concernant le choix à faire entre les phonogrammes *o*, *au* et *eau* lorsqu'ils écrivent le mot *chapeau*. Parfois, le recours à l'analogie conduit certains enfants à insérer des lettres muettes à l'intérieur même d'un mot. C'est le cas, par exemple, d'une petite fille lorsqu'elle écrit *chatpau* (*chapeau*) en se servant du mot *chat* qu'elle a lexicalisé.

Les préoccupations spécifiquement orthographiques ne concernent encore qu'une minorité d'élèves à la maternelle. Par contre, ces préoccupations se multiplient au début du primaire. Cependant, ces préoccupations ne garantissent pas une production orthographique. On y prête peu d'attention lorsque l'orthographe est évaluée exclusivement en fonction du respect de la norme. Par exemple, bien souvent les évaluations en contexte scolaire ne vont pas permettre de différencier les productions suivantes : *les lou* ou *les lous*, alors que la seconde graphie indique des préoccupations orthographiques qui sont inexistantes dans la première. Les deux graphies sont généralement considérées comme étant incorrectes. Il serait souhaitable de prendre conscience que le développement de l'orthographe est une construction progressive, et dans cette optique, il faudrait chercher à relever les marqueurs de cette progression plutôt que de s'attarder uniquement sur les écarts à la norme.

LES PRÉOCCUPATIONS RELATIVES AUX STRATÉGIES D'APPROPRIATION

Il n'est pas rare que les jeunes élèves croient qu'ils vont apprendre à lire et à écrire instantanément en entrant en première année, et que cet apprentissage va se faire comme par miracle. Lorsqu'ils entrent en contact avec la langue écrite à travers des situations de résolution de problèmes linguistiques, cette croyance est alors mise à l'épreuve et les jeunes élèves prennent rapidement conscience qu'apprendre à lire et à écrire est une construction progressive dont ils ont la responsabilité. Il leur reste à comprendre comment procéder pour réussir. C'est à ce moment précis qu'entrent en jeu les préoccupations relatives aux stratégies d'appropriation. En production de mots, trois stratégies ressortent clairement à travers les commentaires formulés par des élèves : la stratégie phonographique, la stratégie lexicale et la stratégie analogique.

La majorité des enfants rencontrés en fin d'année (97 %) cherchent à dégager les phonèmes des mots à produire et à identifier les phonogrammes potentiels pour les traduire. Ils utilisent donc une stratégie phonographique. La stratégie lexicale est systématiquement utilisée lors de la production du prénom, et certains enfants (6) l'utilisent également pour produire d'autres mots. La stratégie de l'analogie, qui correspond à une utilisation conjointe des stratégies phonographique et lexicale, est largement utilisée par les jeunes scripteurs. En effet, lorsque les enfants extraient certaines unités sonores des mots qu'ils cherchent à écrire, bien souvent ils s'appuient explicitement sur des mots mémorisés pour identifier les phonogrammes susceptibles de traduire efficacement ces unités. L'extrait suivant illustre clairement la façon dont cette stratégie est utilisée. Un groupe de trois petites filles dans l'une des classes de notre recherche est en situation d'expliquer comment elles ont écrit le mot « amoureux » :

> L'une d'elles dit : « Le début, c'est facile, on l'entend bien *a*-moureux, *a*! Après, c'est *mmm*, comme dans mon nom *Myriam* ». Une autre ajoute : « comme dans *maman* aussi. Après, c'est *ou*, ça s'écrit *o* et *u*, on l'a écrit la semaine dernière quand on cherchait *mouton* ». « Le *rrrr*, ça ronronne dans la gorge ». « *Eu*, on savait pas, mais c'est comme dans *jeux*, c'est écrit dans la classe, on a regardé, ça s'écrit *e*, *u*, *x* ».

Dans ce court extrait, la stratégie de l'analogie est utilisée quatre fois : avec le prénom de l'une d'elles, avec les mots *maman* et *mouton* qui ont été lexicalisés, et avec le mot *jeux* qui n'était pas encore intégré, mais qui a été retrouvé puisqu'il était écrit sur l'étagère de rangement des jeux de la classe.

Au terme de cette présentation, il ressort que l'approche progressive de l'orthographe se réalise à travers les diverses hypothèses construites par l'enfant dans les registres de préoccupations dont nous venons brièvement d'exposer les grandes lignes. Pour une meilleure saisie de ces hypothèses, il suffit de placer les enfants en situation de résolution de problème linguistique en leur proposant d'écrire des mots, des groupes de mots, voire des phrases. Les enseignants qui proposent ce type de pratiques à leurs élèves sont généralement étonnés de découvrir la logique qui se cache derrière leurs hypothèses et l'étendue de leurs connaissances. Il ne s'agit pas d'enseigner des contenus linguistiques aux élèves, mais plutôt de les mettre en situation de les découvrir par eux-mêmes, tout en respectant leur rythme. Favoriser une telle conception de l'initiation et de l'enseignement de l'orthographe en classe, c'est à la fois s'ouvrir à la richesse de cette construction en progrès et mettre les élèves, qui sont encore peu en lien avec l'écrit, en situation de se questionner et de former les hypothèses.

NOTES

1. Fonds pour la formation de chercheurs et l'aide à la recherche.
2. Dans cette recherche, en plus d'évaluer les élèves, nous avons aussi accompagné les enseignantes. C'est ainsi que nous avons également eu accès à de nombreuses productions réalisées en classe. C'est à celles-ci que nous faisons référence ici.
3. Voir la note 2.

RÉFÉRENCES

Allman, T. M. (2002). Patterns of spelling in young deaf and hard of hearing students. *American Annals of the Deaf, 147*(1), 46-64.

Araujo, L. (2002). The literacy development of kindergarten English-language learners. *Journal of Research in Childhood Education, 16*(2), 232-247.

Besse, J.-M. (2000). *Regarde comme j'écris!* Paris : Magnard.

Brasacchio, T., B. Kuhn et S. Martin. (2001). *How does encouragement of invented spelling influence conventional spelling development?* Rapport de recherche, Department of Education : États-Unis.

Catach, N. (1995). *L'orthographe française. Traité théorique et pratique*, 3e édition. Paris : Nathan.

Center, Y., L. Freeman et G. Robertson. (1998). An evaluation of Schoolwide Early Language and Literacy (SWELL) in six disadvantaged schools. *International Journal of Disability, Development and Education, 45*(2), 143-172.

Chapman, M. L., et M. Michaelson. (1998). Grade two children's emergent writing in English and Hebrew in a dual curriculum. *Canadian Journal of Research in Early Childhood Education, 7*(2), 127-145.

Chauveau, G. (2000). Des difficultés en lecture avant 6 ans. *A.N.A.E., 57,* 62-63.

Chauveau, G. (1997). *Comment l'enfant devient lecteur.* Paris : Retz.

Chomsky, C. (1970). Reading, writing and phonology. *Harvard Educational Review, 40*(2), 287-309.

Clarke, L. K. (1988). Invented versus traditional spelling in first graders' writings: effects on learning to spell and read. *Research in the Teaching of English, 22*, 281-309.

Cunningham, P. M., et J. W. Cunningham. (1992). Making words: enhancing the invented spelling-decoding connection. *Reading Teacher, 46*(2), 106-115.

De Gaulmyn, M.-M. (1992). La construction précoce du système de la langue française écrite par des enfants de grande section maternelle. *Les dossiers de l'éducation*, Toulouse : PUM, *8*, 45-70.

Ehri, L. C. (1986). Sources of difficulty in learning to spell and read. Dans M. L. Wolraich et D. Routh (Eds.), *Advances in developmental and behavioral pediatrics*, 7, 121-195.

Ferreiro, E. (1977). Vers une théorie génétique de l'apprentissage de la lecture. *Revue suisse de psychologie, 36*(2), 109-130.

Ferreiro, E., et A. Teberosky. (1982). *Literacy before schooling*. Portsmouth, NH: Heinemann.

Frith, U. (1985). Beneath the surface of developmental dyslexia. Dans K. E. Patterson, J. C. Marshall et M. Coltheart (Eds.), *Surface dyslexia.* Lawrence Erlbaum, 301-330.

Frost, J. (2001). Phonemic awareness, spontaneous writing, and reading and spelling development from a preventive perspective. *Reading and Writing, 14*(5-6), 487-513.

Gentry, J. R. (1982). An analysis of developmental spelling in GNYS AT WRK. *The Reading Teacher, 36*, 192-200.

Gettinger, M. (1993). Effects of invented spelling and ddirect instruction on spelling performance of second grade boys. *Journal of Applied Behavior Analysis, 26*(3), 281-291.

Griffith, P. L. (1991). Phonemic awareness helps first graders invent spellings and third graders remember correct spellings. *Journal of Reading Behaviour, 23*(2), 215-233.

Heidegger, M. (1927). Sein und Zeit. Dans *Jahrbuch für Philosophie und phänomenologische Forschung, VIII*, Halle.

Henderson, E. (1985). *Teaching spelling*. Boston: Houghton Mifflin.

Invernizzi, M. (1994). Using students' invented spellings as a guide for spelling instruction that emphasizes word study. *Elementary School Journal, 95*(2), 155-167.

Jaffré, J. P., et J. David. (1998). Premières expériences en littéracie. *Psychologie et Éducation, 33*, 47-61.

Johnson, H. A. (1994). Developmental spelling Strategies of hearing impaired children. *Reading and Writing Quarterly : Overcoming Learning Difficulties, 10*(4), 359-367.

Luria, A. R. (1929/1983). The development of writing in the child. Dans M. Martlew (Ed.), *The psychology of written language.* Chichester : John Wiley et Sons, 237-277.

Malrieu, D., et F. Rastier. (2001). Genres et variations morphosyntaxiques. *Traitement automatique des langues, 42*(2), 547-578.

Martinet, C., M. L. Bosse, S. Valdois et M. J. Tainturier. (1999). Existe-t-il des stades successifs dans l'acquisition de l'orthographe d'usage? *Langue française, 124*, 58-73.

McBride-Chang, C. (1998). The development of invented spelling. *Early Education and Development, 9*, 147-160.

Miller, H. M. (2002). Spelling: From invention to strategies. *Voices from the Middle, 9*(3), 33-37.

Montésinos-Gelet, I. (2001). Quelles représentations de notre système d'écriture ont les enfants au préscolaire? *Québec français, 122*, 33-37.

Nicholson, M.-J. S. (1996). *The effect of invented spelling on running word counts in creative writing.* Kean College of New Jersey. Mémoire de maîtrise.

Read, C. (1971). Pre-school children's knowledge of English phonology. *Harvard Educational Review, 41*, 1-34.

Richgels, D. J. (1995). Invented spelling ability and printed word learning in kindergarten. *Reading Research Quarterly, 30*, 96-109.

Riojas Clark, E. (1995). "How did you learn to write in English when you haven't been taught in English?": the language experience approach in a dual language program. *Bilingual Research Journal, 19*(3-4), 611-627.

Rubin, H., et N. C. Eberhardt. (1996). Facilitating invented spelling through language analysis instruction: an integrated model. *Reading and Writing: An Interdisciplinary Journal, 8*(1), 27-43.

Shilling, W. A. (1997). Young children using computers to make discoveries about written language. *Early Childhood Education Journal, 24*(4), 253-259.

Silva, C., et M. Alves-Martins. (2003). Relations between children's invented spelling and the development of phonological awareness. *Educational Psychology, 23*(1), 3-16.

Sipe, L. R. (2001). Invention, convention, and intervention: invented spelling and the teacher's role. *Reading Teacher, 55*(3), 264-273.

Tangel, D. M., et B. A. Blachman. (1992). Effect of phoneme awareness instruction on kindergarten children's invented spelling. *Journal of Reading Behaviour, 24*, 233-261.

Treiman, R., et D. Bourassa. (2000). The development of spelling skill. *Topics in Language Disorders, 20*(3), 1-18.

Uhry, J. K. (1999). Invented spelling in kindergarten: the relationship with finger-point reading. *Reading and Writing: An Interdisciplinary Journal, 11*(5-6), 441-464.

Varnhagen, C. K., M. McCallum et M. Burstow. (1997). Is children's spelling naturally stage-like? *Reading and Writing: An interdisciplinary journal, 9*, 451-481.

Vernon, S. A., et E. Ferreiro. (1999). Writing development: a neglected variable in the consideration of phonological awareness. *Harvard Educational Review, 69*(4), 395-415.

Vygotsky, L. S. (1930/1978). *Mind in society: the development of higher psychological processes*. Cambridge, MA: Harvard University Press.

La littératie mathématique : une nouvelle culture en salle de classe

Christine Suurtamm
Faculté d'éducation
Université d'Ottawa

C ET article examine la littératie mathématique en portant une attention particulière aux définitions de la culture mathématique, aux attitudes actuelles à l'égard des mathématiques, à l'enseignement de cette discipline ainsi qu'aux défis que pose son apprentissage. Ce texte tient pour acquis que la culture mathématique est un droit pour tous les individus dans une société moderne. L'apprentissage des mathématiques devrait être destiné à tous.

DÉFINITIONS DE LA LITTÉRATIE MATHÉMATIQUE

La littératie mathématique peut être définie de plusieurs façons, et chacune de ces définitions va au-delà des simples notions de nombres, de faits numériques et de procédures. Selon le Programme international portant sur le suivi des acquis des élèves (PISA) de l'Organisation de coopération et de développement économiques (OCDE, 1999), la culture mathématique se définit comme « L'aptitude d'un individu à identifier et à comprendre les divers rôles joués par les mathématiques dans le monde, à porter des jugements fondés à leur propos, et à s'engager dans des activités mathématiques, en fonction des exigences de sa vie présente et future en tant que citoyen constructif, impliqué et réfléchi » (p. 56).

Pourquoi la culture mathématique est-elle si importante? Il y a plusieurs façons de répondre à une telle question. Les mathématiques sont importantes pour différentes raisons. Des citoyens responsables et bien informés ont besoin de comprendre et de raisonner mathématiquement. Les mathématiques fournissent des outils numériques, spatiaux, temporels, symboliques et de communication très puissants. Par exemple, des renseignements statistiques et graphiques sont très présents dans les médias et le traitement de tels renseignements est nécessaire pour porter des jugements éclairés. On a besoin des mathématiques dans la vie de tous les jours pour la prise de décisions. La compréhension des mathématiques augmente aussi les possibilités de choix de carrière d'un individu ainsi que ses options financières. Les choix et les possibilités d'une personne se mesurent par ses compétences mathématiques. Les mathématiques contribuent au développement de la science et de la technologie en fournissant des outils pour la pensée analytique, des concepts et un langage qui permet de décrire le monde selon une perspective mathématique. Dans une économie basée sur les hautes technologies, de nombreux emplois exigent une bonne connaissance des mathématiques. Les mathématiques et l'aptitude à résoudre des problèmes sont essentielles dans le monde du travail, dans des professions comme les sciences de la santé ou le graphisme – qui semblent, de prime abord, ne pas nécessiter de mathématiques – et dans d'autres domaines qui exigent une connaissance très spécifique des mathématiques, par exemple l'ingénierie ou les statistiques. Ultimement, les mathématiques font aussi partie des réalisations culturelles et intellectuelles de l'humanité et elles devraient être perçues d'un point de vue esthétique (National Council of Teachers of Mathematics, 2000).

ATTITUDES À L'ÉGARD DES MATHÉMATIQUES ET DE LEUR ENSEIGNEMENT

On ne peut pas aborder le sujet de la littératie mathématique sans traiter de la question de la nature des mathématiques, des différents points de vue philosophiques se rapportant aux mathématiques ainsi que de l'enseignement de cette discipline. Il existe un lien important entre la philosophie des mathématiques, la philosophie de l'enseignement des mathématiques et les groupes sociaux qui endossent ces philosophies (Ernest, 1991). Les groupes sociaux adhèrent à des valeurs et croyances diverses et il existe ainsi plusieurs philosophies des mathématiques et, par conséquent, différents buts dans l'enseignement de cette discipline. Les divers points de vue qui existent sur la nature des mathématiques exercent une influence sur la façon dont la société perçoit les mathématiques (Dossey, 1992).

On a traditionnellement considéré les mathématiques comme étant une compilation plutôt statique de vérités certaines et incontestables (Ernest, 1991; Dossey, 1992). Ce genre de point de vue suggérerait que les mathématiques sont un système de vérités absolues basé sur des axiomes et une forme de logique rigoureuse et incontestable. Un tel système pourrait ainsi être considéré comme étant un modèle de précision représenté sous forme de preuves formelles et de langage symbolique (Lakoff et Núñez, 2000). Une telle idéologie signifie que l'enseignement des mathématiques se limiterait à expliquer aux élèves des règles ou des vérités et ensuite à s'attendre à ce qu'ils s'exercent à les mettre en œuvre jusqu'à ce qu'elles soient maîtrisées. Cette idéologie suppose également que ceux qui font des mathématiques s'engagent simplement à découvrir et à établir des vérités approximatives à propos de notre monde. Les enseignants qui partagent ces idées enseigneront probablement les mathématiques de façon structurée au lieu d'encourager les élèves à explorer activement le domaine (Dossey, 1992).

D'un autre côté, on pourrait percevoir les mathématiques comme étant un produit de l'activité et de la pensée humaines (Dossey, 1992; Hersh, 1986). La vision constructiviste des mathématiques considère que les mathématiques et les idées provenant de cette discipline sont le produit de la pensée et de la création humaines. Cette conception s'appuie sur la notion que le langage, les règles et les consensus jouent un rôle central dans l'élaboration et la justification des vérités mathématiques (Brown, 2001). Dans cette perspective, on considère que les concepts mathématiques se développent et évoluent et, de ce fait, supposent une philosophie mathématique descriptive plutôt que normative (Ernest, 1999). Dans une perspective d'apprentissage socioculturelle, les objectifs pédagogiques d'un enseignant sont d'aider les élèves à se percevoir comme une source de connaissances mathématiques. Les pratiques pédagogiques qui en découlent encouragent la participation des élèves dans la définition et la résolution de problèmes complexes ainsi que dans la discussion et le débat de leurs solutions possibles (Forman, 2003).

Des normes « sociomathématiques » seraient constituées de manière interactive entre les enseignants et les élèves durant les leçons de mathématiques (Cobb, 1994). Lave (1988) et d'autres chercheurs, qui effectuent des recherches sur l'apprentissage en situation, contestent la vision traditionnelle des mathématiques, c'est-à-dire celle d'un outil abstrait et puissant qui peut être transféré d'un milieu à un autre. Ils suggèrent plutôt que la culture mathématique se forme ou se constitue par l'entremise d'une situation ou dans un contexte où elle est utilisée ou développée.

POUR UNE RÉFORME DE L'ENSEIGNEMENT DES MATHÉMATIQUES

Le mouvement de réforme (NCEE, 1983; NCTM, 1989) dans l'enseignement des mathématiques découle de l'inquiétude vis-à-vis de la compréhension limitée des apprenants lorsque les mathématiques sont présentées comme étant un ensemble de procédures, de règles et d'algorithmes. Basé sur des recherches approfondies en enseignement des mathématiques et sur de nouvelles perspectives dans le domaine, le mouvement de réforme a proposé que leur enseignement se centre davantage sur le développement de connaissances conceptuelles plutôt que d'envisager uniquement le développement de connaissances procédurales (Hiebert et Lefevre, 1986). L'un des buts centraux de la réforme en enseignement des mathématiques est d'encourager les enseignants à créer des milieux d'apprentissage qui favorisent le développement du raisonnement mathématique par l'entremise de la résolution de problèmes en collaboration et par l'argumentation. Les chercheurs ont démontré que les élèves comprennent davantage les mathématiques lorsque l'enseignement se calque sur la façon de penser des élèves, lorsque ces derniers participent à des activités de résolution de problèmes (Yackel et Cobb, 1996; Graves et Zack, 1997), et lorsque les enseignants aident les élèves à découvrir les liens entre différentes idées mathématiques (Lampert, 1990).

La réforme de l'enseignement des mathématiques considère l'apprenant comme un « constructeur de sens » et perçoit les mathématiques comme des savoirs « en construction » plutôt qu'une discipline constituée d'un bagage statique de connaissances. Le rôle de l'enseignant n'est pas de communiquer des connaissances mathématiques, mais plutôt d'encourager l'étudiant à faire partie d'une communauté d'apprentissage mathématique. L'apprenant devient un participant habile dans l'élaboration d'un discours mathématique (Sfard, 2003). Ce qui revient à dire que tous les élèves ont le potentiel de faire partie d'une telle communauté d'apprentissage des mathématiques.

La mise en œuvre d'une réforme de l'enseignement des mathématiques nécessite la convergence de plusieurs éléments, tels que les programmes, les ressources, les activités d'apprentissage, l'organisation de la classe, les méthodes d'enseignement et le rôle de l'enseignant. Une attention particulière a été apportée à chacun de ces éléments dans le contexte d'une réforme de l'enseignement des mathématiques. Bien que tous ces éléments soient essentiels, la recherche montre que l'enseignement, c'est-à-dire la façon dont un enseignant pose des questions ou considère la compréhension des élèves, est l'élément le plus important. Cela dit, on reconnaît que les méthodes d'enseignement sont les plus difficiles à transformer dans un contexte de réforme (Ball et Bass, 2002; Boaler, 2002). Les croyances à l'égard de la nature des mathématiques ont un effet considérable sur l'enseignement et l'apprentissage des mathématiques. Des conceptions différentes sur les mathématiques peuvent influencer les enseignants lorsqu'ils abordent l'enseignement de la matière (Brown et Baird, 1993). Cooney (1987) laisse entendre que la réforme de l'enseignement des mathématiques, suggérée par des enseignants plus progressifs, pourrait être freinée dans sa phase de mise en œuvre par les notions mathématiques que possèdent ces mêmes enseignants. La conception des enseignants à l'égard des mathématiques et leur compréhension de cette discipline constituent ainsi des défis importants pour le développement de la littératie mathématique. Plusieurs enseignants perçoivent les mathématiques comme étant un ensemble de règles et de procédures, et ils présentent ces savoirs comme un ensemble statique de connaissances. D'autres, toutefois, perçoivent les mathématiques comme étant une discipline dynamique et en constante évolution grâce à l'activité humaine. Cette façon de concevoir l'enseignement des mathématiques rejoint davantage la vision de la réforme.

NATURE DE L'ACTIVITÉ MATHÉMATIQUE

L'apprentissage des mathématiques s'effectue à travers un processus d'activités mathématiques et de communication dans des contextes sociaux (Forman, 2003). L'activité mathématique amène les élèves à s'engager dans l'apprentissage de contenus mathématiques et dans des processus mathématiques. Les contenus mathématiques englobent plusieurs domaines beaucoup plus vastes que l'estime la croyance populaire, pour qui les mathématiques ne sont rien d'autre que de l'arithmétique. Ces domaines comprennent : la numération et le sens du nombre, la géométrie, la mesure, l'algèbre, les statistiques et les probabilités (Suurtamm et Vézina, 2003). Malgré le fait que ces domaines fassent partie intégrante des mathématiques, faire des mathématiques est un processus complexe et leur maîtrise ne se résume pas simplement à « connaître » ces contenus. Il faut être en mesure de démontrer un certain niveau de compétence, de connaissance à l'égard des mathématiques (Ball, 2003). La réussite ne se limite pas à la connaissance de faits et de procédures mathématiques, elle doit aussi reposer sur l'habileté à raisonner mathématiquement et sur l'habileté à interpréter et à résoudre des problèmes mathématiques (Artelt, Baumert, Julius-McElvany et Peschar, 2003).

L'activité mathématique englobe des processus particuliers (tels que l'application des mathématiques, le développement de la pensée mathématique, la résolution de problèmes et la communication mathématique) qui renvoient à des actions spécifiques qu'exécutent ceux qui utilisent et apprennent la matière. De façon plus spécifique, ces actions pourraient inclure la justification d'affirmations, la résolution d'équations et le développement de généralisations. Elles incluent également l'habileté à représenter, à l'aide d'un modèle, une situation, de façon à favoriser la compréhension et la résolution de problèmes. Par exemple, ceux qui maîtrisent les mathématiques pourraient utiliser l'algèbre pour simplifier un ensemble complexe de relations ou construire une représentation géométrique pour rendre un problème plus concret (Ball, 2003).

Bien que les domaines mathématiques soient relativement clairs et faciles à définir et à différencier, les processus mathématiques demeurent toutefois plus complexes à distinguer, car ils ont été définis et organisés de plusieurs façons. Par exemple, Kilpatrick, Swafford et Findell (2001) abordent les processus mathématiques par l'entremise d'une perspective basée sur les compétences mathématiques qui comprennent cinq composantes distinctes :

- *la compréhension conceptuelle* : la compréhension des concepts, des opérations et des relations mathématiques;
- *la maîtrise des procédures* : la gestion habile, flexible, précise, efficace et appropriée des procédures;
- *la compétence stratégique* : la capacité à formuler, à représenter et à résoudre des problèmes mathématiques;
- *le raisonnement adapté* : les capacités de raisonner logiquement, de réfléchir, d'expliquer et de justifier;
- *la disposition constructive* : la tendance à percevoir les mathématiques comme étant sensées, utiles et valables, à croire également à l'importance de la persévérance et à avoir confiance en sa propre efficacité.

Ces éléments représentent différents aspects d'un tout complexe. Ils ne sont pas indépendants, mais plutôt interreliés et interdépendants, ce qui les rend difficiles à séparer. Certains processus ont également été définis comme des compétences mathématiques (Blomhoej et Hoeigaard, 2003) et ils ont été utilisés pour tenter de structurer l'apprentissage des mathématiques. De telles compétences pourraient inclure : la pensée mathématique, la résolution de problèmes, la modélisation, le raisonnement, la représentation, l'utilisation du langage symbolique, la formalisation, la communication et l'utilisation de matériel ou d'instruments.

Des recherches importantes ont donné lieu à des changements dans le domaine de l'enseignement des mathématiques et de la mise en œuvre de processus tels que la résolution de problèmes, le raisonnement et la démonstration, la représentation, l'établissement de liens et la communication (Ball, 2003). Ces standards, axés sur les processus, sont utilisés conjointement avec d'autres, axés sur les contenus, par le National Council of Teachers of Mathematics pour discuter de l'activité mathématique (NCTM, 2000). Voici une brève description de chacun de ces processus.

La résolution de problèmes est un élément fondamental en mathématiques. Sans cet élément, les habiletés et la compréhension conceptuelle ne sont d'aucune utilité. Les élèves démontrent leur compréhension en appliquant leurs connaissances et leurs habiletés par l'entremise de la résolution de problèmes.

> Résoudre des problèmes n'est pas seulement le but de l'apprentissage des mathématiques c'est aussi une façon importante d'apprendre les mathématiques… La résolution de problèmes est une partie intégrale de tous les apprentissages mathématiques, elle ne devrait donc pas être une partie isolée du programme. La résolution de problèmes en mathématiques devrait reposer sur les cinq domaines… De bons problèmes vont permettre d'intégrer divers sujets et vont reposer sur des concepts mathématiques pertinents (NCTM, 2000, p. 52).

Les élèves doivent avoir régulièrement l'occasion de représenter certains concepts, de manipuler et de raisonner dans un contexte de résolution de problèmes et en effectuant des recherches mathématiques. La résolution de problèmes mathématiques nécessite l'usage et l'application des connaissances mathématiques dans des tâches pratiques, dans des problèmes concrets et dans des situations purement mathématiques. Un problème peut englober un large éventail de situations allant de problèmes mathématiques routiniers jusqu'aux problèmes ouverts, présentés dans des contextes peu familiers, qui nécessitent alors une exploration de concepts mathématiques pertinents et de processus de pensée variés.

Le raisonnement et la démonstration sont essentiels aux mathématiques. En développant des idées, en proposant des conjectures, en justifiant des résultats et en utilisant des conjectures mathématiques, les élèves comprennent que les mathématiques reposent sur une logique. Alors que les enseignants aident les élèves à comprendre les règles de la justification et de la démonstration mathématique, leur répertoire de raisonnements disponibles s'élargit (NCTM, 2000).

La représentation nécessite que l'apprenant soit en mesure de construire et faire alterner des modèles mathématiques variés tels que des équations, des matrices, des graphiques et d'autres formes symboliques et graphiques. Être en mesure de passer d'une représentation à une autre permet aux élèves de développer des liens mathématiques importants. De plus, cela leur permet de reconnaître la valeur de chaque représentation et de comprendre à quel moment une représentation spécifique est plus appropriée pour une tâche déterminée (Van de Walle, 2004).

Établir des liens de plusieurs façons est important. Les élèves doivent pouvoir créer des liens entre les concepts dans un domaine spécifique des mathématiques, déceler des liens entre différents domaines mathématiques, ainsi que retrouver les liens existants entre les mathématiques et l'activité humaine (NCTM, 2000). Il est essentiel d'aider les élèves à créer des liens entre leurs expériences de la vie quotidienne et les mathématiques enseignées en classe. Apprendre pour comprendre va au-delà de l'établissement de liens entre des connaissances nouvelles et existantes. Cela suppose également la réorganisation des connaissances pour favoriser la création de structures intégrées (Loef, Franke et Kazemi, 2001).

La communication joue un rôle important, car elle permet aux apprenants de clarifier, de raffiner et de consolider leurs façons de penser (Lampert et Cobb, 2003). Ceux qui apprennent à maîtriser les mathématiques devraient être en mesure de communiquer leurs idées mathématiques à l'oral et à l'écrit tout en étant capables de les justifier. Dans l'accent mis sur la communication, on reconnaît aussi que les élèves améliorent leur compréhension des mathématiques à force de communiquer. La communication n'aide pas seulement la pensée, mais elle est en fait l'élément qui aide à la structurer (Sfard, 2001).

Un autre aspect de l'activité mathématique souligne l'importance des attitudes et des croyances des élèves par rapport à la discipline. Ces variables affectives ont un impact sur les processus cognitifs et peuvent permettre aux élèves de prendre leurs propres apprentissages en main et d'avoir confiance en eux lorsqu'il s'agit de faire des choix mathématiques.

La complexité des mathématiques et l'interdépendance des processus mathématiques ont des répercussions importantes sur l'évaluation. Un programme d'évaluation qui repose uniquement sur des tests « papier-crayon » néglige plusieurs processus mathématiques importants. Un programme d'évaluation qui emploie une variété d'outils et de stratégies est plus apte à capter la complexité des mathématiques. Des tâches mathématiques signifiantes permettent aux élèves de développer et de démontrer leurs compétences en résolution de problèmes, en communication, en raisonnement et de persévérer dans leurs efforts. De plus, l'utilisation de l'autoévaluation aide les élèves à développer des compétences métacognitives comme une attitude positive envers les mathématiques et une responsabilité envers ses propres apprentissages (Romberg et Wilson, 1995). Un programme d'évaluation qui comprend l'observation et des entrevues avec les élèves permet aux enseignants de mieux percevoir le raisonnement mathématique et les stratégies de résolution de problèmes de leurs élèves. Des commentaires et des rétroactions anecdotiques fournis aux élèves les aident à déterminer les processus qu'ils maîtrisent et à trouver ceux qui posent encore quelques problèmes. Un tel programme d'évaluation est une tâche complexe pour les enseignants. Toutefois, pour que les élèves puissent maîtriser les mathématiques, il est nécessaire que toute la gamme des contenus et des processus mathématiques soient l'assise des éléments de base du programme, de l'enseignement et de l'évaluation.

FAVORISER L'ACTIVITÉ MATHÉMATIQUE EN SALLE DE CLASSE

Plusieurs éléments assurent un bon enseignement ainsi que l'apprentissage des mathématiques. Premièrement, l'atmosphère dans la salle de classe doit favoriser l'apprentissage. Deuxièmement, les activités doivent porter sur des concepts mathématiques importants. Troisièmement, un programme solide et équilibré doit fournir une variété de stratégies d'enseignement et d'évaluation afin d'assurer la compréhension des concepts. L'apprentissage ne s'effectue pas simplement par la réception passive d'information. Les élèves abordent une nouvelle tâche avec des connaissances antérieures, assimilent de nouvelles informations et reconstruisent l'information à travers la tâche proposée (Romberg et Wilson, 1995). Le climat de la salle de classe doit favoriser l'apprentissage des mathématiques en permettant aux élèves de mettre en œuvre leurs connaissances antérieures; il doit promouvoir l'équité et l'excellence dans l'apprentissage, respecter le caractère social, émotif et physique de l'apprenant et favoriser une attitude positive envers les mathématiques. Les émotions, les croyances et les attitudes des élèves envers les mathématiques et l'apprentissage interagissent avec le développement des processus cognitifs et sont essentielles pour renforcer l'autonomie des apprenants et les encourager à contrôler leurs apprentissages et à exprimer leurs décisions mathématiques avec confiance.

Une salle de classe qui favorise l'apprentissage prend toutes ces composantes en considération pour fournir un environnement propice à l'apprentissage. Les concepts mathématiques ne sont pas simplement transmis, ils sont plutôt le résultat du questionnement, de l'exploration, de l'erreur, de la réflexion et de la réorganisation (Lampert et Cobb, 2003). C'est un processus actif dans lequel l'élève joue un rôle central en tentant de comprendre ses expériences. Ces processus de construction de nouveaux savoirs peuvent se produire si les élèves travaillent dans un environnement riche qui favorise l'apprentissage. Le NCTM (1991, p. 3) présente ainsi sa vision d'une classe de mathématique :

- percevoir la salle de classe comme une communauté mathématique et non comme un simple regroupement d'individus;
- favoriser la logique et les preuves mathématiques comme processus de vérification plutôt que de dépendre exclusivement de l'enseignant pour donner les réponses exactes;
- favoriser le raisonnement mathématique plutôt que de simplement mémoriser les procédures;
- favoriser la conjecture, l'invention et la résolution de problèmes plutôt que de mettre l'accent sur la recherche de solutions produites de façon mécanique;
- faire des liens entre les mathématiques, ses idées et ses applications au lieu de traiter les mathématiques comme un ensemble de concepts et de procédures isolés.

Bref, un climat de classe qui favorise l'apprentissage permettra aux élèves de prendre des risques, d'explorer différentes stratégies pour résoudre des problèmes et, chemin faisant, de communiquer leur compréhension. Les mathématiques seront vues, entendues et senties. L'enseignant modèlera et encouragera un esprit d'enquête et les élèves exploreront activement le domaine, tout en testant leurs idées, en créant des conjectures et en offrant leurs propres explications (Suurtamm et Dawson, 2003).

DÉFIS À RELEVER

Le développement de la littératie mathématique pour tous présente plusieurs défis. Deux de ces défis feront l'objet de notre discussion :

les *perceptions* et les *attitudes* de la société envers les mathématiques et les *changements dans le rôle d'enseignant* de mathématiques en salle de classe.

La croyance selon laquelle certaines personnes possèdent la capacité de comprendre les mathématiques alors que d'autres en sont incapables est souvent véhiculée par le public en général. Cette croyance découle d'une conception traditionnelle des mathématiques qui conçoit la discipline comme un ensemble de règles et de procédures que certains peuvent comprendre alors que d'autres ne peuvent pas y arriver car ils n'ont pas « la bosse des maths ». Les conceptions actuelles à l'égard des mathématiques et de l'enseignement des mathématiques maintiennent que tous les élèves peuvent comprendre les mathématiques. En fait, tous les élèves ont le droit d'avoir accès aux savoirs mathématiques. Les mathématiques ne sont pas destinées à de rares privilégiés. Comprendre les mathématiques implique la possibilité pour les individus de prendre des décisions éclairées et informées lorsqu'ils sont devant une abondance de données quantitatives en statistiques ou en finance, ou encore provenant des médias. Trop souvent, l'enseignement des mathématiques, dans les écoles accueillant des élèves issus de milieux défavorisés, repose exclusivement sur des exercices répétitifs plutôt que sur l'enseignement de stratégies visant à initier les élèves à des pratiques mathématiques intéressantes, c'est-à-dire à leur apprendre ce que signifie créer, comprendre, faire, utiliser et aimer les mathématiques (Ball, 2003; Boaler, 2001). Un programme de mathématiques efficace encourage le développement de la littératie mathématique chez tous les élèves. Soulignons que l'attitude du public à l'égard des mathématiques nuit à l'amélioration de l'enseignement de la matière.

L'absence de connaissances suffisantes a donné lieu à des controverses en ce qui concerne les efforts d'amélioration. Les nouveaux standards et programmes d'études, centrés davantage sur des processus comme la résolution de problèmes et la justification, plutôt que sur la mémorisation de contenus, ont fait naître des inquiétudes dans l'opinion publique (Ball, 2003). Certains craignent qu'il y ait une baisse de la qualité de l'enseignement mathématique. Il est pourtant beaucoup plus important de comprendre une idée mathématique que de simplement connaître un algorithme.

Des recherches récentes montrent que l'enseignant est l'élément critique en ce qui concerne le développement de la compréhension mathématique des apprenants (Ball et Bass, 2002; Boaler, 2002). La compétence mathématique de l'enseignant dans le domaine a un impact énorme sur le discours mathématique qu'il véhicule en salle de classe, un élément qui à son tour joue un rôle crucial dans l'apprentissage des élèves (Ball, 1991; Cohen et Ball, 2001; Lampert et Blunk, 1998). Lorsque les élèves apprennent les mathématiques, ils partagent l'utilisation et la construction des savoirs mathématiques avec leur enseignant. Ensemble, ils représentent des idées, développent et utilisent des définitions, interprètent et introduisent la notation, déterminent la validité d'une solution et observent des régularités. Les élèves et les enseignants travaillent toujours de concert dans des situations où les mathématiques sont au premier plan. La qualité de l'enseignement des mathématiques dépend non seulement des méthodologies et des pratiques utilisées avec les élèves, mais également de la compréhension que les enseignants ont de la matière qu'ils abordent avec leurs élèves. Dans plusieurs cas, même s'ils ne sont pas fautifs, les enseignants possèdent des connaissances mathématiques limitées, centrées sur des connaissances procédurales plutôt que conceptuelles. Un enseignant possédant des connaissances limitées en mathématiques est moins susceptible de reconnaître la logique mathématique dans la représentation ou la solution proposée par un étudiant. Ce manque de connaissances peut limiter les interventions lorsqu'il s'agit d'aider les élèves et avoir de sérieuses répercussions sur l'évaluation des compétences des apprenants.

La capacité d'un enseignant à reconnaître adéquatement les efforts mis en œuvre par ses élèves repose largement sur le fait qu'il possède des connaissances sur les contenus mathématiques vers lesquels ses apprenants dirigent leurs efforts. Des recherches laissent entendre que les attentes des enseignants face à leurs élèves influencent souvent leur appréciation de la qualité et du mérite des travaux de ces derniers. Un enseignant qui ne reconnaît souvent pas les liens mathématiques que font les élèves ne peut pas apprécier la part d'invention mathématique dans le travail d'un élève et ne peut pas non plus établir de liens entre le travail d'un élève et les normes mathématiques (Lampert, 1990). Malgré l'importance accordée au développement professionnel et d'abondantes ressources matérielles favorisant un programme centré sur la réforme de l'enseignement des mathématiques, plusieurs préoccupations demeurent. Les pratiques pédagogiques en enseignement des mathématiques ont changé de façon substantielle? (Ball, 2003; Frykholm, 1999). Il est évident que les enseignants n'ont pas reçu un enseignement basé sur les principes de la réforme et qu'ils ne possèdent pas une compréhension des mathématiques assez solide pour faciliter les situations de résolution de problèmes (Leinhardt et Smith, 1985; Post, Harel, Behr et Lesh, 1991). Faut-il leur en tenir rigueur étant donné que la plupart des enseignants n'ont pas vécu, en tant qu'apprenants, des approches centrées sur la découverte? (Kahan, Cooper et Bethea, 2003). Si ce sont les enseignants qui doivent mener la réforme et l'amélioration de l'apprentissage et de l'enseignement des mathématiques, il sera crucial de leur permettre de revoir et de développer leurs propres connaissances mathématiques. Or la recherche de moyens pour favoriser le développement des mathématiques et l'acquisition de compétences en enseignement de la matière chez les enseignants demeure un grand défi.

Plusieurs facettes de ce défi ont déjà été explorées et le perfectionnement des enseignants de mathématique fait actuellement l'objet de plusieurs recherches. Cette importance est d'ailleurs soulignée dans le cadre d'une étude spéciale produite en 2005 par la Commission internationale sur l'enseignement des mathématiques (ICMI) portant sur « la formation professionnelle et le développement des enseignants de mathématiques » (Ball et Even, 2004). Sur le plan national, plusieurs provinces canadiennes (par exemple l'Alberta et l'Ontario) ont également entrepris des initiatives à grande échelle pour améliorer l'enseignement des mathématiques par l'entremise d'un important programme de formation continue des éducateurs de l'enseignement primaire. Le développement de la compétence des enseignants en mathématiques est un défi considérable pour les formateurs et les chercheurs qui travaillent dans le domaine. On peut espérer que les initiatives en cours permettront de relever ce défi.

CONCLUSION

Les mathématiques sont une activité humaine dynamique qui devrait être explorée par tous les apprenants. Les connaissances mathématiques donnent un pouvoir aux élèves et facilitent la prise de décisions dans un monde de plus en plus complexe. L'enseignement des mathématiques devrait donc être basé sur des activités qui permettent aux élèves de développer une solide compréhension des mathématiques. Apprendre les mathématiques ne doit pas se limiter à une simple mémorisation de règles et de procédures. Les élèves devraient être en mesure de poser des problèmes, de tester des conjectures, d'élaborer des arguments mathématiques et de développer leur raisonnement et leur compréhension. Cependant, accompagner les élèves dans ces démarches centrées sur la découverte nécessite de la part des enseignants une solide compréhension des mathématiques afin qu'ils soient en mesure de reconnaître le degré de développement des élèves pour les aider à cheminer. Un des grands défis actuels de l'enseignement des mathématiques est de faire acquérir aux enseignants une compétence dans le domaine afin de rendre l'apprentissage des mathématiques plus efficace, plus facile, à partir d'activités qui canalisent l'attention de l'apprenant. Relever ce défi constitue un pas important dans la promotion de la littératie mathématique pour tous.

RÉFÉRENCES

Artelt, C., J. Baumert, N. Julius-McElvany et J. Peschar (2003). *Learners for life: student approaches to learning, Results from PISA 2000*. Organization for Economic Co-operation and Development.

Ball, D. (2003). *Mathematical proficiency for all students: toward a strategic research and development program in mathematics education*. Santa Monica, CA: Rand.

Ball, D. L., et H. Bass. (2002). Bridging practices: intertwining content and pedagogy in teaching and learning to teach. Dans J. Boaler (Ed.), *Multiple perspectives on mathematics teaching and learning*. Westport, CT: Ablex Publishing, 82-104.

Ball, D. L., et R. Even. (2004). The International Commission on Mathematical Instruction (ICMI) – The fifteenth ICMI study: the professional education and development of teachers of mathematics. *Journal of Mathematics Teacher Education*, 7(3), 279-293.

Blomhoej, M., et T. Hoeigaard. (2003). What's all the fuss about competencies? *Experiences from using a competence perspective on* mathematics education to develop the teaching of mathematical modeling. Paper presented at ICMI – Study 14, Dortmund, Germany.

Boaler, J. (2002). Learning from teaching: exploring the relationship between reform curriculum and equity. *Journal for Research in Mathematics Education, 33*, 239-258.

Brown, T. (2001). *Mathematics education and language*. Dordrecht, The Netherlands: Kluwer Academic Press.

Brown, C. A., et J. Baird. (1993). Inside the teacher: knowledge, beliefs and attitudes. Dans P. Wilson (Ed.), *Research ideas for the classroom: high school mathematics*. New York, NY: MacMillan Publishing, 245-259.

Cobb, P. (1994). Where is the mind? Constructivist and socio-cultural perspectives on mathematical development. *Educational Researcher, 23*(7), 13-19.

Cohen, D., et D. L. Ball. (2001). Making change: Instruction and its improvement. *Phi Delta Kappa, 82*(1), 73-77.

Cooney, T. (1987). The issue of reform: what have we learned from yesteryear? Dans Mathematical Sciences Education Board, *The teacher of mathematics: issues for today and tomorrow*. Washington, DC: National Academy Press, 17-35.

Dossey, J. A. (1992). The nature of mathematics: Its role and its influence. Dans D. A. Grouws (Ed.), *Handbook of research on mathematics teaching and learning*. Reston, VA: NCTM, 39-48.

Ernest, P. (1996). Varieties of constructivism: a framework for comparison. Dans L. P. Steffe, P. Nesher, P. Cobb, G. A. Goldin et B. Greer (Eds.), *Theories of mathematical learning*. Nahwah, NJ: Lawrence Erlbaum.

Ernest, P. (1991). *The philosophy of mathematics education*. London, UK: Falmer Press.

Forman, E. A. (2003). A sociocultural approach to mathematics reform: speaking, inscribing, and doing mathematics within communities of practice. Dans J. Kilpatrick, W. G. Martin et D. Schifter (Eds.), *A research companion to principles and standards for school mathematics*. Reston, VA: NCTM, 333-352.

Frykholm, J. (1999). The impact of reform: Challenges for mathematics teacher preparation. *Journal of Mathematics Teacher Education, 2*, 79-105.

Graves, B., et V. Zack. (1997). Collaborative mathematical reasoning in an inquiry classroom. Dans E. Pehkonen (Ed.), *Proceedings of the 21st conference of the International Group for the Psychology of Mathematics Education*. Lahti, Finland, 17-24.

Hersh, R. (1986). Some proposals for reviving the philosophy of mathematics. Dans T. Tymoczko (Ed.), *New directions in the philosophy of mathematics*. Boston: Birkhäuser, 9-28.

Hiebert, J., et P. Lefevre. (1986). Conceptual and procedural knowledge in mathematics. Dans J. Hiebert (Ed.), *Conceptual and procedural knowledge: the case of mathematics*. Hillsdale, NJ: Lawrence Erlbaum Associates, 1-27.

Kahan, J., D. Cooper et K. Bethea. (2003). The role of mathematics teachers' content knowledge in their teaching: a framework for research applied to a study of student teachers. *Journal of Mathematics Teacher Education, 6,* 223-252.

Kilpatrick, J., J. Swafford et B. Findell. (2001). *Adding it up: helping children learn mathematics*. Washington, DC: National Academy Press.

Lakoff, G., et R. E. Núñez. (2000). *Where mathematics comes from*. New York, NY: Basic Books.

Lampert, M. (1990). Connecting inventions with conventions. Dans L. P. Steffe et T. Wood (Eds.), *Transforming children's mathematics education: international perspectives*. Hillsdale: Erlbaum, 253-265.

Lampert, M., et M. L. Blunk. (1998). *Talking mathematics in school: studies of teaching and learning*. New York: Cambridge University Press.

Lampert, M., et P. Cobb. (2003). Communication and language. Dans J. Kilpatrick, W. G. Martin et D. Schifter (Eds.), *A research companion to principles and standards for school mathematics*. Reston, VA: National Council of Teachers of Mathematics, 237-249.

Lave, J. (1988). *Cognition in practice*. Cambridge: Cambridge University Press.

Leinhardt, G., et D. A. Smith. (1985). Expertise in mathematics instruction: subject matter knowledge. *Journal of Educational Psychology, 77,* 247-271.

Lerman, S. (1996) Intersubjectivity in mathematics learning: A challenge to the radical constructivist paradigm? *Journal for Research in Mathematics Education, 27*(2), 133-150.

Loef Franke, M., et E. Kazemi. (2001). Learning to teach mathematics: focus on strident thinking. *Theory and Practice, 40*(2), 102-109.

Mewborn, D. S. (2003). Teaching, teachers' knowledge, and their professional development. Dans J. Kilpatrick, W. G. Martin et D. Schifter (Eds.), *A research companion to principles and standards for school mathematics*. Reston, VA: National Council of Teachers of Mathematics, 45-52.

National Commission on Excellence in Education [NCEE]. (1983). *A nation at risk: the imperative for educational reform*. Washington, DC: U.S. Government Printing Office.

National Council of Teachers of Mathematics [NCTM]. (2000). *Principles and Standards for School Mathematics*. Reston, VA: NCTM.

National Council of Teachers of Mathematics [NCTM]. (1991). *Professional standards for school mathematics*. Reston, VA: NCTM.

National Council of Teachers of Mathematics [NCTM]. (1989). *Curriculum and evaluation standards for school mathematics*. Reston, VA: NCTM.

Organisation de coopération et de développement économiques (OCDE). (1999). *Mesurer les connaissances et les compétences des élèves : Lecture, mathématiques et science*. Paris, France : OCDE.

Post, T. R., G. Harel, M. Behr et R. Lesh. (1991). Intermediate teachers' knowledge of number concepts. Dans E. Fennema, T. P. Carpenter et S. J. Lamon (Eds.) *Integrating research on teaching and learning mathematics*. Ithaca, NY: SUNY Press, 177-198.

Romberg, T. A., et L. D. Wilson. (1995). Issues related to the development of an authentic assessment system for school mathematics. Dans T. A. Romberg (Ed.), *Reform in school mathematics and authentic assessment*. Albany, NY: SUNY Press, 19-37.

Ruddock, G. (1998). Mathematics in the school curriculum: an international perspective. Unpublished manuscript.

Sfard, A. (2003). Balancing the unbalanceable: the NCTM standards in light of theories of learning mathematics. Dans J. Kilpatrick, W. G. Martin et D. Schifter (Eds.), *A research companion to principles and standards for school mathematics.* Reston, VA: NCTM, 333-352.

Sfard, A. (2001). There is more to discourse than meets the ears: looking at thinking as communicating to learn more about mathematical learning. *Educational Studies in Mathematics, 46,* 13-57.

Suurtamm, C., et R. Dawson. (2003). *Report of the early mathematics expert panel.* Toronto, ON: Ontario Ministry of Education.

Suurtamm, C., et N. Vézina. (2003). *Sustaining quality curriculum, mathematics: background research report.* Prepared for the Ontario Ministry of Education.

Van de Walle, J. (2004). *Elementary and middle school mathematics.* Boston, MA: Pearson Education.

Yackel, E., et P. Cobb. (1996). Sociomathematical norms, argumentation, and autonomy in mathematics. *Journal for Research in Mathematics Education, 27,* 458-477.

Les parents et l'apprentissage de l'écriture : comment conçoivent-ils cet apprentissage et que font-ils pour aider leur enfant ?

Natalie Lavoie
Département des sciences de l'éducation
Université du Québec à Rimouski

L'APPRENTISSAGE de l'écriture a fait l'objet de diverses études au cours des vingt dernières années (Beers et Strickland, 1980; Dehn, 1979; Edwards, 1995; Ferreiro, 1996; Lavoie, 1989, 2000; Teale, 1982). Les chercheurs s'entendent sur le fait que cet apprentissage débute tôt dans la vie de l'enfant, qu'il se situe dans un processus constructif, qu'il évolue et qu'il se développe grâce aux échanges qu'aura l'enfant au sujet de l'écrit avec des personnes de son entourage, principalement les parents. Des recherches ont d'ailleurs mis en évidence les liens qui existent entre l'environnement familial et les acquisitions en lecture et en écriture des enfants, ainsi qu'entre l'environnement des enfants à la maison et leur rendement scolaire (Clark, 1984; Morrow, 1995; Teale, 1984; Ware et Garber, 1972). Cet article s'intéresse au rôle des parents par rapport à l'apprentissage de l'écriture des enfants et suggère quelques pistes qui pourraient les aider afin qu'ils soutiennent leurs enfants dans cet apprentissage. Les parents, en rendant disponible à la maison le plus grand nombre possible d'écrits, en ayant des échanges avec leurs enfants sur l'écriture et en les aidant à écrire, sont les premiers enseignants de l'écriture (Clay, 1975; Ferreiro, 1996; Saint-Laurent, Giasson et Couture, 1994; Thériault, 1995). Il devient alors important de considérer leur contribution dans cet apprentissage. C'est à la lumière des résultats d'une étude à deux volets, qui porte sur les conceptions et les interventions des parents au regard de l'apprentissage de l'écriture, que nous aborderons ce sujet.

CADRE CONCEPTUEL

Traditionnellement, l'acquisition de l'écriture était considérée comme un apprentissage qui débutait à l'école et s'y réalisait (Ferreiro, 1979, 1988, 1996, 2000). L'enseignement était basé sur des méthodes synthétiques qui partent d'éléments simples (lettre, son, syllabe) pour aller vers des éléments plus complexes (mot, phrase) et on s'attardait beaucoup sur l'aspect graphomoteur de l'écriture. L'intégration des connaissances enseignées se faisait alors par des exercices spécifiques, identiques pour tous les élèves, et laissait peu de place aux interactions (McMahon, Richmond et Reeves-Zazelskis, 1998; Perrenoud-Aebi, 1997; Reid, 1996). Cette façon de voir l'écriture réfère, dans notre étude, aux « conceptions traditionnelles ». Ces conceptions ont toutefois changé. La nouvelle, que l'on nomme « conception intégrée » dans la présente étude, est liée à l'émergence de l'écrit, période au cours de laquelle les enfants font plusieurs hypothèses et établissent des critères de lecture et d'écriture (Besse, 2000; Ferreiro, 1996). Cette conception implique que les enfants possèdent déjà des connaissances et des compétences relativement à l'écriture lorsqu'ils arrivent en classe et qu'ils continuent de les développer en début de scolarisation (Ferreiro, 2000; Morais, 1999; Snow, 1999; Simard, 1995; Thériault, 1995). L'enseignement se fait alors plus globalement, on part de tâches entières pour aller vers des habiletés spécifiques.

Par ailleurs, on reconnaît que l'écriture se développe par les observations et les expériences que font les enfants, et on accorde beaucoup d'importance aux interactions qu'ils ont avec leurs parents, leurs enseignants ainsi qu'avec les autres élèves de leur classe (Graves, 2003; Teale et Sulzby, 1989). Le modèle socioconstructiviste rappelle justement que les expériences sociales que les enfants intériorisent forment leur pensée (Vygotsky, 1985). Au fur et à mesure que ceux-ci s'impliquent dans une activité d'apprentissage en participant à des dialogues, ils s'approprient la démarche cognitive et adoptent graduellement les comportements qui conviennent pour réaliser la tâche (Berk et Winsler, 1995). Toutefois, il importe de les soutenir en tenant compte de leurs besoins et de leurs caractéristiques afin de les aider à aller plus loin. Dans cette perspective, le concept d'étayage, issu de ce modèle socioconstructiviste, peut apporter un éclairage théorique intéressant.

L'étayage est un soutien temporaire et sur mesure donné à l'enfant afin qu'il puisse réaliser la tâche qu'il ne peut faire encore par lui-même. Ainsi, les enfants acquièrent des connaissances en interagissant et en collaborant avec les personnes plus expérimentées qui les entourent (Berk et Winsler, 1995; Vygotsky, 1985). Cependant, il ne s'agit pas de les aider à présenter une meilleure production, il s'agit plutôt de leur fournir une assistance qui facilitera leur compréhension et la poursuite de leur tâche lorsqu'ils éprouvent de la difficulté (Oken-Wright, 1998).

Olmsted, Webb et Ware (1977) ont déterminé dix comportements à adopter pour favoriser le développement cognitif des enfants. Ils soulignent notamment l'importance de certaines précisions à apporter avant de commencer une activité (ex.: bien expliquer ce qu'il faut faire et laisser du temps aux enfants pour se familiariser avec le matériel), de certaines interventions au cours de l'activité (ex.: poser des questions ouvertes, amener les enfants à poser des questions, leur laisser du temps pour réfléchir au problème), puis à la fin de l'activité (ex.: féliciter les enfants lorsqu'ils font des progrès et les informer de manière positive lorsqu'ils font des erreurs). Par ailleurs, certains auteurs présentent des composantes importantes pour que le soutien accordé dans les activités conduise l'enfant vers de réels apprentissages (Applebee et Langer, 1983; Berk et Winsler, 1995). Ainsi, la chaleur de la relation, le niveau de tâche approprié (dans la ZDP), l'intentionnalité ou l'intersubjectivité, la structuration, la collaboration et l'intériorisation doivent faire partie des caractéristiques des activités présentées aux enfants.

RECENSION DES ÉCRITS

Voici un aperçu de la contribution de chercheurs qui se sont intéressés aux conceptions des parents relativement à l'apprentissage de l'écriture ainsi qu'aux interventions de ces derniers lors d'activités d'écriture.

CONCEPTIONS DES PARENTS

Anderson (1994) a réalisé une étude afin de vérifier si la conception de parents de jeunes enfants (3 et 4 ans) au sujet de l'apprentissage de la lecture et de l'écriture était reliée au concept d'émergence de l'écrit. Il indique que la majorité des 25 parents rencontrés en entrevue, qui proviennent de milieux socioéconomiques moyen et moyen/supérieur, ont des conceptions liées à ce concept. Bruneau, Rasinski et Ambrose (1989), dans une étude qui visait à vérifier si les conceptions des parents influençaient leur acceptation du programme de lecture/écriture utilisé en classe maternelle, ont noté une ouverture et une satisfaction des neuf parents qu'ils ont rencontrés en entrevue. Ceux-ci considèrent qu'il n'y a pas beaucoup d'écart entre ce qu'ils pensent que leurs enfants doivent faire à la maternelle et le genre d'expériences que ces derniers vivent en classe quotidiennement. Certaines études font toutefois ressortir des conceptions encore traditionnelles chez des parents par rapport à la façon dont les enfants apprennent à lire et à écrire. C'est le cas de Hoffman (1989) et de Jones, Whalers et Feeley (1990) qui indiquent que les parents participant à leurs études (10 et 15 parents) enseignent à leurs enfants de première ou deuxième année des mécanismes spécifiques en lecture et en écriture, ce qui révèle des conceptions plutôt traditionnelles.

Ces quatre études ont été menées auprès de groupes restreints de parents et utilisaient l'entrevue. Contrairement aux auteurs de ces études, nous privilégierons de vérifier les conceptions des parents sur une échelle beaucoup plus grande, en sollicitant tous les parents d'une population donnée, et en utilisant une autre façon de les interroger, soit le questionnaire.

Le contexte éducatif familial joue un rôle important dans le développement des compétences reliées à l'écrit et il apparaît qu'il y a une relation étroite entre les conceptions des parents et leur milieu social (Edwards, 1995; Paratore, 1994; Purcell-Gates, 1994). Fitzgerald, Spiegel et Cunningham (1991) ont mis en relation le niveau d'alphabétisation de parents de milieux socioéconomiques moyen et moyen/supérieur et l'importance qu'ils accordent aux activités reliées à l'écrit. Il a été constaté que les parents ayant un niveau d'alphabétisation moins élevé accordent plus d'importance aux activités d'exercices reliées à l'écrit que les parents ayant un niveau d'alphabétisation plus élevé. Anderson (1995) a aussi interrogé des parents de milieux socioéconomiques moyen et moyen/supérieur en établissant un lien entre leurs conceptions et leur origine culturelle. Les résultats de son étude indiquent que les parents d'origines européenne et indienne accordent plus d'importance à l'aspect social relié à la lecture et à l'écriture et ont des conceptions qui rejoignent davantage une perspective d'émergence de l'écrit, alors que les parents d'origine chinoise ont une vision plus traditionnelle de l'apprentissage de la lecture et de l'écriture. Quant à Prêteur et Louvet-Schmauss (1995), ils ont étudié l'impact des contextes familiaux et scolaires sur l'acquisition de l'écrit en première année de l'élémentaire auprès de parents allemands et français. Il ressort de leur étude que les parents français se conforment au modèle de l'école qui est plutôt traditionnel, et limitent leurs interventions en famille au suivi des devoirs et leçons, alors que les parents allemands sont plus ouverts et s'accordent un rôle différent de celui de l'école.

Les auteurs de ces différentes études ont interrogé des parents de milieux socioéconomiques moyen et moyen/supérieur. Nous nous préoccuperons comme eux des parents de ces milieux, mais nous considérerons aussi les parents issus de milieux défavorisés. De plus, les études précédentes ont pris en compte l'effet du contexte familial sur les conceptions des parents. Nous examinerons aussi cet aspect en considérant le sexe, le niveau de scolarité ainsi que le revenu familial des parents.

INTERVENTIONS DES PARENTS

Quelques études ont porté sur les interventions des parents lorsque leurs enfants écrivent. En ce sens, Burns et Casbergue (1992) se sont intéressés à la façon dont des parents de milieux socioéconomiques moyen et favorisé avaient des échanges avec leurs enfants (âgés de 3 à 5 ans) lors d'une activité d'écriture. L'analyse des données révèle qu'il y a certaines relations significatives entre le degré de contrôle des parents et les informations échangées. Ainsi, les parents exercent un contrôle plus élevé lorsque leur enfant est à un niveau d'habileté peu élevé et leurs interventions portent surtout sur l'orthographe des mots, alors qu'ils interviennent peu sur le contenu du message. DeBaryshe, Buell et Binder (1996) se sont inspirés de l'étude de Burns et Casbergue. Ils ont comparé une lettre que les enfants (de 5 à 6 ans) écrivaient seuls à une autre qu'ils écrivaient avec l'aide d'un parent. Les résultats font ressortir que les enfants écrivent à un niveau plus conventionnel avec l'aide du parent et que les interactions varient en fonction de l'habileté des enfants à écrire.

Hoffman (1989) a aussi étudié les interactions entre des parents, issus de milieux moyens, et leur enfant de première année lors d'une activité d'écriture, et ce, deux fois au cours de l'année. L'analyse montre que les parents, lors de la première rencontre, sont plutôt directifs. Ils décident de ce que l'enfant va écrire, indiquent où placer les lettres et comment les former, et épellent enfin les mots à l'enfant. Le message produit est donc plus un reflet de l'adulte qu'un message significatif de l'écriture des enfants. Lors de la seconde rencontre, il est plus aisé pour tous les parents d'accepter les initiatives des enfants. Leurs interventions sont moins directives et ils encouragent davantage l'enfant.

Dans une étude échelonnée sur six mois, Maloy et Edwards (1990) ont cherché à savoir comment les parents de milieux moyen et favorisé encourageaient leurs enfants à écrire à la maison. Les données, recueillies lors d'entrevues à l'école ou à la maison, montrent que l'implication des parents varie. Dans certaines familles, les deux parents écoutent l'enfant lire ce qu'il a écrit. Dans d'autres, on demande à l'enfant d'écrire et on l'aide à épeler les mots. Puis, dans quelques familles, on encourage l'enfant à écrire comme il pense. Toutes les études relevées ont été réalisées auprès de parents de milieux socioéconomiques moyens et favorisés. Contrairement à ces études, nous nous préoccuperons de ce que font des parents d'un milieu défavorisé lorsqu'ils aident leur enfant à écrire. De plus, l'étayage offert par les parents dans une situation d'écriture est un aspect qui n'a pas été abordé dans les études précédentes et auquel nous porterons une attention particulière.

BUT ET QUESTIONS DE RECHERCHE

Le premier volet de cette étude a pour but de vérifier les conceptions des parents au regard de l'apprentissage de l'écriture de leurs enfants de première année. Ainsi, trois questions sont à l'étude :
- Quelles sont les conceptions de parents à l'égard de l'apprentissage de l'écriture?
- Est-ce que les conceptions sont les mêmes selon le niveau scolaire de l'enfant?
- Peut-on observer une différence selon le sexe, le niveau de scolarité et le revenu familial des parents?

Quant au deuxième volet, il a pour but d'analyser les interventions de parents issus d'un milieu défavorisé dans une tâche d'écriture partagée,

puisqu'il semble que ce soit plus difficile pour ces parents de soutenir leurs enfants, car ils ont généralement connu eux-mêmes des difficultés à l'école, et ils se sentent alors incapables de les aider dans leurs travaux scolaires (Lavoie, Lévesque et Couture, 1998). Il a aussi pour but d'établir un lien entre les pratiques des parents et leurs conceptions de l'apprentissage de l'écriture. Cette mise en relation s'avère importante afin de vérifier dans quelle mesure les conceptions des parents influencent leur façon d'intervenir auprès de leurs enfants. Pour ce volet, trois questions sont aussi à l'étude :
- Les parents interviennent-ils davantage à propos des conventions reliées à l'écrit ou à propos du sens?
- Quel type d'étayage les parents font-ils lorsqu'ils interviennent?
- Les conceptions des parents relativement à l'apprentissage de l'écriture ont-elles un effet sur leur façon d'intervenir?

MÉTHODOLOGIE

Au total, 1766 parents ont été sollicités pour participer à la première partie de l'étude et 1103 ont rempli et renvoyé un questionnaire sur les conceptions au regard de l'apprentissage de l'écriture, soit 63 %. De ce nombre, 568 sont des parents d'enfants commençant la première année et 535 ont un enfant qui commence la deuxième année. Les enfants proviennent de 31 écoles, sont francophones et de divers milieux socioéconomiques. Les mères ont répondu en nombre beaucoup plus grand au questionnaire. Elles ont majoritairement terminé des études de niveau secondaire alors que les pères qui ont participé ont plutôt terminé des études de niveau collégial.

Tableau I – Description des sujets

Sujets	Niveau scolaire des enfants		Niveau de scolarité des répondants			Revenu familial		
	1re année	2e année	Prim.-sec.	Collégial	Universitaire	Faible	Moyen	Fort
Mères	496	465	496	283	165	167	441	256
Pères	72	70	52	56	33	11	61	56

Pour les besoins de cette étude, un questionnaire à questions fermées a été utilisé. Le canevas d'entrevue d'Anderson (1994) a été traduit et adapté. L'adaptation de ce canevas, intitulé *Questionnaire sur les conceptions des parents de scripteurs débutants à propos de l'apprentissage de l'écriture* a fait l'objet d'une validation de contenu auprès d'experts et a été soumis à une préexpérimentation. Ce questionnaire comporte une série d'énoncés (quinze affirmations) sur le processus d'apprentissage de l'écriture des enfants. Au nombre de ces affirmations, neuf sont d'orientation traditionnelle (ex.: élément 1: *Mon enfant doit avoir six ans pour apprendre à écrire*; élément 5: *Mon enfant doit copier des mots avant d'écrire seul*; élément 8: *L'école est la seule responsable d'enseigner à mon enfant à écrire*). De plus, six affirmations ont une orientation intégrée (ex.: élément 4: *Mon enfant apprend des choses importantes sur l'écriture à la maison;* élément 6: *Lire avec l'enfant l'aide à apprendre à écrire*; élément 13: *Mon enfant peut écrire avant de connaître l'orthographe des mots*). Le questionnaire comporte aussi un volet sociodémographique où les parents ont à indiquer leur niveau de scolarité ainsi que leur revenu familial.

L'échantillonnage pour la seconde partie de l'étude est constitué de 30 parents francophones qui ont répondu au questionnaire sur les conceptions. Ils sont de milieux défavorisés et ont un enfant qui commence la première année (seize sont des filles et quatorze des garçons). Ces parents ont été recrutés dans trois écoles. On leur a demandé d'aider leur enfant à écrire une histoire à partir d'une image. L'activité a été réalisée à l'école, en dehors des heures de classe, et la tâche d'écriture a été filmée.

Les interventions des parents lors des activités d'écriture ont été vérifiées à l'aide d'une grille d'observation. Cette grille est inspirée de celles qui sont utilisées par Burns et Casbergue (1992), DeBaryshe, Buell et Binder (1996). Elle comporte deux catégories. La première réfère aux échanges sur les conventions alors que la deuxième porte sur les échanges à propos du sens de la tâche et du contenu de l'histoire à écrire (voir tableau I).

Une grille d'analyse et de cotation a été utilisée pour l'étayage. Chaque séquence vidéo a été notée globalement, c'est-à-dire que l'activité d'écriture était notée dans son ensemble, selon la façon d'intervenir des parents, et ce, d'après cinq niveaux d'étayage. Un parent offrant un étayage jugé efficace obtenait une note de 5 alors qu'un parent dont l'étayage était jugé peu efficace recevait une note de 1.

Les cinq niveaux d'étayage ont été établis à partir de données théoriques et d'observations tirées d'Applebee et de Langer (1983) et d'Olmsted, Webb et Ware (1977). Au premier niveau, le parent réalise presque entièrement l'activité d'écriture. Il indique à l'enfant ce qu'il faut écrire et, souvent, écrit à sa place sans donner d'explications sur la façon de faire. Il est directif et l'enfant est peu impliqué. Au cinquième niveau, le parent stimule la participation de l'enfant à l'activité d'écriture en lui donnant la possibilité de s'impliquer. Il lui transmet des informations à propos de la tâche, des composantes du texte ou des conventions de l'écrit en donnant des indices, des exemples, des suggestions, en posant des questions ouvertes et en expliquant ce qu'il fait, ce qu'il montre et comment il s'y prend pour le faire. Il encourage aussi l'enfant en lui parlant de ses progrès et l'informe positivement d'une réponse inexacte.

RÉSULTATS ET DISCUSSION
CONCEPTIONS DES PARENTS

L'analyse des données fait ressortir qu'en général, les parents ont tendance à avoir une conception de l'apprentissage de l'écriture plutôt intégrée (ex. : aux éléments 4, 6 et 12, m varie entre 3,30 et 3,70 sur un total de 4). Ainsi, les répondants pensent que les enfants apprennent des éléments importants à la maison relativement à l'écriture; ils souhaitent que leurs enfants les voient lire et écrire et pensent que ces derniers peuvent écrire avant de savoir lire. Cela va dans le sens de la vision actuelle des chercheurs à propos de l'émergence de l'écrit et des débuts de l'apprentissage de la lecture et de l'écriture (Ferreiro, 2000; Strickland, 1990; Thériault, 1995).

L'analyse révèle aussi qu'il y a une différence significative entre les conceptions des parents d'élèves de première année et celles des parents d'élèves de deuxième année [F (1,1111) = 16,84, p < 0,01], les parents d'enfants de deuxième année ayant une conception plus intégrée. Nos résultats vont dans le sens de ceux rapportés par Hoffman (1989) qui indique que les parents d'enfants de première année ont des conceptions plutôt traditionnelles. Toutefois, ils diffèrent de ceux d'Anderson (1994) et de Bruneau, Rasinski et Ambrose (1989) qui rapportent que les conceptions de parents d'enfants du préscolaire tendent à être intégrées. Les différences entre les conceptions pourraient s'expliquer par le fait que le début de la scolarisation de l'enfant amène peut-être les parents des enfants de première et de deuxième années à adopter une vision plus scolaire et plus traditionnelle de l'écrit que les parents d'enfants du préscolaire, où les apprentissages sont davantage reliés au jeu. Ces derniers ont eu à s'impliquer auprès de leurs enfants lors des devoirs et des leçons toute l'année précédente et sont peut-être, grâce à cette intervention, plus sensibles à leur évolution. Ces parents sont aussi plus sensibilisés à ce que font leurs enfants à l'école, puisqu'ils ont l'expérience de leur première année scolaire. Certains changent alors leur conception pour l'adapter à celle de l'école.

Au regard du « Niveau de scolarité du répondant », les résultats indiquent qu'il y a une différence significative entre les trois niveaux de scolarité considérés (F (2,1110) = 8,42, p < 0,001). Plus particulièrement, les ANOVAS (ce terme abrégé provient de l'anglais *ANalysis Of VAriance* et signifie « analyse de la variance ») révèlent des différences significatives pour six éléments du questionnaire. Les comparaisons des moyennes de ces éléments indiquent que les parents de niveau scolaire primaire/secondaire, ainsi que ceux de niveau collégial, ont des conceptions de l'apprentissage de l'écriture plus traditionnelles que les parents de niveau universitaire. Ainsi, il semble que plus les parents sont scolarisés, plus leurs conceptions tendent à être intégrées. Fitzgerald, Spiegel et Cunningham (1991) ont aussi rapporté une relation entre ces variables. Les parents ayant un niveau de scolarité moins élevé exprimaient des conceptions un peu plus traditionnelles.

Les analyses effectuées pour vérifier l'effet du sexe du parent révèlent une différence significative entre les réponses des mères et celles des pères (F (1,1079) = 7,45, p < 0,05). Les mères ont des conceptions plus intégrées que celles des pères. Ce sont là des résultats inattendus, puisque l'analyse du niveau de scolarité fait ressortir que, globalement, plus les parents sont scolarisés, plus leurs conceptions tendent à être intégrées. On aurait alors pu penser que les pères, étant en moyenne plus scolarisés que les mères, auraient des conceptions plus intégrées. Cependant, lorsqu'on observe l'effet d'interaction entre le sexe des répondants et leur niveau de scolarité, on remarque qu'il n'y a pas de relation significative entre ces deux variables, ce qui indique que la scolarité influence également les conceptions des pères et celles des mères. C'est donc dire que plus les pères sont scolarisés, plus leurs conceptions tendent à être intégrées. Par ailleurs, peu importe leur niveau de scolarité, leurs conceptions sont plus traditionnelles que celles des mères. La tendance des mères à avoir des conceptions intégrées s'explique probablement par le fait que ce sont généralement elles qui accompagnent leurs enfants dans leurs travaux scolaires; elles sont peut-être plus informées sur la façon dont on enseigne l'écriture à l'école et modifient alors leurs conceptions pour les adapter à celles de l'école.

Enfin, pour tester l'effet du revenu, on a comparé les répondants à faible revenu aux autres d'après les éléments du questionnaire. Le F multivarié indique que le revenu familial n'a pas d'effet sur la façon dont les parents conçoivent l'écriture.

INTERVENTIONS DES PARENTS

Pour ce qui est des résultats relatifs aux interventions des parents, la nature de celles-ci a d'abord été vérifiée (tableau II). Les données révèlent que les parents donnent davantage d'informations à l'enfant à propos des conventions reliées à l'écrit (59 %) qu'à propos du contenu et du sens (35 %). Cela rejoint les résultats d'autres études (De Baryshe, Buell et Binder, 1996; Hoffman, 1989; Maloy et Edwards, 1990) obtenus auprès de parents de milieux socioéconomiques moyen et favorisé. Dans le domaine de l'écrit, il y a beaucoup de savoirs conventionnels qu'il faut transmettre aux enfants. Ces informations, données par les parents, sont donc importantes. Cependant, nous avons remarqué que ces derniers donnaient les notions à leurs enfants sans leur fournir d'explications. Ces résultats, obtenus auprès des parents de milieu défavorisé, ne sont toutefois pas surprenants. Il apparaissait possible que leurs interventions rejoignent davantage les conventions reliées à l'écrit et qu'ils donnent peu d'explications, puisqu'il semble qu'ils ne soient pas très à l'aise avec les notions scolaires et qu'ils offrent moins de stimulations par rapport à la littératie à la maison. Ce qui est un peu inattendu, par contre, c'est de constater que les parents des autres milieux socioéconomiques ont fait le même genre d'interventions. On aurait pu penser qu'il y aurait des différences dans la nature des interventions selon l'appartenance sociale. Cependant, il semble que ce ne soit pas le cas. Même si les parents font le même type d'interventions, peu importe leur situation socioéconomique, il est possible que le nombre d'interventions soit moindre en milieu défavorisé, que les parents expliquent moins ce qu'ils montrent, qu'ils soient moins impliqués dans les travaux scolaires en écriture et que cela explique les grandes difficultés à l'écrit chez ces enfants. Ainsi, ce ne serait pas la nature des interventions des parents, mais la façon d'intervenir et la fréquence de leurs interventions qui auraient un impact sur les apprentissages des enfants en écriture.

Tableau II – Pourcentages moyens et écarts-types obtenus sur chaque intervention des parents relativement aux conventions et au sens

Interventions des parents (n = 30)	% moyen	Écart-type
Échanges sur les conventions		
Montre comment écrire une lettre	6,47	22,19
Donne l'orthographe	20,83	12,08
Donne la correspondance lettres/sons	4,45	6,69
Donne la majuscule/minuscule	1,93	4,22
Donne la ponctuation	1,21	2,12
Donne l'espace entre les mots	4,27	6,31
Dit où l'écrire	9,77	8,83
Donne les conventions pour l'histoire	0,22	0,88
Pourcentage total des interventions	*59,18*	*19,46*
Échanges sur le sens de la tâche et sur le contenu du texte	**% moyen**	**Écart-type**
Explique la tâche	2,44	0,81
Vérifie la compréhension	0,68	1,07
Précise l'intention d'écriture	0,17	0,66

Demande ce qu'il voit, veut écrire	4,26	5,17
Donne un exemple	1,45	2,10
Questionne l'enfant	13,43	10,30
Donne des indices	9,57	9,82
Demande de relire la phrase	2,81	3,54
Pourcentage total des interventions	*34,81*	*19,46*

Pour déterminer le niveau d'étayage donné par l'ensemble des parents lorsqu'ils aident leurs enfants à écrire une histoire, la moyenne et l'écart-type ont été calculés. On observe que les parents se situent à peu près à un niveau 2 d'étayage sur une échelle de 5, ce qui signifie qu'ils réalisent eux-mêmes une bonne partie de l'activité d'écriture à laquelle ils prennent part avec l'enfant. Au lieu d'être des guides, ils deviennent les participants. L'analyse des interventions des parents amène aussi à faire des liens entre les variables d'interventions (convention/sens et étayage) et les conceptions des parents. Les corrélations effectuées indiquent des relations significatives, négatives entre le niveau d'étayage et le pourcentage d'interventions réalisé sur les conventions (- 59). Ainsi, moins les parents font d'étayage, plus ils interviennent au sujet des conventions reliées à l'écrit. Un parent qui montre comment écrire un mot, qui indique où écrire sur la feuille ou qui épelle les mots sans donner d'explication à l'enfant (comment faire et pourquoi le faire) et sans faire de liens avec ce que l'enfant connaît, donne des informations importantes, mais offre un étayage de plus bas niveau, puisqu'il ne permet pas à l'enfant de réfléchir sur la démarche cognitive; donc, ne favorise pas le passage à un niveau supérieur de développement. De plus, des relations significatives sont obtenues entre le niveau d'étayage et les conceptions des parents (0,39). Les parents dont le niveau d'étayage est élevé ont des conceptions qui tendent à être davantage intégrées que ceux qui offrent peu d'étayage. Il ressort donc de ces analyses que plus les parents font d'interventions relativement aux conventions, plus leur niveau d'étayage est bas et plus leurs conceptions tendent à être traditionnelles. À l'inverse, s'ils interviennent peu au regard des conventions, plus leur niveau d'étayage est élevé et plus ils ont tendance à avoir des conceptions intégrées. Les conceptions semblent donc en relation avec les interventions des parents. Toutefois, d'autres facteurs peuvent aussi avoir un impact sur leur façon d'accompagner les enfants. Par exemple, le contact avec l'école peut amener les parents à modifier leur façon d'aider leurs enfants lorsque ces derniers écrivent, afin de suivre davantage le modèle proposé à l'école. Ils peuvent de plus intervenir selon ce qu'ils ont vécu dans leur milieu familial relativement à leurs travaux scolaires, lorsqu'ils étaient plus jeunes.

En somme, cette étude à deux volets apporte des données intéressantes sur les conceptions et les interventions des parents au regard de l'apprentissage de l'écriture. On sait maintenant que ceux-ci ont des conceptions plutôt intégrées de cet apprentissage, qu'ils donnent plus d'informations à propos des conventions qu'à propos du sens, que leur niveau d'étayage est peu élevé lorsqu'ils soutiennent leurs enfants dans les tâches d'écriture et qu'il y a une relation entre des interventions au sujet des conventions, le niveau d'étayage et les conceptions.

CONCLUSION

Les résultats de notre étude ont permis de constater que les conceptions des parents au regard de l'apprentissage de l'écriture, du niveau d'étayage qu'ils offrent et du type d'interventions qu'ils font sont en relation.

Bien que cette étude ne porte pas sur l'intervention, elle permet tout de même de dégager certaines pistes intéressantes pour la pratique. Tout d'abord, en ce qui a trait aux données sur les conceptions, on remarque que seulement 12 % de pères ont participé à l'étude et que ceux-ci ont des conceptions moins intégrées que celles des mères. Il apparaîtrait donc important que l'école porte une attention particulière à l'attitude des pères et les invite davantage à s'impliquer dans les apprentissages scolaires de leurs enfants, puisqu'ils semblent, à ce sujet, moins préoccupés que les mères. De plus, comme les parents moins scolarisés ont des conceptions de l'apprentissage de l'écriture qui diffèrent de celles du milieu scolaire, il s'avérerait nécessaire de se préoccuper de ces derniers; il est essentiel de les joindre davantage, et ce, dans tous les milieux socioéconomiques.

La présente étude fournit aussi certaines indications intéressantes concernant l'intervention au regard des pratiques des parents. En effet, il importe, pour pouvoir accompagner les enfants dans leur apprentissage de l'écriture, d'adapter les interventions en fonction de leurs besoins, de leur degré de développement et de les varier. On remarque, par contre, que les parents interviennent surtout à propos des conventions de l'écrit sans expliquer ce qu'ils montrent à l'enfant. Ces interventions ne sont pas inutiles aux enfants, car elles leur fournissent des informations importantes qui les aident à écrire les mots. Cependant, il serait plus profitable que les parents ajoutent certaines explications sur leur façon de faire et qu'ils interviennent plus relativement au sens afin de rendre leur soutien plus utile. Cela permettrait alors aux enfants de prendre conscience de certaines stratégies à utiliser pour écrire des mots, pour rédiger une histoire, et de constater que, dans ce dernier cas, non seulement il faut écrire des mots et les écrire correctement, mais qu'il faut aussi organiser et structurer nos idées et nos phrases.

À la lumière de ce que l'on connaît maintenant sur la forme d'aide que les parents offrent à leurs enfants lorsqu'ils écrivent, l'école pourrait les informer davantage sur le type de soutien à fournir aux enfants et leur offrir, au moyen de différents projets, la possibilité de se rapprocher de l'école et de poursuivre la mise à jour de leurs connaissances et de leurs compétences afin d'accompagner leurs enfants dans l'apprentissage de l'écriture. Il s'agit d'une action de prévention prometteuse en vue de pallier des difficultés d'apprentissage.

Il apparaît toutefois important de poursuivre les recherches en ce sens afin de mieux déterminer les caractéristiques de programmes qui auraient les effets les plus positifs. Il serait aussi intéressant de vérifier si les projets qui s'adressent aux parents ont des effets sur les apprentissages des enfants. Enfin, il semble pertinent qu'on se préoccupe du rôle de ceux qui travaillent auprès des parents dans le but de déterminer de quelle façon il est possible de rendre leurs interventions profitables.

RÉFÉRENCES

Anderson, J. (1995). Listening to parents' voices: cross cultural perceptions of learning to read and to write. *Reading Horizons, 35*(5), 394-413.

Anderson, J. (1994). Parents' perceptions of emergent literacy: an exploratory study. *Reading Psychology: An International Quarterly*, 15, 165-187.

Applebee, A. N., et L. A. Langer. (1983). Instructional scaffolding: reading and writing as natural language activities. *Language Arts*, *60*(2), 168-175.

Beers, J. W., et C. Strickland. (1980). Vowel spelling strategies among first and second grader's: a growing awareness of written words. *Language Arts*, *57*(2), 166-172.

Berk, L. E., et A. Winsler. (1995). *Scaffolding children's learning: Vygotsky and early childhood education*. Washington, DC: NAEYC.

Besse, J.-M. (2000). *Regarde comme j'écris : écrits d'élèves, regards d'enseignants*. Belgique : Éditions Mayard.

Bruneau, B., T. Rasinski et R. Ambrose. (1989). *Parents' perceptions of children's reading and writing development in a whole language kindergarten program*. (ERIC Document Reproduction Service N° ED 314 717).

Burns, M. S., et R. Casbergue. (1992). Parent-child interaction in a letter-writing context. *Journal of Reading Behavior*, *24*(3), 289-312.

Clark, M. (1984). Literacy at home and at school: insight from a study of young fluent readers. Dans H. Goelman, A. Oberg et F. Smith (dir.), *Awakening to literacy*. Portsmouth, NH: Heinemann, 122-130.

Clay, M. (1975). *What did I write?* Auckland, NZ: Heinemann Educational Book.

DeBaryshe, B. D., M. J. Buell et J. C. Binder. (1996). What a parent brings to the table: young children writing with and without parental assistance. *Journal of Literacy Research*, *28*(1), 71-90.

Dehn, M. (1979). Children's strategies in learning to read and write: an examination of the learning process. *The Reading Teacher*, *33*(3), 270-278.

Edwards, P. (1995). Empowering low-income mothers and fathers to share books with young children. *The Reading Teacher*, *48*(7), 558-564.

Ferreiro, E. (2000). *L'écriture avant la lettre*. Paris : Hachette Éducation.

Ferreiro, E. (1996). Processus d'acquisition de la langue écrite dans le contexte scolaire. Dans J. Fijalkow. (réd.). *L'entrée dans l'écrit*. Toulouse : Presses Universitaires du Mirail, 17-32.

Ferreiro, E. (1988). L'écriture avant la lettre. Dans H. Sinclair, *La production de notations chez les jeunes enfants*. Paris : Presses Universitaires de France, 17-70.

Ferreiro, E. (1979). *Qu'est-ce qui est écrit dans une phrase écrite?* Genève : Institut Romand de Recherche et de Documentation Pédagogique.

Fitzgerald, J., D. L. Spiegel et J. W. Cunningham. (1991). The relationship between parental literacy level and perceptions of emergent literacy. *Journal of Reading Behavior, 23*(2), 191-213.

Graves, D. H. (2003). *Writing: teachers and children at work.* Portsmouth: Heinemann.

Hoffman, S. (1989). *The language of adults and its influence on children's developing literacy.* (ERIC Document Reproduction Service N° ED 310 370).

Jones, B., S. G. Whalers S et J. T. Feeley. (1990). *Writing: parents and children at work.* ERIC Document Reproduction Service N° ED 327 846.

Lavoie, N. (2000). *Les parents et l'apprentissage de l'écriture.* Thèse de doctorat. Québec : Université Laval.

Lavoie, N. (1989). *L'évolution de l'écriture chez des enfants de première année du primaire.* Mémoire de maîtrise. Québec : Université Laval.

Lavoie, N., J. Y. Lévesque et R. Couture. (1998). *On découvre l'écrit, je t'aide pour la vie!* Rimouski : Éditions Appropriation.

Maloy, R. W., et S. A. Edwards. (1990). The writing box: promoting kindergarten and first grade children's writing at home. *Contemporary Education, 16*(4), 195-199.

McMahon, R., M. G. Richmond et C. Reeves-Zazelskis. (1998). Relationships between kindergarten teacher's perceptions of literacy acquisition and children's literacy involvement and classroom materials. *The Journal of Educational Research, 91*(3), 173-182.

Morais, J. (1999). *L'art de lire.* Paris : Éditions Odile Jacob.

Morrow, L. M. (1995). Family literacy: new perspectives, new practices. Dans L. M. Morrow (dir.), *Family literacy: connections in schools and communities.* New Brunswick, NJ: Rutgers University, 5-10.

Oken-Wright, P. (1998). Transition to writing: drawing as a scaffold for emergent writers. *Young Children, 53*(2), 76-81.

Olmsted, P., R. Webb et W. Ware. (1977). Teaching children at home and school. *Theory into Practice, 16*(1), 7-11.

Paratore, J. R. (1994). Parents and children sharing literacy. Dans D. Lancy (dir), *Children's emergent literacy, from research to practice*. 193-215.

Perrenoud-Aebi, C. (1997). *Enseigner l'écriture, paroles d'enseignants.* Collection Cahiers des sciences de l'éducation. Genève : Université de Genève.

Prêteur, Y., et E. Louvet-Schmauss. (1995). Une pédagogie fonctionnelle de l'écrit à l'école peut-elle réduire l'hétérogénéité de départ liée aux pratiques sociofamiliales? *Revue française de pédagogie*, 113, 83-92.

Purcell-Gates, V. (1994). Nonliterate homes and emergent literacy. Dans D. Lancy (dir.), *Children's emergent literacy, from research to practice*, 41-51.

Reid, D. K. (1996). The cognitive curriculum. Dans D. K. Reid, W. P. Hresko et H. L. Swanson (dir.), *A cognitive approach to learning disabilities*. Austin, Tx: Pro-Ed, 297-316.

Saint-Laurent, L., J. Giasson et C. Couture. (1994). *L'émergence de la lecture chez des enfants présentant des retards de développement*. Québec : Université Laval.

Simard, C. (1995). Fondements d'une didactique rénovée de l'écriture. Dans L. Saint-Laurent, J. Giasson, C. Simard, J.J. Dionne et E. Royer, *Programme d'intervention auprès des élèves à risque : une nouvelle option éducative*. Montréal : Gaëtan Morin Éditeur, 123-143.

Snow, C. (1999). *Preventing reading difficulties in young children*. National Research Council, Washington: National Academy Press.

Teale, W., et E. Sulzby. (1989). Emergent literacy: new perspectives. Dans D. S. Strickland, et L. M. Morrow, *Emergent literacy: young children learn to read and write*. Newark, Delaware: IRA, 1-15.

Teale, W. (1984). Reading to young children: its signifiance for literacy development. Dans H. Goelman, A. Oberg et F. Smith (dir.). *Awakening to literacy*. Portsmouth, NH: Heinemann, 110-121.

Teale, W. (1982). Toward a theory of how children learn to read and write naturally. *Language of Arts*, 59, 555-570.

Thériault, J. (1995). *J'apprends à lire... aidez-moi!* Montréal : Les Éditions Logiques.

Vygotsky, L. S. (1985). *Pensée et langage*. Paris : Éditions Sociales.

Ware, W., et M. Garber. (1972). The home environment as a predictor of school achievement. *Theory into Practice, 11*(3), 190-195.

La supervision d'une tâche de lecture par les parents : des interventions efficaces pour les lecteurs débutants?

Isabelle Beaudoin
Département des sciences de l'éducation
Université du Québec à Rimouski

Jocelyne Giasson et Lise Saint-Laurent
Faculté des sciences de l'éducation
Université Laval

IL a été maintes fois démontré que l'implication des parents au sein du processus d'apprentissage de leurs enfants se trouve fortement reliée à la réussite scolaire de ces derniers (Grolnick, Benjet, Kurowski et Apostoleris, 1997; Reynolds, 1992). Quel est l'impact des interventions parentales sur le développement plus spécifique des habiletés en lecture? À cet égard, bien que plusieurs recherches confirment l'influence notable de la stimulation parentale précoce sur l'émergence de la littératie des enfants d'âge préscolaire (Davidson et Snow, 1995; Leseman et De Jong, 1998; Purcell-Gates, 1996; Sénéchal et LeFevre, 2002; Sénéchal, LeFevre, Thomas et Daley, 1998; Sulzby et Edwards, 1993; Teale, 1978, 1986), les études s'étant intéressées à l'impact des interventions réalisées par les parents auprès des lecteurs débutants demeurent moins nombreuses. Pourtant, la lecture supervisée par le parent apparaît comme étant l'une des activités les plus fréquemment proposées par les enseignants (Becker et Epstein, 1982; Hannon, 1987; Martineau, 1998; McNaughton, Parr, Timberley et Robinson, 1992) et aurait, selon plusieurs chercheurs, une influence notable sur le succès scolaire en début de scolarisation (Hewison et Tizard, 1980; Rowe, 1991; Tizard, Schofield et Hewison, 1982; Wilks et Clarke, 1988).

Il semble toutefois difficile de déterminer ce qui, dans cette pratique parentale, se révèle aussi bénéfique (Toomey, 1993). En effet, peu de chercheurs ont étudié le type d'aide apporté par les parents lors de la lecture partagée, la relation entre certains comportements parentaux et la réussite en lecture de l'enfant. Il apparaît donc pertinent d'étudier de façon plus précise la nature des interventions privilégiées par les parents appelés à superviser la lecture de leur enfant de première année, et de vérifier si certaines pratiques se trouvent associées à des compétences supérieures dans cette discipline.

Dans cette perspective, la présente étude poursuit donc un double objectif. Visant d'abord à dresser un portrait des interventions réalisées par les parents en situation de lecture partagée, elle tente également de vérifier l'existence possible de différences entre les pratiques parentales en fonction du niveau d'habileté de l'enfant. Aux fins de l'étude, les interventions parentales seront analysées sous trois angles, notamment le type de soutien didactique offert, le type d'étayage caractérisant l'aide apportée ainsi que le degré de contrôle exercé au cours de l'activité. Il va sans dire que ces trois volets ne couvrent pas l'étendue des aspects pouvant être étudiés sur le plan des pratiques parentales. Des variables socioaffectives – telle la chaleur parentale – auraient pu être envisagées. Toutefois, nous avons opté pour trois variables caractérisant la nature de l'aide prodiguée à l'enfant en réponse aux méprises et blocages rencontrés en cours d'activité. Les aspects socioaffectifs feront l'objet d'une étude subséquente.

LA NATURE DES INTERVENTIONS DIDACTIQUES

S'il est admis que la supervision d'une tâche de lecture par les parents fait partie intégrante des pratiques familiales, que sait-on de la façon dont ces derniers animent cette activité? Autrement dit, comment interviennent-ils pour venir en aide à leur enfant confronté à une méprise ou un blocage? Certaines interventions seraient-elles plus efficaces? Les résultats mis en relief par les quelques études réalisées en ce sens auprès de lecteurs débutants laissent transparaître des divergences et contradictions.

Une première étude menée par Hannon, Jackson et Weinberger (1986) révèle que les parents interviennent généralement en réponse à une erreur commise par l'enfant et recourent, dans de telles situations, aux stratégies suivantes : lire le mot ou l'expression (52,5 %), émettre une rétroaction négative signalant la méprise (16,9 %), effectuer une intervention axée sur le décodage graphophonétique (13,3 %), orienter l'enfant vers la compréhension (4,9 %) et aider ce dernier à se rappeler un mot déjà rencontré auparavant (4,1 %). Cette étude conserve toutefois un caractère descriptif; aucune relation n'ayant été mesurée entre les comportements parentaux et l'habileté en lecture des enfants.

Tout en ayant, à l'instar de Hannon *et al.* (1986), identifié la lecture du mot et le recours à l'entrée graphophonétique comme faisant partie des interventions les plus prisées par les parents, Lancy et Bergin (1992) ajoutent que la nature des stratégies correctives privilégiées s'avère reliée au développement des habiletés en lecture. En effet, alors que les parents des lecteurs compétents restreignent l'application des stratégies graphophonétiques au profit des stratégies orientées vers le sens, les parents des lecteurs moins habiles tendent à faire le contraire, privilégiant ainsi les indices graphophonétiques au détriment des indices sémantiques centrés sur la compréhension. Par ailleurs, ces chercheurs n'ont pu établir aucune relation entre la fluidité en lecture et le nombre d'interventions correctives, ce qui laisse entrevoir que ce n'est pas la quantité, mais bien la qualité des interventions qui joue un rôle dans le développement des habiletés en lecture.

Les premières contradictions par rapport aux études précédentes émergent des travaux d'Evans et Barraball (1993). Leurs résultats montrent que les parents favorisent majoritairement les interventions axées sur les correspondances graphophonétiques (43,6 %) et optent en second lieu pour la stratégie visant à dire le mot (28,6 %). Orienter l'enfant vers le contexte (15,5 %) et lui signaler son erreur en l'encourageant à regarder le mot à nouveau (13,3 %) occupent les derniers rangs. Ces pourcentages, tout comme leurs rangs, ne correspondent pas aux résultats de Hannon *et al.* (1986) dont l'intervention la plus courante était la lecture du mot (52,5 %); le décodage graphophonétique ne se situant qu'au troisième rang (13,3 %). De plus, contrairement aux résultats de Lancy et Bergin (1992), ceux d'Evans et Barraball (1993) indiquent que la prédilection pour l'entrée graphophonétique n'entretient aucune relation avec le niveau de lecture, ce qui laisse entendre que, sans égard au niveau d'habileté des enfants, les parents les dirigent vers cette stratégie. Toutefois, une corrélation négative est obtenue entre l'habileté en lecture et le choix de dispenser une aide orientée vers le sens, ce qui va à l'encontre des résultats mis en relief par Lancy et Bergin (1992) ayant observé que les parents de lecteurs malhabiles présentaient une moins grande propension pour l'utilisation des stratégies sémantiques.

En 1998, Evans, Barraball et Eberle rapportent des résultats différents tant sur le plan des données descriptives que des analyses corrélationnelles. Bien que les deux interventions les plus populaires demeurent celles consistant à dire le mot à l'enfant (35,9 %) et à l'orienter vers le décodage graphophonétique (33 %), les pourcentages associés à ces interventions se distinguent de ceux qu'ils avaient présentés en 1993, où l'utilisation des indices graphophonétiques se révélait plus fréquente que la pratique visant à donner le mot à l'enfant. Enfin, alors que l'étude de 1993 faisait ressortir l'absence de relation entre le recours aux indices graphophonétiques et l'habileté en lecture des enfants, celle de 1998 indique, au contraire, que l'habileté en lecture se trouve positivement liée à l'apport d'un soutien parental axé sur le décodage graphophonétique et sur le signalement des méprises, et négativement associée aux interventions centrées sur l'apport d'indices contextuels. De tels résultats contredisent ceux de Lancy et Bergin (1992) alléguant que les parents des lecteurs en difficulté, à l'inverse des parents compétents, privilégient l'entrée graphophonétique au détriment des indices reliés au sens.

De cette manière, bien que les différents chercheurs aient pour la plupart observé une majorité d'interventions consistant à dire le mot et à proposer une stratégie centrée sur le décodage, des particularités semblent se dessiner sur le plan des pratiques parentales en fonction du niveau d'habileté de l'enfant à qui l'aide se trouve dispensée. Il apparaît donc justifié d'énoncer l'hypothèse selon laquelle l'habileté en lecture se trouverait, d'une certaine façon, reliée au type d'intervention privilégié par le parent lors des périodes consacrées à la lecture de textes par l'enfant. Cependant, les résultats contradictoires émanant des quelques études empiriques s'étant intéressées à la question ne permettent pas de présumer de la nature de cette relation. C'est donc dire la nécessité de poursuivre les investigations dans ce domaine.

L'ÉTAYAGE

La notion d'étayage (Bruner, 1975, 1983; Wood, Bruner et Ross, 1976) émerge d'une perspective socioconstructiviste de l'apprentissage (Vygotsky, 1962, 1978) selon laquelle l'enfant apprendrait à mettre en œuvre les opérations cognitives et linguistiques utiles à la compréhension et à l'apprentissage, par le biais de ses interactions avec des personnes de son entourage jugées plus expérimentées dans l'usage de ces dernières (Panofsky, John-Steiner et Blackwell, 1992; Wertsch, 1980, 1985). En collaborant avec des individus plus aguerris, l'apprenant passerait d'un comportement régulé par l'expert à un fonctionnement autonome, enrichissant ainsi son répertoire de connaissances et d'habiletés (Berk et Winsler, 1995; Tharp et Gallimore, 1988). Le soutien que fournit l'expert à l'apprenant revêt, à cet égard, une importance fondamentale et s'appuie sur le principe de l'étayage. Selon Bruner (1983), l'étayage prend la forme d'un soutien temporaire et sur mesure procuré à l'apprenant dans le but de lui permettre d'effectuer une tâche qu'il n'a pas la capacité d'accomplir de façon autonome. Ceci requiert un ajustement constant de l'aide en fonction du niveau d'habileté de l'apprenant de manière à favoriser le transfert de responsabilité de l'adulte vers l'enfant et, de ce fait, l'intériorisation des acquis (Applebee et Langer, 1983; Berk et Winsler, 1995; Greenfield, 1984; Hobsbaum, Peters et Sylva, 1996; Palincsar et David, 1991; Tharp et Gallimore, 1988). Il importe donc d'agir dans la zone de proche développement de l'enfant (Vygotsky, 1978), c'est-à-dire d'intervenir à un niveau tout juste un peu plus avancé que le niveau actuel de l'apprenant. L'intervention ne doit pas être effectuée à un niveau trop élevé de complexité, ce qui rendrait le soutien de l'expert incompréhensible pour le novice[1] (Wood *et al.*, 1976, p. 132). À l'opposé, une intervention qui rendrait la tâche trop facile à l'enfant par l'apport d'une aide surpassant ses besoins d'assistance se révélerait tout aussi infructueuse sur le plan des apprentissages.

L'étayage semble positivement relié au développement des habiletés cognitives. En effet, certaines recherches empiriques réalisées auprès d'enfants de l'enseignement préscolaire et primaire indiquent que le recours à ce type d'intervention entraîne des apprentissages significativement plus élevés et/ou plus durables (Day et Cordon, 1993; Pacifici et Bearison, 1991; Wood, Wood et Middleton, 1978). Une telle relation apparaît-elle, de façon plus spécifique, sur le plan de l'acquisition des compétences en lecture?

À notre connaissance, peu d'études ont été menées en ce sens. Toutefois, les données exploratoires de Juel (1996) laissent transparaître la présence d'une relation positive entre la pratique de l'étayage et le développement des habiletés à lire et à écrire. En effet, des périodes de tutorat ayant été animées en lecture/écriture auprès de 30 élèves de première année auraient généré des progrès plus importants chez ceux qui étaient accompagnés d'un tuteur faisant appel à l'étayage et au modelage. Ces résultats vont dans le même sens que ceux mis en avant par Lancy, Draper et Boyce (1989) ayant signalé que, contrairement aux parents des lecteurs en difficulté qui adoptent, en situation de lecture partagée, une approche réductionniste, les parents de lecteurs habiles optent pour une approche expansionniste se caractérisant par l'administration d'une aide respectant davantage les principes de l'enseignement par étayage.

D'autre part, lors d'une étude récente auprès de 46 dyades parent/enfant engagées dans une activité de lecture partagée impliquant des lecteurs débutants, Evans, Moretti, Shaw et Fox (2003) soutiennent que les parents exercent une certaine forme d'étayage, mais notent l'absence de relation entre le niveau d'étayage offert et l'habileté en lecture. Leurs résultats laissent entrevoir que le pourcentage d'interventions réalisées dans la zone de réceptivité à l'enseignement[2] (ZRE) se trouverait négativement relié à cette habileté. Cependant, il apparaît que 50 % des premières interventions d'aide réalisées consistent à donner la réponse ou presque à l'enfant. Ce type d'intervention, apparaissant plutôt restrictif, tend à s'éloigner d'une aide par étayage; l'aide reçue par l'enfant va au-delà de ses compétences et ne lui permet pas de s'impliquer dans le processus de correction. Or, les auteurs de l'étude considèrent comme un succès de la part de l'enfant la relecture du mot après en avoir reçu la réponse, ce qui pourrait être remis en question si l'on considère que l'enfant en question n'a pas eu à surmonter la difficulté rencontrée. Cette façon d'envisager l'efficacité de l'aide parentale influence directement l'estimation du niveau d'étayage parental, de même que la délimitation de la ZRE de l'enfant, ce qui nous amène à poser un regard critique tant sur le niveau d'étayage mesuré par ces chercheurs que sur le nombre d'interventions qu'ils évaluent dans la ZRE des enfants supervisés. Ceci pourrait expliquer les résultats mitigés de cette étude allant à l'encontre des postulats théoriques ainsi que des observations empiriques (Juel, 1996; Lancy *et al.*, 1989).

Bref, les contradictions relevées entre les rares études ayant exploré la relation entre l'étayage parental et l'habileté en lecture de l'enfant rendent difficile la généralisation des résultats et incitent à poursuivre les recherches dans cette direction.

LE CONTRÔLE PARENTAL

La notion de contrôle parental renvoie au processus de régulation restrictive des activités de l'enfant. Elle correspond aux demandes et exigences qu'on lui fixe (*demandingness*), aux règles et restrictions qu'on lui impose (*restrictiveness*), ainsi qu'aux limites que l'on établit relativement à son comportement (Baumrind, 1967, 1971, 1978, 1991; Maccoby et Martin, 1983). Shaffer (1988), pour sa part, associe la dimension de contrôle au degré d'autonomie laissé à l'enfant par ses parents, ce qui rejoint la conception de Baldwin (1948, 1955) percevant le contrôle comme une pratique faisant opposition à l'autonomie et au développement harmonieux de l'enfant.

Il semblerait qu'une plus grande ouverture au développement de l'autonomie de l'enfant s'accompagne de meilleures habiletés intellectuelles (Grolnick et Ryan, 1989; Strom, Hathaway et Slaughter, 1981), alors qu'un type de contrôle autoritaire restreignant le développement de l'autonomie semble associé à des habiletés cognitives inférieures (Andersson, Sommerfelt, Sonnander et Ahlsten, 1996; Lyytinen, Rasku-Puttonen, Poikkeus, Laakso et Ahonen, 1994). Enfin, il apparaît que l'adoption d'un style parental démocratique – que Darling et Steinberg (1993) décrivent comme une constellation d'attributs parentaux incluant l'apport d'un soutien émotif, l'établissement d'attentes élevées, la stimulation de l'autonomie et l'instauration d'une communication claire et bidirectionnelle[3] – soit associé à des effets bénéfiques sur le plan de la réussite scolaire (Chapell et Overton, 1998; Deslandes, Royer, Turcotte et Bertrand, 1997; Steinberg, Elmen et Mounts, 1989; Steinberg, Lamborn, Dornbusch et Darling, 1992; Steinberg, Mounts, Lamborn et Dornbusch, 1991) et s'avère positivement relié au développement de plus grandes habiletés en lecture (Chan, 1981; Marjoribanks, 1996).

QUESTIONS DE RECHERCHE

Bref, les études antérieures, en raison des divergences et contradictions qu'elles soulèvent, laissent planer un doute quant à la fréquence d'utilisation des différentes pratiques parentales de même qu'à leur efficacité relative au regard de l'habileté en lecture. Ceci nous amène à poser les questions suivantes. Quelles sont les interventions privilégiées par les parents pour venir en aide à leur enfant confronté à une méprise ou un blocage, et dans quelles proportions celles-ci sont-elles utilisées? Les interventions des parents de lecteurs habiles diffèrent-elles de celles des parents de lecteurs plus faibles sur le plan des stratégies didactiques utilisées, du niveau d'étayage manifesté ainsi que du degré de contrôle exercé au cours de l'activité? S'il appert que les parents des lecteurs compétents se comportent différemment des parents des lecteurs faibles dans certains aspects de leurs interventions parentales (soutien didactique, étayage et contrôle), quelle est, d'une part, la force de la relation entre ces pratiques et l'habileté en lecture de l'enfant et, d'autre part, quel pourcentage de la variance du score d'habileté celles-ci peuvent-elles expliquer?

La nature des divergences potentielles ou encore des liens entre les variables à l'étude demeure difficile à prédire en raison des contradictions importantes se dégageant des quelques études ayant abordé ces questions. Seules les recherches traitant du contrôle parental semblent faire consensus et permettraient de soulever des hypothèses. Malgré tout, bien que nous envisagions la présence d'une relation négative entre un degré élevé de contrôle parental et l'habileté en lecture de l'enfant, ce lien n'a pas été vérifié dans un contexte de lecture partagée tel que celui de notre étude.

MÉTHODE

PARTICIPANTS

Au total, 50 dyades parent/enfant provenant de milieux socioéconomiques moyens ont été recrutées dans six écoles des régions de Québec et de Chaudière-Appalaches. Les élèves sélectionnés étaient tous en première année. Parmi ceux-ci, 23 présentaient des faiblesses en lecture alors que 27 étaient jugés habiles dans cette discipline. Les résultats en lecture obtenus par les élèves lors du bulletin de la troisième étape ont servi à la sélection des sujets. Les parents des cinq élèves les plus forts de chaque classe et ceux des cinq élèves les plus faibles ont reçu une lettre sollicitant leur participation au projet. Parmi les 90 parents ayant reçu l'invitation, 43 mères et 7 pères ont offert leur collaboration.

MATÉRIEL

Un éventail de dix-sept livres, classés en six catégories en fonction de leur degré de difficulté, a été retenu aux fins de l'expérimentation. Inspirée de la méthodologie utilisée par Peterson (1991), la classification des volumes a été réalisée en regard de plusieurs critères, dont notamment le nombre de mots, la complexité syntaxique, le degré de difficulté du vocabulaire et l'aide apportée par l'illustration. Ainsi, la première catégorie regroupait les livres « très faciles » alors que la dernière réunissait ceux jugés « très difficiles ».

Déroulement

Les 50 dyades ont été filmées à l'école lors de leur participation à une activité de lecture au cours de laquelle l'enfant était encouragé à lire trois ou quatre livres au parent l'ayant accompagné. Ce dernier était invité à aider son enfant dans sa lecture en agissant comme il avait l'habitude de le faire à la maison. L'enfant faisait un choix parmi trois livres (livres de la seconde catégorie pour les élèves faibles et livres de la quatrième catégorie pour les élèves forts). Selon le degré de facilité avec lequel l'enfant lisait ce premier livre, l'expérimentateur lui proposait un livre plus facile, de même niveau ou de niveau supérieur, de manière que chaque sujet lise des livres adaptés à ses compétences. Les séances de 30 minutes ont été consignées par écrit pour en faciliter l'analyse.

MESURES

Habileté en lecture – Une première analyse du nombre de méprises commises par nombre de mots lus ayant montré que certains élèves, d'abord classés forts, se révélaient plutôt moyens/forts et que certains élèves initialement classés faibles étaient en fait moyens/faibles, il s'est avéré nécessaire de répartir les élèves en trois niveaux d'habileté : 1) lecteurs très faibles, 2) lecteurs moyens et 3) lecteurs très forts. La constitution d'un groupe accueillant les lecteurs moyens donnait la possibilité de raffiner les analyses en distinguant les élèves très forts des élèves très faibles, et permettait d'éviter que les élèves se rapprochant davantage d'un niveau intermédiaire ne biaisent les résultats. Le groupe très faible a été constitué des 11 élèves qui avaient commis un nombre de méprises par nombre de mots lus plus élevé que la valeur médiane de leur groupe (c'est-à-dire celui regroupant les 23 élèves initialement considérés faibles), ayant ainsi démontré une performance inférieure. Les lecteurs très forts ont été identifiés de façon analogue : les 11 élèves dont le ratio, nombre de méprises par nombre de mots lus, apparaissait le plus bas se sont vu attribuer le titre de lecteurs très forts. Les très bons lecteurs ont commis en moyenne 0,04 méprises/mots (écart-type = 0,012), les lecteurs moyens 0,09 méprises/mots (écart-type = 0,037) et les lecteurs plus faibles 0,19 méprises/mots (écart-type = 0,041). Une différence statistiquement significative apparaît entre les moyennes de ces trois groupes [F (1,47) = 60,501, p < 0,001] qui se distinguent toutes entre elles (p < 0,001 après correction de Bonferroni). Ceci tend à confirmer que les élèves des trois groupes diffèrent sur le plan de l'habileté et ont, de ce fait, été bien répartis.

Nature des interventions didactiques – Les interventions ont été déterminées, évaluées et classées à la lumière d'une grille dont l'élaboration s'est inspirée des outils proposés par les quelques chercheurs s'étant consacrés à l'observation des pratiques parentales en situation de lecture partagée (Evans *et al.*, 1993, 1998; Hannon *et al.*, 1986; Lancy et Bergin, 1992). Cette grille comprend sept catégories : 1) signaler la méprise ou reconnaître le blocage; 2) recourir à une intervention reliée au décodage; 3) faire une intervention orientée vers le sens; 4) effectuer une intervention orientée vers l'entrée globale; 5) dire la partie du mot causant la difficulté; 6) dire le mot problématique; 7) ignorer la méprise. Les comportements associés à chacune de ces catégories sont décrits de façon opérationnelle, de manière à conférer à la cotation la plus grande objectivité possible (pour une description détaillée de ces comportements, consulter Beaudoin, 2002).

Niveau d'étayage parental – Trois variables ont été retenues pour mesurer le niveau d'étayage parental : 1) le souci d'accorder des délais à la suite des méprises; 2) l'inclination à allouer du temps pour l'autocorrection lors des blocages; 3) la quantité d'interventions d'aide efficaces. En visionnant les vidéos, l'expérimentateur devait attribuer au parent un score de 1 à 5 (variant de très bas à très élevé) pour chacune de ces trois variables d'étayage. Le parent recevait un score par variable pour chaque livre dont il avait assuré la supervision. Pour chacune des trois variables étudiées, le score final correspond à la moyenne des scores obtenus par le parent au cours de la séance. Les grilles ayant guidé l'analyse de ces trois variables sont brièvement décrites dans les paragraphes qui suivent (pour une description détaillée de ces grilles, il est suggéré de consulter Beaudoin, 2002).

Accorder des délais à la suite des méprises – L'aide fournie par le parent peut prendre différentes formes pour lesquelles le degré d'implication parentale varie de très faible à très soutenu. Puisqu'une intervention d'étayage vise l'intériorisation des habiletés cognitives (Applebee et Langer, 1983; Greenfield, 1984; Tharp et Gallimore, 1988), l'aide se doit d'être ajustée aux besoins du novice et d'être à même de favoriser sa participation maximale au cours du processus de réalisation de la tâche. De cette manière, vérifier l'aptitude éventuelle de l'enfant à s'autocorriger devrait précéder toute intervention visant à lui fournir une aide plus spécifique. Laisser à l'enfant ayant commis une méprise la possibilité de la découvrir et d'en faire la correction par lui-même en retardant le signalement, c'est-à-dire en le laissant poursuivre la lecture de la phrase jusqu'à la fin ou en lui accordant un délai d'au moins 1,5 seconde avant de lui indiquer son erreur, apparaît donc comme une intervention respectant les principes de l'étayage puisqu'elle permet à l'adulte de juger des habiletés de l'enfant et de lui offrir ainsi un soutien mieux adapté à ses compétences (Stone, 1998). Pour cette variable, la cote obtenue par le parent pour chaque livre lu découle du pourcentage de délais accordés par ce dernier à la suite de la totalité des méprises commises[4] : 0 à 19 % correspond à la cote 1 (rarement ou jamais), 20 à 39 % à la cote 2 (à quelques reprises), 40 à 59 % à la cote 3 (moyennement souvent), 60 à 79 % à la cote 4 (souvent) et 80 à 100 % à la cote 5 (la plupart du temps). La cote finale s'obtient grâce au calcul de la moyenne des cotes reçues pour chaque livre au cours de la séance.

Allouer du temps pour l'autocorrection lors des blocages – Les mêmes considérations théoriques justifient de prendre en considération la propension du parent à accorder à l'enfant confronté à un blocage un délai lui donnant l'avantage de tenter le décodage du mot par lui-même avant de lui procurer une aide dont il n'a peut-être nul besoin pour surmonter la difficulté. Un blocage ou une hésitation se manifeste soit par un certain bafouillage au cours du décodage d'un mot, soit par une interruption de la lecture se traduisant par une absence vocale de quelques secondes entre la fin de la lecture d'un mot et le début du décodage du mot suivant. À l'apparition de chaque blocage rencontré par l'enfant, l'expérimentateur notait si le parent accordait un délai d'au moins 1,5 seconde à l'enfant avant de lui fournir de l'aide[5]. La cote attribuée au parent s'appuyait sur le pourcentage de délais accordés à l'enfant par rapport à l'ensemble des blocages/hésitations rencontrés. Ainsi, pour chacun des livres lus par l'enfant, le parent recevait une cote de 1 à 5 basée sur les mêmes pourcentages que ceux utilisés pour la catégorisation des délais face aux méprises. La moyenne des cotes obtenues lors de l'activité correspondait au score final.

Effectuer des interventions d'aide efficaces – Cette variable se base sur l'idée d'un continuum opposant aide efficace à aide excessive ou insuffisante. Une intervention d'étayage appropriée se reconnaît, entre autres, par l'aptitude du parent à prodiguer à l'enfant, en cas de besoin, une aide lui donnant la chance de surmonter une difficulté et d'accéder lui-même à la réponse recherchée (Applebee et Langer, 1983; Hobsbaum *et al.*, 1996). De cette façon, une intervention est jugée efficace si elle offre à l'enfant la possibilité de corriger une méprise ou de décoder un mot lui causant une certaine difficulté. Cependant, si le parent qui prodigue un soutien excessif ou insuffisant, choisit plutôt de lire le mot à l'enfant, l'empêchant de ce fait d'accéder lui-même à la réponse, nous considérons qu'il y a absence d'étayage. Réduisant au minimum le niveau de participation de l'enfant, restreignant le développement de ses connaissances et habiletés, et rendant difficile la mise en pratique de celles déjà acquises ou en voie de l'être, de telles interventions vont en effet à l'encontre des principes à l'origine de l'enseignement par étayage. Un adulte faisant appel à l'étayage veillera donc à apporter à l'apprenant, par le biais d'interventions complémentaires (signaler la méprise, proposer une stratégie orientée vers l'entrée globale, sémantique ou graphophonétique, ou encore guider l'enfant dans l'utilisation de l'une de ces stratégies), le soutien qui le mènera progressivement au décodage du mot problématique. Pour chacun des livres, le pourcentage de comportements efficaces sur l'ensemble des comportements (efficaces et non efficaces) identifiés était associé à une cote variant de 1 à 5, où 1 correspondait à un pourcentage très faible (0 à 20,5 %) d'interventions d'aide efficaces, 2 à un pourcentage faible (21 à 42,5 %), 3 à un pourcentage moyen (43 à 56,5 %), 4 à un pourcentage élevé (57 à 78,5 %) et 5 à un pourcentage très élevé (79 à 100 %). Le score final découlait de la moyenne des cotes obtenues pendant la séance.

Degré de contrôle – L'analyse du degré de contrôle parental repose sur quatre variables s'inspirant de celles mesurées par Dekovic, Janssens, et Gerris (1991), notamment la gestion de l'activité, le degré de restriction relativement à la tâche en général, le nombre d'interventions restrictives par méprise et/ou blocage ainsi que le nombre de demandes par méprise et/ou blocage. Les variables relatives à la gestion de l'activité ainsi qu'au degré de restriction par rapport à la tâche ont été analysées sur une échelle de 1 à 5 variant d'un niveau très faible à un niveau très élevé. Des grilles d'analyse fournissant une description détaillée de la nature des comportements verbaux et non verbaux, attendus à chacun des cinq niveaux de ces échelles de type Likert, guidaient l'attribution des scores (voir Beaudoin, 2002). Ainsi, à la fin de chaque livre lu par l'enfant, un jugement était porté à l'égard du niveau de gestion et de restriction manifesté par le parent lors de la séquence visionnée. Pour chacune de ces deux variables, le score final du parent était obtenu grâce à la moyenne des cotes attribuées pour chacun des livres lus par l'enfant lors de la séance. Par ailleurs, le score associé aux restrictions ainsi qu'aux demandes émises à l'égard des méprises ou blocages provenait du dénombrement systématique des interventions de cette nature réalisées au cours de l'activité. Il s'agissait de diviser le nombre d'interventions effectuées par le parent par le nombre total de méprises et blocages rencontrés par l'enfant (pour une description plus détaillée des procédures de cotation relatives à ces variables, voir Beaudoin, 2002). Les interventions restrictives consistaient à dire le mot ou la partie de mot à l'enfant, c'est-à-dire ne pas laisser à ce dernier la possibilité de se corriger ou de participer à la correction[6]. Les interventions restrictives apparaissant après un nombre d'interventions d'aide égal ou supérieur à trois n'étaient pas considérées, le parent ayant, dans de tels cas, fait montre d'une préoccupation réelle de susciter l'implication de l'enfant. D'autre part, toutes les interventions visant à aider l'enfant à faire face à une difficulté sans lui fournir la réponse d'emblée étaient considérées comme des demandes. Celles-ci consistaient à signaler la méprise ou le blocage, à recourir au décodage, à faire appel à une stratégie orientée vers le sens, à proposer l'utilisation de l'entrée globale et à faire relire un mot après la correction.

ACCORDS INTERJUGES

Une procédure d'accords interjuges a été réalisée sur 20 % des protocoles. En ce qui concerne la nature des interventions didactiques, le pourcentage d'accord se chiffre à 95 %. D'autre part, les pourcentages d'accords relatifs aux variables d'étayage varient de 84 % à 94,5 %. Ceux calculés pour les variables caractérisant le contrôle parental atteignent des valeurs comprises entre 82,5 % et 89,5 %. Enfin, pour l'ensemble des variables étudiées, les coefficients de corrélations (r de Pearson) sont très élevés, variant de 0,94 à 0,99 ($p < 0,001$).

RÉSULTATS

Résultats relatifs à la nature des interventions didactiques

En prenant connaissance des pourcentages moyens d'interventions effectuées par les parents pour venir en aide à leur enfant, on constate que trois sortes d'interventions semblent particulièrement prisées, notamment celles visant à signaler la méprise ou le blocage (m = 40,01; écart-type = 19,53), à dire le mot (m = 23,3; écart-type = 17,3) et à recourir au décodage (m = 21,94; écart-type = 17,21). Par ailleurs, 8,59 % (écart-type = 8,36) des interventions consistent à lire une partie du mot et 4,59 % (écart-type = 5,47) à ignorer la méprise. Enfin, il appert que les stratégies orientées vers le sens (m = 1,1; écart-type = 2,27) et l'entrée globale (m = 0,48; écart-type = 1,0) ne sont pratiquement pas exploitées par les parents.

D'autre part, le tableau I présente les résultats des analyses de variance univariées comparant les interventions des trois groupes de parents. Ils indiquent que les parents se comportent de façon significativement différente en fonction de l'habileté de l'enfant dont ils supervisent la lecture. En effet, les parents des élèves forts choisissent plus fréquemment les stratégies consistant à signaler la méprise ou le blocage ($p < 0,001$) et à ignorer la méprise ($p < 0,001$) que ne le font les parents accompagnant des lecteurs plus faibles, effectuant pour leur part un plus grand pourcentage d'interventions axées sur le décodage ($p < 0,01$), ou visant à dire la partie du mot causant une difficulté à l'enfant ($p < 0,01$). Ainsi, alors que les parents de lecteurs moins compétents semblent privilégier les interventions reliées au décodage graphophonétique ($m = 33,16$), les parents de lecteurs habiles optent principalement pour la stratégie consistant à signaler la méprise ou le blocage, stratégie occupant d'ailleurs en moyenne 55,72 % de leurs interventions.

Tableau I – Statistiques descriptives calculées sur le pourcentage d'interventions des parents de lecteurs très faibles, moyens et très forts et résultats des analyses de variance univariées comparant les trois groupes

Intervention	Lecteurs très faibles (n = 11) m	Écart-type	Lecteurs moyens (n = 28) m	Écart-type	Lecteurs très forts (n = 11) m	Écart-type	$F(1,47)$
Signaler la méprise ou le blocage	21,19[a]	14,09	41,24[b]	15,97	55,72[c]	17,8	12,99***
Recourir au décodage	33,16[a]	14,99	22,97[a]	17,41	8,08[b]	7,54	7,54**
Intervenir sur le sens	2,64	4,18	0,81	1,16	0,31	0,68	3,84[d]
Intervenir sur l'entrée globale	1,03	1,59	0,4	0,77	0,16	0,52	2,49
Dire une partie du mot	13,65[a]	8,94	8,93	8,38	2,65[b]	2,38	5,75**
Dire le mot	27,58	19,43	21,64	15,99	23,23	19,27	0,46
Ignorer la méprise	0,76[a]	0,7	4,01[b]	5,14	9,86[c]	5,21	11,33***

a,b,c En ce qui concerne la variable « signaler la méprise ou reconnaître le blocage », les variances étant homogènes, le test de Bonferroni montre que les moyennes des trois groupes sont différentes à $p < 0,001$. Par ailleurs, en ce qui concerne les autres variables présentant une valeur de F significative, les variables n'étant pas homogènes, le test C de Dunnett indique que les moyennes qui, au sein d'une même ligne, n'affichent pas la même lettre sont différentes à $p < 0,01$ ou $p < 0,001$.

d   Le F univarié est significatif à 0,029. Toutefois, lorsque l'on contrôle pour le manque d'homogénéité des variances relatives à cette variable, la différence entre les groupes n'est plus significative.

* $p < 0,05$;   ** $p < 0,01$;   *** $p < 0,001$.

Les résultats des analyses de corrélation et de régression logistique simple, mentionnés au tableau II, rapportent que l'habileté en lecture de l'enfant s'avère positivement reliée au pourcentage d'interventions parentales consacrées au signalement des méprises ou blocages de même qu'à l'ignorance de certaines méprises et négativement reliée aux interventions axées sur l'entrée graphophonétique ainsi qu'à celles consistant à dire à l'enfant la partie du mot lui causant une difficulté. Il est à noter que les interventions orientées vers le sens et l'entrée globale présentent également des relations négatives significatives avec le score d'habileté. Toutefois, l'interprétation de ces relations semble plutôt hasardeuse en raison de la rareté de telles interventions.

Tableau II – Résultats des analyses de régression logistique ordinale simple entre le type d'intervention et l'habileté en lecture (n = 50)

Variable indépendante	Habileté de l'enfant (très faible / moyen / très fort)			
	r Pearson	R^2 Nagelkerke	ß	Wald
Signaler la méprise ou le blocage	0,592***	0,413***	0,081	16,11***
Recourir au décodage	- 0,488***	0,265***	- 0,065	10,59**
Intervenir sur le sens	- 0,345*	0,172**	- 0,536	4,58*
Intervenir sur l'entrée globale	- 0,293*	0,104*	- 0,643	3,99*
Dire une partie du mot	- 0,441**	0,226**	- 0,130	7,92**
Dire le mot	- 0,084	0,009	- 0,010	0,4
Ignorer la méprise	0,558***	0,351***	0,263	12,16***

* $p < 0,05$;   ** $p < 0,01$;   *** $p < 0,001$.

Les analyses de régression logistique ordinale simple[7] révèlent que signaler la méprise ou le blocage permet d'expliquer 41,3 % de la variance relative à l'habileté, alors qu'ignorer la méprise en explique 35,1 %, recourir au décodage 26,5 %, dire une partie du mot 22,6 %, faire une intervention orientée vers le sens 17,2 % ainsi que diriger l'enfant vers l'entrée globale 10,4 %. D'autre part, les résultats de l'analyse de régression multiple (méthode pas à pas), réalisée à partir des variables positivement reliées à l'habileté, indiquent que les deux tiers de la variation observée sur le plan de la distribution des scores d'habileté peuvent être expliqués par la combinaison des interventions consistant à signaler la méprise ou le blocage et à ignorer certaines méprises (X^2 = 42,588; p < 0,001). En ce qui concerne les variables négativement reliées à l'habileté, l'analyse de régression multiple (méthode pas à pas) montre que la combinaison des interventions consistant à utiliser le décodage et à lire la partie problématique du mot explique près de la moitié, c'est-à-dire 45,6 %, de la variance du score d'habileté (X^2 = 24,960; p < 0,001). Ainsi, alors que la propension du parent à utiliser les interventions consistant à signaler la méprise avant d'intervenir et à ignorer certaines méprises semble associée à des compétences supérieures en lecture, la prédilection pour les interventions centrées sur le décodage et pour celles visant à dire la partie du mot problématique est liée à des compétences moindres.

RÉSULTATS RELATIFS AU NIVEAU D'ÉTAYAGE PARENTAL

Les résultats des analyses de variance univariées que présente le tableau III montrent que les parents des lecteurs habiles se distinguent des parents de lecteurs plus faibles sur certaines variables d'étayage. En effet, les parents des lecteurs compétents laissent plus de temps pour l'autocorrection (p < 0,05) et dispensent, globalement, un niveau d'étayage plus élevé que ne le font leurs homologues supervisant des lecteurs faibles (p < 0,01).

**Tableau III – Résultats des analyses de variance
univariées comparant le niveau d'étayage parental
en fonction du niveau d'habileté en lecture**

	Lecteurs très faibles (n = 11)		Lecteurs moyens (n = 28)		Lecteurs très forts (n = 11)		$F(1,47)$
	m	Écart-type	m	Écart-type	m	Écart-type	
Niveau d'étayage global[1]	2,82[a]	0,91	3,29	0,76	3,89[b]	0,67	5,23**
Interventions d'aide efficaces	3,31	1,34	3,91	1,04	4,28	1,05	2,14
Délais face aux méprises	1,46[a]	0,60	1,69	0,94	2,52[b]	1,12	4,29*
Délais face aux blocages/hésitations	3,68[a]	1,19	4,27	1,23	4,86[b]	0,32	2,89*

1   Cette variable correspond au score sur 5 obtenu en effectuant le total pondéré des trois variables d'étayage (interventions d'aide efficaces, délais face aux méprises et délais face aux blocages/hésitations).

a,b   En ce qui concerne le niveau d'étayage global, le test de Bonferroni indique que la moyenne du groupe faible se distingue de celle du groupe fort ($p < 0,01$). Les variances des autres variables n'étant pas homogènes, le test C de Dunnett montre que les moyennes qui, au sein d'une même ligne, n'affichent pas la même lettre sont différentes à $p < 0,05$.

* $p < 0,05$;   ** $p < 0,01$.

D'autre part, au regard des résultats des analyses de corrélation et de régression logistique ordinale simple (tableau IV), il ressort que l'ensemble des variables d'étayage se trouvent positivement reliées à l'habileté en lecture dont elles expliquent, lorsque considérées individuellement, de 9,8 % à 14,7 % de la variance. Il est à noter que ce pourcentage atteint 21 % lorsque l'on tient compte du niveau d'étayage global correspondant au score pondéré calculé à partir des trois variables d'étayage étudiées. Ainsi, le recours à un niveau d'étayage élevé se révèle positivement associé à l'habileté en lecture et s'accompagne de plus grandes compétences dans cette discipline. Cette relation, revêtant un caractère bidirectionnel, ne permet toutefois pas de conclure à un lien de causalité entre ces variables.

Tableau IV – Résultats des analyses de corrélation
et de régression logistique ordinale simple entre les variables
d'étayage et le niveau d'habileté en lecture de l'enfant (n = 50)

Variable indépendante	Habileté de l'enfant (très faible / moyen / très fort)			
	r Pearson	R^2 Nagelkerke	ß estimé	Wald
Niveau d'étayage global[1]	0,425**	0,210**	1,127	8,94**
Interventions d'aide efficaces	0,284*	0,098*	0,758	4,39*
Délais face aux méprises	0,361*	0,147*	0,571	5,996*
Délais face aux blocages/hésitations	0,347*	0,129*	0,597	5,18*

[1] Cette variable correspond au score sur 5 obtenu en effectuant le total pondéré des trois variables d'étayage (interventions d'aide efficaces, délais face aux méprises et délais face aux blocages ou hésitations).

* $p < 0,05$;   ** $p < 0,01$.

Résultats relatifs au degré de contrôle parental

Les résultats des analyses de variance univariées comparant les interventions de contrôle effectuées par les trois groupes de parents sont consignés au tableau V. Les analyses révèlent que les parents des lecteurs compétents exercent, globalement, moins de contrôle que les parents des lecteurs plus faibles ($p < 0,001$). De façon plus spécifique, les parents des lecteurs compétents effectuent moins d'interventions de gestion au cours de l'activité ($p < 0,01$), se montrent moins restrictifs face à la tâche en général ($p < 0,01$) et font moins souvent appel à des interventions restrictives lorsque l'enfant se heurte à un blocage ou à une méprise ($p < 0,05$). On ne note toutefois aucune différence significative entre les groupes en ce qui a trait au nombre de demandes par méprise.

Tableau V – Statistiques descriptives calculées
sur les variables de contrôle parental selon le niveau d'habileté
de l'enfant, et résultat des analyses de variance univariées
comparant ces trois groupes

Contrôle parental	Lecteurs très faibles (n = 11) m	Écart-type	Lecteurs moyens (n = 28) m	Écart-type	Lecteurs très forts (n = 11) m	Écart-type	F (1,47)
Contrôle global[1]	3,29[a]	0,64	2,86[a]	0,47	2,06[b]	0,36	17,85***
Gestion de l'activité	3,24[a]	1,01	3,12[a]	0,99	1,85[b]	0,73	8,25**
Restriction par tâche	3,09[a]	1,61	2,31[a]	0,99	1,31[b]	0,37	7,71**
Nombre de restrictions/méprises	0,61[a]	0,39	0,39	0,24	0,29[b]	0,19	4,19*
Nombre de demandes/méprises	1,41	1,11	1,18	0,69	0,88	0,37	1,38

1   Cette variable correspond au score sur 5 obtenu en effectuant le total pondéré des quatre variables de contrôle (gestion de l'activité, restriction face à la tâche, nombre de restrictions par méprise/blocage et nombre de demandes par méprise/blocage).

a, b   Selon le test de Bonferroni, les moyennes apparaissant sur une même ligne et n'affichant pas la même lettre diffèrent entre elles de façon significative ($p < 0,05$ à $p < 0,001$).

* $p < 0,05$;   ** $p < 0,01$;   *** $p < 0,001$.

Le tableau VI présente les coefficients de corrélation calculés entre le degré de contrôle parental et l'habileté en lecture de l'enfant. Il appert que les différentes variables de contrôle parental, à l'exception de la variante relative au nombre de demandes par méprise/blocage, entretiennent une relation négative significative avec l'habileté à lire de l'enfant dont elles prédisent de 16,8 % à 28,8 % de la variance. Par ailleurs, le degré de contrôle global calculé à partir des quatre variables de contrôle explique jusqu'à 47,5 % de cette même variance, suggérant ainsi qu'une plus grande habileté en lecture serait associée à un niveau de contrôle plus faible.

Tableau VI – Résultats des analyses de régression
logistique ordinale simple où la variable dépendante est
le niveau d'habileté de l'enfant et la variable indépendante
l'une des six variables de contrôle parental (n = 50)

Variable indépendante	Habileté de l'enfant (très faible / moyen / très fort)			
	r Pearson	R^2 Nagelkerke	ß	Wald
Contrôle global[1]	- 0,641***	0,475***	- 2,766	18,25***
Gestion de l'activité	- 0,434**	0,215**	- 0,885	8,88**
Restriction face à la tâche	- 0,495***	0,288***	- 0,969	11,90**
N^{bre} de restrictions par méprise/blocage	- 0,375**	0,168**	- 2,900	6,78**
N^{bre} de demandes par méprise/blocage	- 0,234	0,064	- 0,625	2,74

1 Cette variable correspond au score sur 5 obtenu en effectuant le total pondéré des quatre variables de contrôle notamment la gestion de l'activité, la restriction face à la tâche, le nombre de restrictions par méprise/blocage et le nombre de demandes par méprise/blocage.

** $p < 0,01$;   *** $p < 0,001$.

DISCUSSION

La présente étude a pour but d'analyser les interventions des parents appelés à superviser la lecture de leur enfant de première année et de vérifier si la nature de ces interventions peut rendre compte d'une partie de la variance associée au niveau d'habileté en lecture de l'enfant. De plus, nous cherchons à effectuer une comparaison entre les interventions réalisées par les parents d'enfants jugés habiles en lecture et celles des parents de lecteurs présentant des faiblesses dans cette discipline.

PORTRAIT DES INTERVENTIONS DIDACTIQUES RÉALISÉES PAR LES PARENTS

La première question de recherche s'intéresse au type d'intervention didactique privilégié par les parents. À cet effet, les résultats indiquent que ces derniers optent majoritairement, c'est-à-dire à 40 %, pour les stratégies visant à signaler la méprise à l'enfant ou à lui souligner son blocage, alors que dire le mot et donner des indices graphophonétiques apparaissent comme des stratégies comptant chacune pour le cinquième des interventions totales. Ces chiffres diffèrent considérablement des données mises en évidence par les chercheurs précédents. En effet, on se rappellera que la plupart d'entre eux avaient identifié l'intervention consistant à lire le mot à l'enfant comme étant la stratégie principale des parents (Evans *et al.*, 1998; Hannon *et al.*, 1986; Lancy et Bergin, 1992; Baker, Mackler, Sonnenschein et Serpell, 2001). Lorsque l'on compare les résultats de la présente étude avec ceux de Hannon *et al.* (1986) et d'Evans *et al.* (1998), donner le mot à l'enfant, stratégie pouvant être taxée de très restrictive, semble deux fois moins utilisée par les parents québécois. Cependant, le pourcentage consacré par les parents de notre échantillon à cette intervention (23,3 %) semble relativement équivalent à celui de 28,6 % observé auprès des parents ayant participé à l'étude menée par Evans et Barraball (1993). Toutefois, ces derniers optent deux fois plus fréquemment pour les stratégies graphophonétiques que les parents de notre étude et ne consacrent que 13,3 % de leurs interventions au signalement de méprises. Ceci peut laisser émerger une hypothèse selon laquelle les parents québécois favoriseraient l'autonomie des enfants. En effet, le pourcentage deux fois plus élevé d'interventions vouées au signalement de méprises ou de blocages (pourcentage trois fois plus élevé que celui des parents des autres études) que d'interventions centrées sur le décodage, laisse supposer que les parents québécois offrent davantage aux enfants la possibilité de corriger leurs méprises ou de surmonter leurs blocages par eux-mêmes avant de leur fournir de l'aide. Lorsque l'on se réfère à la corrélation positive apparaissant entre la réussite scolaire et l'encouragement à l'autonomie (Deslandes *et al.*, 1997; Grolnick et Ryan, 1989; Steinberg *et al.*, 1989, 1991, 1992; Strom *et al.*, 1981), les pratiques québécoises semblent plutôt prometteuses.

Toutefois, lorsque l'on observe plus spécifiquement les interventions ayant pour but d'aider l'enfant à corriger une méprise ou à surmonter une difficulté, il semble que les parents, peu importe le milieu au sein duquel ils évoluent, optent presque exclusivement pour des stratégies graphophonétiques. Ceci peut paraître surprenant si l'on considère que les stratégies proposées par le ministère de l'Éducation du Québec (2001) et, par le fait même, vraisemblablement enseignées en classe, sont de trois ordres principaux : les stratégies graphophonétiques (décodage), les stratégies sémantiques (orientées vers le sens) et les stratégies axées sur la reconnaissance globale des mots. Il est plausible que les parents, ayant eux-mêmes reçu un enseignement de la lecture centré sur l'entrée graphophonétique, perçoivent l'apprentissage de cette discipline comme une tâche essentiellement syllabique et orientent leurs interventions en fonction de leurs souvenirs scolaires. En effet, leur conception de l'apprentissage de la lecture pourrait arborer une couleur plus traditionnelle (Anderson, 1994) se distinguant de celle des enseignants et venant alors teinter leurs interventions. Ceci rejoindrait les résultats d'Evans *et al.* (1993, 1998) ayant observé que, contrairement aux enseignants dont la conception de l'enseignement de la lecture revêt une dimension plutôt analytique (*top–down*) accordant une importance significative à la recherche de sens, les parents conservent majoritairement une vision synthétique (*bottom–up*) de cet apprentissage. Il pourrait donc s'avérer pertinent de leur fournir de l'information sur les différentes facettes de l'enseignement/apprentissage de la lecture et de leur suggérer des stratégies d'intervention plus variées leur permettant d'aider efficacement leur enfant lors des activités de lecture partagée.

Différences entre les pratiques parentales et la relation entre la nature des interventions et l'habileté en lecture des enfants

Cette étude tente également de vérifier si les parents d'enfants réussissant bien en lecture réalisent des interventions différentes de celles adoptées par les parents dont les enfants sont jugés plus faibles dans cette discipline. Les résultats des analyses de variance laissent transparaître l'existence de différences entre les comportements des parents en fonction du niveau d'habileté de l'enfant dont ils supervisent la lecture, ce qui confirme l'hypothèse voulant que la nature des interventions parentales serait reliée à l'habileté en lecture des enfants et corrobore ainsi les résultats rapportés par les quelques chercheurs ayant étudié la question (Evans *et al.*, 1993, 1998; Lancy *et al.*, 1989; Lancy et Bergin, 1992). Cette étude révèle en effet que les pratiques propres aux parents des enfants faisant montre d'une plus grande habileté en lecture se distinguent de celles privilégiées par les parents accompagnant des lecteurs plus faibles sur l'ensemble des aspects étudiés, notamment les stratégies didactiques déployées devant une méprise ou un blocage, le recours à l'étayage ainsi que le degré de contrôle manifesté au cours de la séance. Ainsi, lorsque survient un blocage ou une méprise, les parents des lecteurs plus compétents accordent la priorité de façon manifeste (selon un pourcentage s'élevant à 55,7 %) à l'intervention visant à informer l'enfant qu'il a commis une méprise ou s'est heurté à une difficulté avant de lui fournir une aide particulière, intervention qu'ils adoptent 2,6 fois plus souvent que ne le font les parents de faibles lecteurs qui, pour leur part, privilégient les stratégies centrées sur le décodage graphophonétique auxquelles ils consacrent le tiers de leurs interventions (33,2 %) et qu'ils réalisent quatre fois plus fréquemment que les parents de lecteurs habiles. De plus, les parents des bons lecteurs laissent passer plus de méprises sans intervenir, accordent davantage de temps pour l'autocorrection, recourent à un niveau d'étayage plus élevé, et exercent moins de contrôle sur la tâche que ne le font les parents de faibles lecteurs ayant davantage tendance à lire pour l'enfant la partie du mot causant la difficulté, et à se montrer directifs en effectuant un plus grand nombre d'interventions de gestion et de restriction au cours de l'activité.

 Les pratiques adoptées par les parents de lecteurs habiles semblent témoigner d'un certain souci à favoriser l'autonomie de l'enfant dans la correction de ses méprises, ce qui rejoint quelque peu les résultats de Lancy *et al.* (1989) présentant les parents des lecteurs habiles comme davantage enclins à faire appel à une approche qualifiée d'expansionniste, assurant une plus grande collaboration parent-enfant dans le processus de lecture et, par le fait même, une plus grande participation de l'enfant. La possibilité qu'ils aient une conception plutôt positive des aptitudes de leur enfant et, par le fait même, croient en sa capacité de surmonter la difficulté, explique peut-être leur plus grande inclination à lui laisser la chance de se corriger par lui-même, comportement beaucoup moins présent chez les parents dont les enfants réussissent moins bien. Ces derniers, s'étant probablement forgés, à la lumière de l'information transmise par l'école, une conception plus négative des habiletés de leur enfant, feraient-ils moins confiance en ses capacités de se corriger ou de décoder par lui-même un mot jugé plus difficile? Ceci pourrait par ailleurs apporter une explication plausible au fait que ces parents réalisent quatre fois plus d'interventions d'aide orientées vers le décodage (interventions majoritaires à 33,2 %), sont cinq fois plus fréquemment portés à donner à l'enfant la partie du mot causant la difficulté, accordent moins de délais pour la correction des méprises ou blocages et exercent davantage de contrôle sur la tâche que ne le font leurs homologues accompagnant des lecteurs habiles.

On pourrait être tenté de conclure que la nature des interventions parentales serait influencée par l'habileté de l'enfant. Toutefois, il faut se rappeler que le niveau de difficulté du livre avait été contrôlé, ce qui signifie que les bons lecteurs, se trouvant également placés dans des situations de lecture difficile, se heurtaient à des blocages et commettaient, à l'instar des lecteurs plus faibles, un certain nombre de méprises. De cette manière, les enfants des deux groupes faisaient face à des difficultés. Or, malgré les erreurs relativement fréquentes de leur enfant, les parents des lecteurs habiles ont tout de même eu le souci de laisser à ce dernier l'avantage de se corriger avant de lui proposer une aide centrée sur le décodage, attitude peu présente chez les parents des faibles lecteurs consacrant près de la moitié de leurs interventions à l'utilisation de stratégies graphophonétiques et à la lecture des parties de mot ou syllabes difficiles pour l'enfant.

Toutefois, il serait intéressant, lors de recherches futures, d'observer les stratégies privilégiées par les parents des deux groupes lorsque les enfants amorcent leur apprentissage de la lecture. Ceci permettrait de vérifier si les parents des enfants forts laissent, tel qu'ils le font à la fin de la première année, une plus grande place à l'enfant dans le processus de correction des méprises et blocages.

Ainsi, à la lumière de nos résultats, il apparaît que certaines interventions parentales – telles que le fait de signaler les méprises avant d'intervenir, d'ignorer certaines méprises et de faire appel à un niveau élevé d'étayage permettant à l'enfant de prendre part à ses apprentissages et à la correction de ses méprises – se révèlent positivement associées au développement de plus grandes compétences en lecture. À l'inverse, certaines pratiques entretiennent une relation négative avec l'habileté en lecture et se trouvent ainsi associées à des compétences moindres dans cette discipline. Il s'agit notamment de celles impliquant le recours fréquent à une aide centrée sur le décodage graphophonétique, à des interventions restrictives consistant à donner à l'enfant la partie du mot lui causant la difficulté, et à des comportements de contrôle réduisant son implication dans la gestion de l'activité. Bien qu'il ne soit aucunement question de parler ici de relation causale entre les habiletés de l'enfant et les interventions des parents, les analyses de régression menées entre ces variables donnent toutefois la possibilité de considérer dans quelle proportion chacune des différentes pratiques parentales étudiées permet d'expliquer une partie de la variance relative à l'habileté de l'enfant. En ce qui concerne les interventions positivement reliées à l'habileté, l'intervention consistant à signaler la méprise combinée à celle visant à ignorer certaines méprises, explique le plus grand pourcentage de la variance propre au score d'habileté, ce dernier s'élevant à 65,6 %. D'autre part, la proportion de variance expliquée par le niveau d'étayage procuré à l'enfant atteint 21 %.

Enfin, en ce qui a trait aux variables négativement reliées à l'habileté en lecture, le degré de contrôle global exercé par le parent explique, à lui seul, 47,5 % de la variation observée dans la distribution des scores d'habileté, alors que la combinaison des interventions axées sur le décodage et de celles contribuant à donner à l'enfant la partie de mot lui causant une difficulté en explique 45,6 %.

Bref, ces résultats laissent croire que l'encouragement à l'autonomie fournit un apport bénéfique au développement d'habiletés cognitives telles que celles relatives à la lecture. Ceci s'inscrit dans la foulée des principes inhérents à la théorie socioconstructiviste de Vygotsky (1978), concevant le processus d'apprentissage comme une démarche de construction de connaissances et d'habiletés, impliquant la participation active de l'apprenant qui échafaude ses savoirs à partir de ceux qu'il a antérieurement réalisés grâce à ses expériences avec des personnes plus compétentes. De cette manière, nos résultats vont dans le même sens que ceux issus des études de Juel (1996) et de Lancy *et al.* (1989), suggérant que les interventions basées sur l'étayage présenteraient une relation positive avec la réussite en lecture. Or, la présence d'une telle relation avait été infirmée par Evans *et al.* (2003). Nos résultats s'éloignent donc de ceux obtenus par ce groupe de chercheurs. Les différences entre les instruments utilisés pour mesurer le niveau d'étayage expliquent probablement la présence de ces divergences, et suggèrent la nécessité d'entreprendre des recherches supplémentaires dans ce domaine afin d'être en mesure de se forger une compréhension plus juste de la nature de la relation existant entre l'étayage parental et le développement des habiletés en lecture. Néanmoins, en ce qui concerne la relation entre la nature des interventions didactiques réalisées par les parents et le niveau d'habileté en lecture, nos observations rejoignent celles de Lancy *et al.* (1989, 1992), selon lesquelles les interventions axées sur l'entrée graphophonétique sont davantage exploitées par les parents des lecteurs en difficulté. Toutefois, nos résultats contredisent sur ce plan ceux d'Evans et Barraball (1993) ainsi que ceux d'Evans *et al.* (1998) ayant, pour leur part, observé que l'habileté en lecture ne présentait aucune relation avec le fait de prodiguer une aide centrée sur les indices graphophonétiques (Evans et Barraball, 1993), ou se trouvait positivement reliée à ce type d'intervention (Evans *et al.*,1998). Le nombre restreint de sujets ayant pris part aux études de ces chercheurs (N < 25) ainsi que des différences démographiques pourraient expliquer ces variations entre les résultats. Enfin, au chapitre du contrôle parental, les résultats de notre étude vont de pair avec ceux des différents chercheurs ayant mis en évidence un lien négatif entre le recours à un niveau élevé de contrôle et certaines variables reliées au développement intellectuel ou cognitif (Andersson *et al.*, 1996; Lyytinen *et al.*, 1994; Strom *et al.*, 1981).

Au terme de cette discussion, il apparaît fondamental de rappeler que les analyses effectuées ne permettent pas de prétendre à un lien unidirectionnel entre les variables étudiées. En effet, est-ce le niveau d'habileté qui oriente les stratégies parentales ou, à l'inverse, les interventions des parents qui favorisent ou entravent le développement des habiletés en lecture? Bien entendu, nos résultats ne répondent pas à cette interrogation. Ainsi, il ne serait aucunement question de conclure en la présence d'une relation de causalité entre les pratiques parentales et les difficultés en lecture de l'enfant. De cette manière, affirmer que celles-ci sont attribuables à des interventions parentales jugées moins favorables serait abusif et non conforme aux résultats obtenus. Nous croyons plutôt en l'existence d'une relation bidirectionnelle entre les interventions parentales et l'habileté en lecture de l'enfant. Dans une telle perspective, le comportement du parent peut, en partie, expliquer celui de l'enfant au même titre que le comportement de l'enfant peut, dans une certaine mesure, orienter celui de son parent. Un tel point de vue suggère que le parent puisse modifier ses interventions en fonction de l'habileté de l'enfant, offrant, par exemple, une plus grande latitude au lecteur habile à qui il fait davantage confiance. Recevant ainsi une aide lui accordant une plus grande autonomie dans la correction de ses méprises, ce dernier peut, en conséquence, développer de meilleures habiletés.

Bien que nous n'affirmons en aucun cas que les interventions parentales sont à l'origine des difficultés rencontrées par les enfants, nous pouvons tout de même faire la distinction entre certaines pratiques positivement associées à la performance en lecture et d'autres se trouvant, à l'inverse, négativement reliées à cette même variable. Ces résultats permettent d'ériger les assises d'un modèle présentant deux styles d'intervention caractérisant les pratiques parentales adoptées lors de la supervision d'une tâche de lecture. Ce modèle, présenté au tableau VII, met en opposition un style d'intervention constructif favorisant l'implication active de l'enfant dans le processus d'apprentissage et un style éducatif restrictif réduisant la participation de ce dernier ainsi que le développement de son autonomie. Sur ce plan, nos analyses suggèrent que le premier style, notamment celui répondant à des principes socioconstructivistes, serait associé à une meilleure réussite en lecture que le second, davantage centré sur une approche réductionniste.

Tableau VII – Modèle présentant les pratiques parentales propres aux styles d'intervention constructif et restrictif

Style d'intervention constructif	*Style d'intervention restrictif*
Adopter un style éducatif *favorisant l'implication* active de l'enfant et son autonomie :	Adopter un style *éducatif restreignant l'implication* de l'enfant et son autonomie :
• Favoriser le recours à l'*étayage*. • *Signaler* la méprise ou reconnaître le blocage avant de fournir de l'aide. • Favoriser l'*autocorrection* des méprises ou blocages rencontrés par l'enfant en lui accordant des délais lorsque survient une difficulté. • Recourir à des *interventions d'aide efficaces* permettant à l'enfant de surmonter son blocage ou de rectifier sa méprise et, de ce fait, d'arriver lui-même à la réponse grâce à sa participation active à la démarche de correction guidée par son parent (collaboration expert/novice). • Éviter la surcorrection en laissant passer les méprises ne modifiant pas le sens. • Favoriser l'adoption d'une *attitude plus positive* envers la tâche en proposant à l'enfant des *textes adaptés* à ses habiletés de même qu'en démontrant un niveau élevé d'*affection* et en étant chaleureux face à ses méprises ou difficultés[1].	• Offrir *automatiquement* de l'aide (recourir au *décodage* ou donner la *partie du mot* causant la difficulté) sans avoir préalablement vérifié la capacité de l'enfant à surmonter la difficulté. • Privilégier des *interventions d'aide restrictives* face aux méprises et aux blocages, c'est-à-dire fournir la réponse à l'enfant, réduisant ainsi son implication dans le processus de correction. • Proposer des *textes trop difficiles* contribuant à l'adoption d'une *attitude* plus *négative* envers la lecture. • Démontrer un *niveau élevé de contrôle* lors de la réalisation de la tâche de manière à réduire la place et l'autonomie de l'enfant dans la gestion de l'activité. • Adopter un style parental *autoritaire* : faire preuve de beaucoup de contrôle et en étant très peu chaleureux[1].

1 *Ce résultat est inséré dans le modèle à la suite de l'étude de Beaudoin, 2002.*

Les conclusions de la présente étude revêtent un intérêt certain puisqu'elles apportent une dimension nouvelle aux résultats des recherches publiées à ce jour, et ouvrent la porte à de futures investigations. Toutefois, des études à plus grande échelle fourniraient des données supplémentaires indispensables sur le plan de la généralisation des résultats. Parallèlement, le caractère ponctuel de nos observations, réalisées dans un milieu quelque peu différent de l'environnement écologique dans lequel se déroule habituellement l'activité de lecture analysée, doit être pris en considération dans l'interprétation des résultats. Tout aussi riche en information qu'il soit, l'échantillon d'interactions ainsi saisies au cours d'une seule rencontre de trente minutes se trouve assurément incomplet. De plus, nous ne pouvons exclure l'effet possible de la désirabilité sociale. Cependant, si un tel phénomène peut inciter un participant à réprimer certains comportements ou encore à en restreindre l'ampleur, il est difficilement envisageable qu'il puisse l'amener à produire des interventions totalement absentes de son répertoire habituel. Il faut aussi tenir compte du fait que les séances vidéo se déroulaient sur une période de 30 minutes, laps de temps suffisamment long pour permettre aux parents de se concentrer sur la tâche. De cette manière, les comportements observés traduisent vraisemblablement des pratiques réelles. D'autre part, l'analyse qualitative de ces comportements demeure une source indéniablement riche d'informations uniques que l'on ne peut extraire des sondages, questionnaires ou enquêtes à grande échelle. À cet égard, il se révélerait particulièrement intéressant de mener des études visant à analyser la nature des pratiques parentales au moyen de questionnaires ou d'entrevues, et d'en comparer les résultats avec ceux issus des observations directes.

CONCLUSION

Cette étude met en évidence la présence de divergences notables entre les interventions réalisées par les parents lors de leur participation à une tâche de lecture interactive. À cet égard, nos résultats permettent d'établir un lien entre la nature des interventions parentales et l'habileté en lecture des enfants. De façon générale, il appert que l'adoption d'un style d'intervention constructif, favorisant l'implication active de l'enfant dans la correction de ses méprises ou la résolution de ses blocages, s'avère associée à de plus grandes compétences en lecture. Confirmant l'importance que revêt l'implication parentale sur le plan du développement de la littératie, ces résultats fournissent de l'information intéressante pouvant guider l'élaboration de programmes de littératie familiale visant à proposer des pistes d'interventions susceptibles de stimuler l'acquisition de meilleures habiletés en lecture aux parents d'enfants d'âge scolaire.

NOTES

1 C'est la notion de *zone of proximal development*. (Traduction de l'auteure).

2 C'est la notion de *region of sensitivity to instruction*. (Traduction de l'auteure). Ce concept se rapproche grandement de celui de *zone de proche développement* de Vygotsky avec lequel il partage un certain nombre de propriétés (Griffin et Cole, 1984; Kleiner, 2005). Telle que mesurée par Evans et al. (2003), la ZRE se situe au niveau de soutien parental auquel l'enfant parvient à corriger 60% de ses méprises.

3 Traduction de l'auteure, ouvrage cité, p. 487.

4 Les erreurs effectuées sur des mots apparaissant en fin de phrase n'ont pas été considérées puisqu'il s'avérait impossible, dans de telles situations, de vérifier si le parent était enclin ou non à laisser l'enfant compléter sa lecture jusqu'au point, avant de lui faire remarquer l'inexactitude de son décodage.

5 Pointer le mot, répéter la partie du mot déjà décodée par l'enfant et offrir une rétroaction positive après une syllabe ou un son lus sans erreur, n'était pas considéré comme des interventions d'aide puisqu'elles n'empêchaient nullement l'enfant de surmonter le blocage de façon autonome.

6 1) Donner le mot ou la partie du mot causant la difficulté ou ayant été lu de façon erronée; 2) donner le choix entre deux mots; 3) dire les mots non lus; 4) assembler les lettres pour l'enfant, mais, ce faisant, lui donner le mot problématique; 5) donner des indices de sens hors texte.

7 Puisque le R^2 de Cox et Snell ne peut pas atteindre la valeur de 1, nous considérerons le R^2 proposé par Nagelkerke se voulant une correction du premier (Green, Salkind et Akey, 2000; Tabachnick et Fidell, 2001).

RÉFÉRENCES

Anderson, J. (1994). Parents' perceptions of emergent literacy: an exploratory study. *Reading Psychology: An International Quarterly*, *15*, 165-187.

Andersson, H. W., K. Sommerfelt, K. Sonnander et G. Ahlsten. (1996). Maternal childrearing attitudes, IQ, and socioeconomics status as related to cognitive abilities of five-year-old children. *Psychological Reports*, *79*, 3-14.

Applebee A. N., et J. A. Langer. (1983). Instructional scaffolding: reading and writing as natural language activities. *Language Arts*, *60*, 168-175.

Baker, L., K. Mackler, S. Sonnenschein et R. Serpell. (2001). Parents' interactions with their first-grade children during storybook reading and relations with subsequent home reading activity and reading achievement. *Journal of School Psychology*, *39*, 415-438.

Baldwin, A. L. (1948). Socialization and the parent-child relationship. *Child Development*, *19*, 127-136.

Baldwin, A. L. (1955). *Behavior and development in childhood*. Fort Worth, TX: Dryden Press.

Baumrind, D. (1967). *Child care practices anteceding three patterns of pre-school behavior*. Genetic Psychology Monographs, *75*, 43-88.

Baumrind, D. (1971). Current patterns of parental authority. *Developmental Psychology Monographs*, *4* (1 part 2), 1-103.

Baumrind, D. (1978). Parental disciplinary patterns and social competence in children. *Youth and Society*, *3*, 239-276.

Baumrind, D. (1991). Parenting styles and adolescent development. In R. Learner, A. C. Petersen et J. Brooks-Gunn (dir.). *The encyclopedia of adolescence*. New York, NY: Garland, 746-758.

Beaudoin, I. (2002). La qualité des interventions du parent supervisant la lecture de son enfant : relation avec le niveau d'habileté en lecture de l'enfant. Thèse de doctorat non publiée, Université Laval, Québec, Canada.

Becker, H. J., et J. L. Epstein. (1982). Parent involvement: a survey of the teacher practices. *The Elementary School Journal*, *83*, 85-102.

Berk, L. E., et Winsler, A. (1995). *Scaffolding children's learning: Vygotsky and early childhood education*. Washington, D.C.: NAEYC.

Bruner, J. S. (1975). From communication to language: a psychological perspective. *Cognition, 3*, 255-287.

Bruner, J. S. (1983). Education as social intervention. *Journal of Social Issues, 39*, 129-141.

Chan, J. (1981). Parenting styles and children's reading abilities: a Hong Kong study. *Journal of reading, 24*, 667-676.

Chapell, M.S., et W. F. Overton. (1998). Development of logical reasoning in the context of parental style and test anxiety. *Merrill-Palmer Quarterly, 44*, 141-156.

Darling, N., et L. Steinberg. (1993). Parenting style as context: an integrative model. *Psychological Bulletin, 113*, 487-496.

Davidson, R. G., et C. E. Snow. (1995). The linguistic environment of early readers. *Journal of Research in Childhood Education, 10*, 5-21.

Dekovic, M., J.M. A.M. Janssens et Gerris, J.R.M. (1991). Factor structure and construct validity of the block child rearing practices report (CRPR). *Psychological Assessment: A Journal of Consulting and Clinical Psychology, 3*, 182-187.

Deslandes, R., E. Royer, D. Turcotte et R. Bertrand. (1997). School achievement at the secondary level: influence of parenting style and parent involvement in schooling. *Revue des sciences de l'éducation de McGill, 32*, 191-207.

Day, J. D., et L. A. Cordon. (1993). Static and dynamic measures of ability: an experimental comparison. *Journal of Educational Psychology, 85*, 75-82.

Evans, M.A., et L. Barraball. (Mars 1993). Parent child bookreading and parent helping strategies. Communication présentée au colloque de la Society for Research in Child Development, New Orleans, LA.

Evans, M.A., L. Barraball et T. Eberle. (1998). Parental response to miscues during child-to-parent book reading. *Journal of applied developmental Psychology, 19*, 67-84.

Evans, M.A., S. Moretti, D. Shaw et M. Fox. (2003). Parent scaffolding in children's oral reading. *Early Education and Development, 14*, 363-388.

Greenfield, P.M. (1984). A theory of the teacher in the learning activities of everyday life. Dans B. Rogoff, et J. Lave (dir.), *Everyday cognition: its development in social context*. Cambridge, MA: Harvard University Press, 117-138.

Griffin, P., et M. Cole. (1984). Current activity for the future: the Zo-Ped. Dans B. Rogoff et J. V. Wertsch (dir.). *Children's learning in the "Zone of Proximal Development."* San Francisco, CA: Jossey Bass, 45-64.

Grolnick, W. S., C. Benjet, C. O. Kurowski et N. H. Apostoleris. (1997). Predictors of parent involvement in children's schooling. *Journal of Educational Psychology, 89*, 538-548.

Grolnick, W. S., et R.M. Ryan. (1989). Parent styles associated with children's self-regulation and competence in school. *Journal of Educational Psychology, 81*, 143-154.

Hannon, P. (1987). A study of the effects of parental involvement in the teaching of reading on children's reading test performance. *British Journal of Educational Psychology, 57*, 56-72.

Hannon, P., A. Jackson et J. Weinberger. (1986). Parents and teachers' strategies in hearing young children read. *Research Papers in Education, 1*, 6-25.

Hewison, J., et J. Tizard. (1980). Parental involvement and reading attainment. *The British Journal of Educational Psychology, 50*, 209-215.

Hobsbaum, A., S. Peters et K. Sylva. (1996). *Scaffolding in reading recovery.* Oxford Review of Education, *22*, 17-35.

Juel, C. (1996). What makes literacy tutoring effective? *Reading Research Quarterly, 31*, 268-289.

Kleiner, J. (2005). *Parental assistance during homework interactions: The roles of scaffolding and parents' awareness of their children's skill levels.* Thèse de doctorat, Northwestern University, Evanston, Illinois.Lancy, D. F., et C. Bergin. (1992). The role of parents in supporting beginning reading. Paper presented at the annual meeting of American Educational Research Association, San Francisco, CA.

Lancy, D. F., K. D. Draper et G. Boyce. (1989). Parental influence on children's acquisition of reading. *Contemporary Issues in Reading, 4*, 83-93.

Leseman, P. P.M., et P. F. De Jong. (1998). Home literacy: opportunity, instruction, cooperarion and social-emotional quality predicting early reading achievement. *Reading Research Quarterly, 33*, 294-318.

Lyytinen, P., H. Rasku-Puttonen, A.M. Poikkeus, M.L. Laakso et T. Ahonen. (1994). Mother-child teaching strategies and learning disabilities. *Journal of Learning Disabilities, 27*, 186-192.

Maccoby, E., et J. Martin. (1983). Socialization in the context of the family: parent-child interaction. Dans E.M. Hetherington. (dir.), P. H. Mussen. (dir. de la série), *Handbook of child psychology*: Vol. 4, *Socialization, personality and social development*. New York, NY: Wiley, 1-10.

Marjoribanks, K. (1996). Family socialisation and children's school outcomes: an investigation of a parenting model. *Educational Studies*, *22*, 3-11.

Martineau, I. (1998). Le rôle des parents dans l'apprentissage de la lecture et de l'écriture en première année. Mémoire de maîtrise non publié, Université Laval, Québec (Québec), Canada.

McNaughton, S., J. Parr, H. Timberley et V. Robinson. (1992). Beginning reading and sending books home to read: a case for some fine tuning. *Educational Psychology*, *12*, 239-246.

Pacifici, C., et D. J. Bearison. (1991). Development of children's self-regulations in idealized and mother-child interactions. *Cognitive Development*, *6*, 261-277.

Palincsar, A. S., et Y. M. David. (1991). Promoting literacy through classroom dialogue. Dans E. H. Hiebert (dir.), *Literacy for a diverse society: Perspectives, practices, and policies*. New York, NY: Teachers College Press, 122-140.

Panofsky, C. P., V. John-Steiner et P.-J. Blackwell. (1992). The development of scientific concepts and discourse. Dans L. C. Moll. (dir.), *Vygotsky and education: instructional implications and applications of sociohistorical psychology*. Cambridge, MA: Cambridge University Press, 251-267.

Peterson, B. (1991). Selecting books for beginning readers. Dans D. E. DeFord, C. A. Lyons et, G. S. Pinnell (dir.), *Bridges to literacy. Learning from reading recovery*. Portsmouth, NH: Heinemann, 119-147.

Purcell-Gates, V. (1996). Stories, coupons, and the TV guide: relationships between home literacy experiences and emergent literacy knowledge. *Reading Research Quarterly*, *31*, 406-428.

Reynolds, A. (1992). Comparing measures of parental involvement and their effect on academic achievement. *Early Childhood Research Quarterly*, *7*, 441-462.

Rowe, K. J. (1991). The influence of reading activity at home on students' attitudes towards reading, classroom attentiveness and reading achievement: an application of structural equation modelling. *The British Journal of Educational Psychology, 61*, 19-35.

Sénéchal, M., et J.-A. LeFevre. (2002). Parental involvement in the development of children's reading skill: a five-year longitudinal study. *Child Development, 73*, 445-460.

Sénéchal, M., J.-A. LeFevre, Thomas, E. et Daley, K. E. (1998). Differential effects of home literacy experiences on the development of oral and written language. *Reading Research Quarterly, 33*, 96-116.

Shaffer, D. R. (1988). *Social and personnality development*. Pacific Grove: Brooks-Cole.

Steinberg, L., J. D. Elmen et N. S. Mounts. (1989). Authoritative parenting, psychological maturity, and academic success among adolescents. *Child Development, 60*, 1424-1436.

Steinberg, L., S. D. Lamborn, N. Darling, N. S. Mounts et S.M. Dornbusch. (1994). Overtime changes in adjustment and competence among adolescents from authoritative, authoritarian, indulgent and neglectful families, *Child Development, 65*, 754-770.

Steinberg, L., S. D. Lamborn, S.M. Dornbusch et N. Darling. (1992). Impact of parenting practices on adolescent achievement: authoritative parenting, school involvement, and encouragement to succeed. *Child Development, 63*, 1266-1281.

Steinberg, L., N. S. Mounts, S. D. Lamborn et S.M. Dornbusch. (1991). Authoritative parenting and adolescent adjustment across varied ecological niches. *Journal of Research on Adolescence, 1*, 19-36.

Stone, C. A. (1998). The metaphor of scaffolding: its utility for the field of learning disabilities. *Journal of learning disabilities, 31*, 344-364.

Strom, R., C. Hathaway et H. Slaughter. (1981). The correlation of maternal attitudes and preschool children's performance on the McCarthy scales of children's abilities, *Journal of Instructional Psychology, 8*, 139-145.

Sulzby, E., et P. A. Edwards. (1993). The role of parents in supporting literacy development of young children. Dans B. Spodek et O. N. Saracho (dir.), *Language and literacy in early childhood education*. Yearbook in Early Childhood Education, volume 4. New York, NY: Teachers College Press, 156-177.

Tabachnick, B. G., et L. S. Fidell. (2001). *Using multivariate analysis*. Fourth edition. Needham Heights, MA: Allyn et Bacon.
Teale, W. H. (1978). Positive environments for learning to read: what studies of early readers tell us. *Language Arts, 55*, 921-932.
Teale, W. H. (1986). Home background and young children' literacy development. Dans W. H. Teale, et E. Sulzby. (dir.), *Emergent literacy: writing and reading*. Norwood, NJ: Ablex Publishing Corporation, 173-206.
Tharp, R. G., et R. Gallimore. (1988). *Rousing minds to life*. Cambridge, MA: Cambridge University Press.
Tizard, J., W. N. Schofield et J. Hewison, J. (1982). Collaboration between teachers and parents in assisting children's reading, *British Journal of Educational Psychology, 52*, 1-15.
Toomey, D. (1993). Parents hearing their children read: a review. Rethinking the lessons of the Haringey Project. *Educational Research, 35*, 223-236.
Vygotsky, L. S. (1962). *Thought and language*. Cambridge, MA: MIT Press.
Vygotsky, L. S. (1978). *Mind in society: the development of higher psychological processes*. Cambridge, MA: Harvard University Press.
Wertsch, J. (1980). The significance of dialogue in Vygotsky's account of social, egocentric, and inner speech. Dans A. J. Edwards. (dir.), *Contemporary educational psychology*, 150-162.
Wertsch, J. V. (1985). La médiation sémiotique de la vie mentale : L. S. Vygotsky et *m.m.* Bakhtine. Dans B. Schneuwly, et J. P. Bronckart. (dir.), *Vygotsky aujourd'hui*. Paris : Delachaux et Niestlé, 139-168.
Wilks, R. T., et V. Clarke. (1988). Training versus non-training of mothers as home reading tutors. *Perceptual and Motor Skills, 67*, 135-142.
Wood, D., J. S. Bruner et G. Ross. (1976). The role of tutoring in problem solving. *Journal of Child Psychiatry and Psychology, 17*, 89-100.
Wood, D., H. Wood et D. Middleton. (1978). An experimental evaluation of four face to-face teaching strategies. *International Journal of Behavioral Development, 1*, 131-147.

L'influence des parents faiblement scolarisés sur le rendement en lecture et en écriture de leur enfant à l'école élémentaire

Anne-Marie Dionne
Faculté d'éducation
Université d'Ottawa

INTRODUCTION

Dans de nombreuses de familles, l'environnement de littératie familiale est en grande partie modulé par les parents, les premiers éducateurs de l'enfant. Le fait qu'ils soient faiblement scolarisés est possiblement un facteur qui influence la qualité de cet environnement, ainsi que la façon dont ils s'impliquent dans l'éducation de leur enfant qui fréquente l'école élémentaire. Des chercheurs ont observé de grandes variations dans la qualité de l'environnement de littératie familiale offert par les parents vivant dans des milieux défavorisés (Taylor, 1983; Purcell-Gates, 1996) et dans leur degré d'implication dans l'éducation de leur enfant (Marcon, 1998; Quigley, 2000). Alors que certains contribuent favorablement au développement des habiletés en lecture et en écriture de leur enfant, d'autres ne semblent pas offrir un soutien efficace. Dans l'état actuel des connaissances, on ne sait pas si les variations observées dans ces familles sont tributaires du niveau de scolarité des parents, puisque cette variable n'a pas souvent été étudiée indépendamment des autres facteurs servant à déterminer le niveau socioéconomique familial.

La littératie familiale dans les milieux défavorisés est un phénomène qui est encore bien peu connu (Britto et Brooks-Gunn, 2001). Les études s'y étant intéressées ont surtout mis en évidence les disparités entre les familles bien nanties et les familles défavorisées, ces dernières se retrouvant continuellement dans une position peu envieuse quant à la qualité de l'environnement de littératie familiale. Pourtant, malgré des conditions défavorables, certains enfants connaissent la réussite scolaire, démontrant parfois un rendement supérieur à la moyenne (Durkin, 1984). Qu'est-ce qui distingue ces enfants de ceux qui, dans des milieux semblables, vivent plutôt l'échec scolaire? Dans la présente étude, nous voulons analyser l'environnement de littératie familiale offert par des parents faiblement scolarisés en vue de déterminer s'il s'agit là d'un élément distinctif dans le rendement scolaire de leur enfant. Comme partie intégrante de cet environnement familial, nous nous intéressons aussi à l'implication de ces parents dans l'éducation de leur enfant.

REVUE DES ÉCRITS
ENVIRONNEMENT DE LITTÉRATIE FAMILIALE

L'environnement de littératie familiale est reconnu comme ayant une influence considérable sur le succès de l'enfant qui apprend à lire et à écrire (Burns, Espinosa et Snow, 2003). Dans bien des familles, les conditions favorisant la littératie semblent s'installer naturellement. Par des activités telles que la lecture d'une histoire, l'écriture d'un message à un membre de la famille ou la lecture, le parent, sans en être conscient, favorise l'édification des fondements essentiels au développement de la littératie de son enfant (Richgels, 2003). Toutefois, ce ne sont pas tous les parents qui soutiennent le développement de la littératie de leur enfant de façon intuitive. À cause d'un manque d'expérience avec l'écrit et la faible implication de leurs parents dans leur éducation, certains enfants commencent l'école en accusant un certain retard qui persiste et qui prend de l'ampleur au cours des années scolaires (Kao et Tienda, 1995).

Plusieurs chercheurs (Christian, Morrison et Bryant, 1998; Storch et Whitehurst, 2001) maintiennent que la qualité de l'environnement de littératie familiale varie selon le niveau socioéconomique de la famille. Yarosz et Barnett (2001) précisent que c'est surtout le degré d'éducation parental qui est déterminant. Leur analyse des données de la National Household Education Survey de 1995 a en effet démontré que les mères faiblement scolarisées font moins souvent la lecture à leur enfant que les mères ayant fini des études. Par ailleurs, dans cette enquête, le revenu familial n'était pas en relation avec la fréquence des activités de lecture des parents avec leur enfant, ce qui soutient la thèse des auteurs.

L'étude de Storch et Whitehurst (2001) apporte quelques nuances quant à la relation entre la scolarité des parents et l'environnement de littératie familiale retrouvé à la maison. Ces chercheurs ont étudié l'impact du milieu familial sur le développement de la littératie de quelques centaines d'enfants vivant dans des milieux défavorisés. Plus précisément, ils ont voulu connaître les effets de trois facteurs sur les compétences en littératie de l'enfant, ces trois facteurs étant l'environnement de littératie familiale, les caractéristiques parentales et les attentes des parents envers la réussite scolaire de leur enfant. Il s'est avéré que l'association de ces trois facteurs avait une influence marquante sur les habiletés langagières de l'enfant, notamment sur son vocabulaire, ses connaissances conceptuelles et sa compréhension de la structure narrative d'une histoire. Les caractéristiques parentales, telles que représentées par le niveau de scolarité, le quotient intellectuel, le niveau langagier et la fréquence de la lecture de loisir sont apparues comme étant les facteurs déterminants, suivis par l'environnement de littératie familiale et par les attentes parentales envers la réussite scolaire de l'enfant. Selon les auteurs, la forte contribution de ces facteurs au développement de la littératie de l'enfant s'explique par le fait que la lecture avec l'enfant, un facteur important dans l'environnement de littératie familiale, est une pratique plus courante dans les familles où les parents sont plus scolarisés. Ces mêmes parents sont également plus enclins à fournir du matériel de lecture à leur enfant que les parents moins éduqués, ce qui représente aussi un élément considérable dans la qualité de l'environnement de littératie familiale.

Cette étude réaffirme l'importance de l'environnement de littératie familiale quant au développement de la littératie de l'enfant. De plus, elle suggère que les caractéristiques parentales constituent un facteur pouvant prédire sa réussite scolaire. Ces caractéristiques parentales, en particulier le niveau de scolarité des parents, ont-elles également de l'influence sur leur implication dans l'éducation de l'enfant qui fréquente l'école élémentaire? Certaines études, que nous passons en revue, apportent des éléments de réponse à cette question.

IMPLICATION DES PARENTS DANS L'ÉDUCATION DE L'ENFANT

Des études soutiennent que l'implication des parents dans l'éducation de leur enfant procure des avantages en ce qui a trait à sa réussite scolaire (Clark, 1993; Dauber et Epstein, 1993; Quigley, 2000). En fait, selon Walberg (1984), ce facteur aurait une valeur prédictive deux fois plus grande que le revenu familial. Par ailleurs, Marcon (1998) attribue au manque d'implication des parents non seulement les faibles résultats scolaires des élèves, mais aussi leur placement en classe spéciale et leur redoublement scolaire.

Moles (1993) remarque que tous les parents ne s'impliquent pas dans l'éducation de leur enfant de la même façon. L'auteur répertorie en deux volets les formes d'implication parentale. Leur participation dans les activités auxquelles ils sont conviés par l'école constitue le premier volet. Il s'agit d'événements tels que les réunions générales, les événements sportifs ou artistiques, les rencontres avec l'enseignant, le bénévolat ou encore, les activités ayant lieu dans la classe de leur enfant (Nord, 1998). Certaines de ces activités se font sur une base collective (ex. : les réunions générales) alors que d'autres se font sur une base individuelle (ex. : la rencontre avec l'enseignant). Le second volet relève plutôt des activités ayant lieu à la maison en relation avec les apprentissages scolaires de l'enfant. Elles se concrétisent de diverses façons : apporter de l'aide pour faire les devoirs, s'intéresser au progrès de l'enfant, s'enquérir de sa journée, l'encourager à lire pour le plaisir et aménager un espace pour effectuer les travaux scolaires (Hoover-Dempsey et Sandler, 1997; Cotton et Wikelund, 1989).

Les parents provenant de milieux défavorisés seraient moins impliqués dans l'éducation de leur enfant que ceux ayant un statut social plus élevé (Moles, 1993; Nord, 1998; Quigley, 2000). Selon Moles (1993), le faible degré d'éducation parental explique en partie cet écart. Il arrive que les parents faiblement scolarisés ne puissent soutenir le développement scolaire de leur enfant puisqu'ils ne comprennent pas toujours le contenu des devoirs et des leçons. De plus, leur communication avec le milieu scolaire se trouve parfois affectée par leur faible niveau d'éducation. Ils ne sont pas toujours en mesure de répondre efficacement aux demandes de l'école, surtout lorsque les enseignants s'expriment dans un jargon professionnel qui leur est inconnu. Ainsi, ils évitent de s'impliquer dans les activités scolaires, ce qui, selon l'auteur, est souvent perçu par les enseignants comme un manque d'intérêt de la part de ces parents.

L'aide apportée pour faire les devoirs est un aspect particulier de l'implication des parents qui peut vraisemblablement générer des effets positifs sur le succès scolaire des élèves (Clark, 1993; Hoover-Dempsey et Sandler, 1997). Cette activité semble être affectée, d'une part, par le rendement scolaire de l'enfant, et d'autre part, par le niveau de scolarité des parents. Les parents des enfants qui ont un bon rendement scolaire s'impliquent davantage que les autres quand il s'agit d'aider à faire les devoirs (Clark, 1993). Par ailleurs, selon leur perception, les parents qui croient que leur enfant a un rendement scolaire inférieur à la moyenne observent plusieurs problèmes de comportement chez leur enfant lors de cette activité. À l'opposé, ceux qui perçoivent que leur enfant a un rendement égal ou supérieur à la moyenne observent peu de comportements négatifs lors de cette activité, ce qui fait qu'ils y consacrent plus de temps (Anesko, Schoiock, Ramirez et Levine, 1987). Pour ce qui est du niveau de scolarité des parents, selon une étude de Dauber et Epstein (1993), dans les milieux défavorisés, les parents les plus instruits consacrent en moyenne de 30 à 35 minutes par jour à l'aide apportée pour faire les devoirs, alors que les autres, ceux qui sont les plus faiblement scolarisés, s'impliquent peu dans cette activité.

Il est généralement reconnu que les enfants vivant dans les milieux défavorisés risquent de connaître un cheminement scolaire difficile (Paratore, 2003). La littératie familiale dans ces familles est de faible qualité (Storch et Whitehurst, 2001; Saracho, 1999) et les parents ne sont pas toujours impliqués dans l'éducation de leur enfant (Chavkin, 1993). Dans la plupart des études consultées, le statut socioéconomique des familles est généralement déterminé par plusieurs facteurs, dont le revenu familial et le niveau de scolarité des parents. Conséquemment, il est difficile de connaître les effets associés plus précisément à leur scolarisation, indépendamment de leur revenu familial. Par ailleurs, dans la majorité des études qui s'intéressent aux influences du statut socioéconomique sur la réussite scolaire des enfants, le niveau de scolarité des parents est rarement mesuré, ce qui peut vraisemblablement affecter la validité des résultats. Une mesure précise de cette variable devrait mener vers des résultats plus concluants en ce qui a trait à l'influence du niveau de scolarité du parent sur le rendement scolaire de son enfant. Dans la présente étude, nous voulons mesurer le niveau de scolarité des parents de façon précise avant de répondre aux questions suivantes :

1. Les parents faiblement scolarisés dont les enfants ont un bon rendement en lecture et en écriture sont-ils différents des parents faiblement scolarisés dont les enfants ont un plus faible rendement en lecture et en écriture en ce qui a trait aux variables suivantes : a) leur niveau de scolarité, b) la qualité de leur environnement de littératie familiale et, c) leur implication dans l'éducation de leur enfant?
2. Lors de l'aide apportée pour faire les devoirs, le niveau de scolarité des parents a-t-il un effet sur les problèmes rencontrés par les enfants?
3. Quels sont les effets du niveau de scolarité des parents, de l'environnement de littératie familiale et de l'implication parentale sur le rendement en lecture et en écriture des enfants?

MÉTHODOLOGIE

PARTICIPANTS

L'échantillon de l'étude était constitué de 48 parents inscrits à un programme d'alphabétisation. Destiné aux adultes faiblement scolarisés, ce programme offre aux participants l'opportunité d'obtenir un diplôme d'études secondaires ou d'améliorer leurs compétences scolaires. La moyenne d'âge des parents était de 34 ans et ils étaient majoritairement de sexe féminin (91,7 %). Parmi les participants, 91,5 % n'avaient pas terminé le secondaire. Une proportion de 72,3 % n'avait pas fini une neuvième année scolaire alors que 12,8 % n'avaient pas terminé une sixième année scolaire. Chaque participant avait au moins un enfant fréquentant l'école élémentaire.

Avec le consentement du parent, un questionnaire a été rempli par l'enseignant du plus jeune enfant de la famille fréquentant l'école élémentaire, caractéristique permettant de cibler un seul enfant par participant. Parmi les 48 enseignants, 22,9 % enseignaient en 1re année, 25 % en 2e année, 14,6 % en 3e année, 18,8 % en 4e année, 4,2 % en 5e année et

14,6 % en 6ᵉ année. Le niveau scolaire moyen pour l'ensemble des enfants était la 3ᵉ année scolaire. Les enseignants ayant rempli le questionnaire étaient tous responsables de l'enseignement de la lecture et de l'écriture dans leur classe.

INSTRUMENT DE MESURE

1. Le niveau de scolarité du parent

Un test standardisé, le Test de Rendement pour Francophones (TRF, niveau A) provenant de la Psychological Corporation (1995) a été utilisé afin d'obtenir une mesure du niveau de scolarité des parents. Ce test est une version française du Canadian Adult Achievement Test (CAAT) qui évalue les habiletés de littératie des adultes dont la langue maternelle est le français. Il est composé de cinq sous-tests : vocabulaire, compréhension en lecture, mathématiques, résolution de problèmes et orthographe. Dans la présente étude, seuls les trois sous-tests reliés à la lecture et à l'écriture ont été utilisés. Les résultats de ces sous-tests (vocabulaire, compréhension en lecture et orthographe) ont été calculés pour obtenir la moyenne globale du niveau de compétence en lecture et en écriture de chaque participant, reflétant ainsi leur niveau de scolarité. Les coefficients Alpha pour les sous-tests sont respectivement de 0,82, de 0,91 et de 0,94 (Psychological Corporation, 1995).

2. L'implication du parent dans l'éducation de son enfant

Un questionnaire adapté des travaux de Saint-Laurent, Royer, Hébert et Tardif (1994) a servi à recueillir des données sur l'implication des parents dans l'éducation de leur enfant. Il comporte 18 questions de type Likert. Les questions ont été regroupées afin d'obtenir trois indices : l'implication du parent à la maison, l'implication du parent à l'école sur une base individuelle et l'implication du parent à l'école sur une base collective. Les coefficients Alpha pour chacun de ces indices sont respectivement de 0,64, de 0,86 et de 0,63. Certaines questions qui composent ce questionnaire s'énoncent ainsi : « Depuis septembre, vous avez participé à combien d'activités scolaires? », « Combien de temps passez-vous chaque jour à aider votre enfant dans ses devoirs? », « Depuis septembre, combien de fois avez-vous rencontré l'enseignant de votre enfant? ».

3. Comportements de l'enfant lors de l'aide apportée pour faire les devoirs à la maison

Une traduction de la liste d'Anesko *et al.* (1987, *Homework Problem Checklist*) a été utilisée pour faire l'inventaire des problèmes comportementaux de l'enfant pouvant survenir lors de l'aide apportée pour faire les devoirs à la maison. Cet inventaire est composé de 20 énoncés pour lesquels le répondant indique, sur une échelle Likert à quatre niveaux, la fréquence d'observation du comportement indésirable. Parmi les énoncés, on retrouve « Votre enfant nie avoir des devoirs à faire », « Votre enfant réagit mal lorsqu'on lui demande de corriger ses devoirs », « Votre enfant produit des devoirs malpropres et négligés ». Un coefficient Alpha de 0,91 démontre une consistance interne élevée pour les résultats obtenus.

4. L'environnement de littératie familiale

Les données décrivant l'environnement de littératie familiale ont été obtenues à partir du questionnaire de Whitehurst (1993, *Stony Brook Family Reading Survey*) (traduit en français par Saint-Laurent *et al.*, 1994). Des exemples de questions retrouvées dans cet instrument sont : « À quel âge, vous ou un membre de votre famille avez commencé à lire à votre enfant? », « À quelle fréquence allez-vous à la bibliothèque avec votre enfant? », « Prenez-vous plaisir à lire? ». Une échelle Likert permet au répondant d'indiquer son choix de réponses pour chacune des 20 questions. L'instrument offre une consistance interne modérée avec coefficient Alpha de 0,77.

Les questionnaires ont été remplis individuellement par les parents sous la supervision de la chercheuse. Sauf pour le TRF, toutes les questions ont été lues à voix haute afin d'éviter de possibles effets attribués aux difficultés en lecture des participants. Avant de commencer à répondre aux questionnaires, on a demandé aux parents de le faire en fonction de leur plus jeune enfant fréquentant l'école élémentaire.

5. Le rendement en lecture et écriture de l'enfant

En considérant les élèves visés par la présente recherche, les enseignants ont indiqué, sur une échelle de 1 à 5, si ceux-ci se trouvaient parmi les élèves ayant un rendement en lecture et en écriture au-dessous de la moyenne, dans la moyenne ou au-dessus de la moyenne comparativement aux autres élèves de la même classe.

6. Comportements de l'élève en classe

Nous avons aussi demandé aux enseignants d'indiquer les problèmes comportementaux observés chez les élèves concernés par cette étude lors de la réalisation des devoirs à l'école. Pour ce faire, nous avons adapté la liste d'Anesko *et al.* (1987, *Homework Problem Checklist*) à la situation scolaire. La fréquence de 12 comportements problématiques, pouvant se produire pendant le travail à l'école, a été indiquée sur une échelle Likert à quatre niveaux. La consistance interne de cet instrument est élevée avec un coefficient Alpha de 0,93. D'autres questions ont été posées aux enseignants afin de connaître davantage le profil des élèves concernés. Nous leur avons demandé d'indiquer leur perception concernant l'intérêt de ces élèves envers la lecture, l'écriture et l'apprentissage en général. À l'aide de huit énoncés, ils devaient indiquer leurs observations sur une échelle Likert à quatre niveaux. À titre d'exemples, les énoncés étaient élaborés de la façon suivante : l'élève choisit de lire pendant ses temps libres; l'élève démontre de l'intérêt pour l'écriture; l'élève aime qu'on lui fasse la lecture.

La consistance interne pour l'ensemble de ces énoncés est bonne (Alpha de 0,80).

7. La perception des enseignants vis-à-vis de l'implication des parents

Pour connaître la perception des enseignants vis-à-vis de l'implication des parents dans l'éducation de leur enfant, nous leur avons demandé d'indiquer la fréquence de leurs rapports avec les parents dans des situations particulières, par exemple les parents assistent aux rencontres pour la remise du bulletin; les parents assistent aux autres rencontres auxquelles ils sont convoqués. Une échelle Likert à quatre niveaux a permis de recueillir ces informations. La consistance interne pour l'ensemble de ces énoncés est modérée avec un coefficient Alpha de 0,79.

RÉSULTATS

NIVEAU DE SCOLARITÉ DES PARENTS

La moyenne obtenue au TRF par chaque parent a servi à déterminer leur niveau de scolarité. Dans l'ensemble, ils ont obtenu un résultat moyen qui les situe entre la 5e et la 6e année scolaire. Parmi les 48 parents, 14,6 % (7) ont obtenu une équivalence égale ou inférieure à la 3e année scolaire. La majorité, soit 64 % (31), a obtenu une équivalence moyenne se situant entre la 4e et la 6e année scolaire, alors que 20,8 % (10) d'entre eux ont obtenu une équivalence à la 7e ou à la 8e année scolaire. Pour les analyses comparatives qui suivront, les parents ont été divisés selon la stratification suivante : équivalence entre la 1re et la 3e année, équivalence entre la 4e et la 6e année et équivalence entre la 7e et la 8e année.

RENDEMENT DES ÉLÈVES EN LECTURE ET EN ÉCRITURE

Comparativement aux autres élèves de leur classe, près de la moitié (23) des 48 enfants concernés par cette recherche se situent dans la moyenne en lecture, alors que 41,7 % (20) d'entre eux se situent dans la moyenne en écriture. Cependant, presque 23 % (11) d'entre eux se situent plus bas que la moyenne en lecture. En écriture, ce pourcentage s'élève à 37,5 % (18). Toutefois, 29,2 % (14) des enfants se trouvent au-dessus de la moyenne en lecture alors que cette proportion est de 20,8 % (10) pour l'écriture. Parmi les 48 enfants, neuf (18,8 %) ont redoublé une année scolaire. De ce nombre, six ont redoublé la 1re année, deux ont redoublé la 3e année et un autre a redoublé la 4e année. Au moment de l'étude, cinq enfants (10,4 %) parmi les 48 bénéficiaient d'un plan d'intervention individualisé. Les enseignants ont indiqué leur perception de l'intérêt des élèves envers la lecture, l'écriture et les apprentissages en général. Comparativement à leurs compagnons de classe, ces élèves ne sont pas parmi ceux que les enseignants considèrent comme étant fortement intéressés dans ces trois domaines. Ces données ont été vérifiées à partir d'un indice prévu à cet effet; les sujets ont obtenu un score moyen de 67,9 %.

COMPORTEMENTS DE L'ENFANT LORS DE L'AIDE APPORTÉE POUR FAIRE LES DEVOIRS À LA MAISON

Dans l'ensemble, les enfants des participants ont obtenu un score moyen de 14,08/60 (*Homework Problem Checklist*). Au tableau I, on observe le score moyen des enfants selon le niveau de scolarité des parents. L'analyse de la variance révèle une différence significative entre les trois groupes [F (2,45) = 4,713; p < 0,05]. Les enfants dont les parents ont un niveau de scolarité équivalent ou inférieur à la 3e année obtiennent un score plus élevé (m = 23,43/60) que les enfants dont les parents ont un niveau de scolarité équivalent entre la 4e et la 6e année (m = 12,45/60) ou équivalent à la 7e ou à la 8e année (m = 12,6/60). La différence entre les deux derniers groupes n'est pas significative.

Tableau I – Moyennes et écarts-types pour les comportements des élèves lors de l'aide apportée pour faire les devoirs à la maison et pour les problèmes comportementaux à l'école selon le niveau de scolarité des parents

	Comportements à la maison /60 M.	/60 É.-t.	/100	Comportements à l'école /36 M.	/36 É.-t.	/100
Scolarité des parents (*équivalence scolaire*)						
1re à 3e année (n = 7)	23,43	11,84	39,05	13,29	8,12	36,92
4e à 6e année (n = 31)	12,45	7,21	20,75	10,55	9,04	29,31
7e à 8e année (n = 10)	12,60	10,62	21,00	4,70	4,57	13,10

Note : Les scores ont été convertis en pourcentages afin de faciliter la comparaison entre les comportements des élèves lors de l'aide aux devoirs et les problèmes comportementaux à l'école.

COMPORTEMENT DE L'ÉLÈVE EN CLASSE

Pour chaque élève, un score a été calculé à partir des 12 éléments composant la liste soumise aux enseignants sur laquelle ils devaient noter la fréquence des problèmes comportementaux. Le score moyen des élèves selon le niveau de scolarité des parents apparaît au tableau I. Encore une fois, l'analyse de variance indique une différence entre les groupes [F (2,45) = 2,687; p < 0,1]. À l'école, les enfants dont les parents ont une équivalence scolaire allant de la 1re à la 3e année démontrent une plus grande fréquence de problèmes comportementaux (m = 13,29/36) que ceux dont les parents ont un niveau scolaire allant de la 4e à la 6e année (m = 10,55/36) et ceux dont les parents ont un niveau scolaire équivalent à la 7e et 8e année (m = 4,7/36). La différence entre les deux derniers groupes ne s'est pas avérée significative.

IMPLICATION DES PARENTS DANS L'ÉDUCATION DE L'ENFANT

L'influence de la scolarité des parents par rapport à leur implication dans l'éducation de leur enfant a été considérée selon quatre variables : leur implication à la maison, leur implication à l'école sur une base individuelle, leur implication à l'école sur une base collective et la perception des enseignants envers la participation des parents. Les résultats des ANOVAS (ce terme abrégé provient de l'anglais ANalysis Of VAriance et signifie « analyse de la variance ») démontrent que les parents des trois groupes ne se distinguent pas les uns des autres dans ces quatre situations.

En ce qui a trait à l'implication des parents à la maison, les résultats montrent que plus de la moitié des parents (54,2 %) s'enquièrent très souvent de la journée scolaire de l'enfant. Plus de deux tiers (68 %) offrent souvent de l'aide pour faire les devoirs, activité qui dure en moyenne entre 15 et 30 minutes par jour. Concernant leur implication à l'école sur une base individuelle, la moitié des parents (50 %) disent avoir rencontré l'enseignant au cours de l'année scolaire alors que seulement 18,7 % ont rencontré les membres de la direction de l'école pendant la même période. Environ 64 % des parents disent communiquer avec l'enseignant par téléphone une ou deux fois durant l'année scolaire. Les résultats concernant leur participation sur une base collective démontrent que près de la moitié (47,9 %) ne participent jamais aux activités pédagogiques offertes par l'école. Une proportion de

37,5 % n'a jamais participé à une réunion générale pour les parents de la classe de leur enfant. En ce qui a trait aux activités à caractère social, moins de la moitié (43,8 %) y assistent une ou deux fois par année.

Les données, concernant la perception des enseignants envers la participation des parents dans l'éducation de leur enfant, révèlent que la moitié d'entre eux croient que les parents collaborent avec l'école pour favoriser le succès scolaire de leur enfant. Plus des deux tiers (66,7 %) disent que les parents concernés par cette étude assistent à la remise du bulletin scolaire. Environ la même proportion (68,7 %) affirme que ces parents participent aux activités scolaires auxquelles ils sont conviés.

L'ENVIRONNEMENT DE LITTÉRATIE FAMILIALE

Considéré dans son ensemble, le niveau de littératie familiale ne diffère pas de façon significative entre les trois groupes de parents. Toutefois, pris séparément, trois éléments les distinguent : la fréquence des visites à la bibliothèque municipale [$F(2,45) = 3,306; p < 0,05$], le temps passé par le parent à regarder la télévision [$F(2,45) = 4,870; p < 0,05$] et le temps passé par l'enfant à regarder la télévision [$F(2,45) = 4,563; p < 0,05$]. Les parents les plus faiblement scolarisés, ceux ayant une équivalence scolaire se situant entre la 1re et la 3e année, accompagnent plus souvent leur enfant à la bibliothèque municipale que ceux ayant une équivalence scolaire se situant entre la 4e et la 6e année. Ils y vont aussi plus souvent que les parents ayant une équivalence scolaire allant de la 7e à la 8e année. Cependant, ils passent plus de temps à regarder la télévision que tous les autres parents. Il en va de même pour leur enfant.

LES CARACTÉRISTIQUES PARENTALES ET LE RENDEMENT DES ÉLÈVES EN LECTURE ET EN ÉCRITURE

Afin de vérifier si le rendement en lecture et en écriture de l'élève est influencé par le niveau de scolarité du parent, son implication dans l'éducation et l'environnement de littératie familiale qu'il offre à l'enfant, deux séries d'ANOVAS ont été effectuées : une pour le rendement en lecture et l'autre pour le rendement en écriture. Pour ces deux domaines, les élèves ont été répartis en trois groupes selon le jugement des enseignants : 1) au-dessous de la moyenne, 2) dans la moyenne et 3) au-dessus de la moyenne.

Le tableau II montre les résultats des ANOVAS comparant les trois groupes d'élèves selon leur réussite en lecture. On remarque une différence significative pour le niveau de scolarité du parent [F (2,45) = 4,644; p < 0,05]. Les parents des élèves se situant au-dessus de la moyenne en lecture sont ceux ayant obtenu les plus hauts résultats au TRF, donc ceux ayant un plus haut niveau de scolarité. Les parents des élèves se situant dans la moyenne en lecture ne se différencient pas des élèves se situant au-dessous de la moyenne en ce qui a trait à cette variable. Les trois groupes d'élèves ne se différencient pas en ce qui concerne l'implication du parent dans l'éducation à l'école, sur une base collective ou individuelle. Toutefois, selon les perceptions des enseignants, l'implication des parents est une variable qui distingue significativement les élèves qui se situent au-dessus de la moyenne des autres élèves [F (2,45) = 5,122; p < 0,05]. Ces parents sont perçus comme étant plus impliqués dans l'éducation de leur enfant que les autres parents. Des résultats similaires ont été obtenus concernant la qualité de l'environnement de littératie familiale. Une différence significative distingue les élèves qui se situent au-dessus de la moyenne des deux autres groupes [F (2,45) = 5,605; p < 0,05]. Ces élèves profitent d'un environnement de littératie familiale de plus grande qualité que les élèves des deux autres groupes qui eux, ne se distinguent pas.

Tableau II – Moyennes, écarts-types, F ratio et comparaison pour les caractéristiques parentales selon le niveau de réussite en lecture des élèves

Caractéristiques parentales	Groupe 1 Au-dessous de la moyenne n = 11 M.	É.-t.	Groupe 2 Dans la moyenne n = 23 M.	É.-t.	Groupe 3 Au-dessus de la moyenne n = 14 M.	É.-t.	F	Comparaisons entre les Groupes (Duncan)
Résultat des parents au TRF	4,97	1,78	5,38	1,23	6,56	1,35	4,644*	3 > 2, 1; 2 = 1
Implication parentale à la maison /16	11,64	1,63	11,39	2,37	12,36	1,78	0,970	
Implication parentale à l'école (base collective) /16	6,09	2,66	5,87	1,63	6,50	2,07	0,421	
Implication parentale à l'école (base individuelle) /35	14,45	5,97	12,78	4,21	11,21	4,66	1,420	
Perception des enseignants envers l'implication parentale /16	11,09	3,59	11,57	2,57	14,14	2,11	5,122*	3 > 2, 1; 2 = 1
Environnement de littératie familiale /95	53,82	11,73	57,04	9,29	65,79	8,08	5,605*	3 > 2, 1; 2 =

* $p < 0,05$.

Les résultats des ANOVAS qui comparent les enfants selon leur réussite en écriture apparaissent au tableau III. Encore une fois, on retrouve une différence significative en ce qui concerne le niveau de scolarité des parents [F (2,45) = 5,910; p < 0,05]. Les parents des élèves qui se trouvent au-dessus de la moyenne en écriture sont ceux qui ont un meilleur résultat au TRF comparativement aux élèves des deux autres groupes. Ces deux autres groupes ne se distinguent pas significativement en ce qui a trait au niveau de scolarité des parents. Les trois groupes ne se distinguent pas en ce qui concerne l'implication parentale à la maison, de même que leur implication à l'école sur une base collective. Ils se distinguent en ce qui a trait à l'implication de leurs parents à l'école sur une base individuelle [F (2,45) = 5,708; p < 0,05]. Les parents des élèves se trouvant au-dessus de la moyenne en écriture sont moins impliqués sur une base individuelle que les parents des deux autres groupes d'élèves. La perception des enseignants envers l'implication parentale distingue les trois groupes d'élèves [F (2,45) = 5,933; p < 0,05]. Les enseignants perçoivent que les élèves qui sont au-dessous de la moyenne en écriture ont des parents qui s'impliquent moins dans l'éducation de leur enfant que les parents des autres élèves, c'est-à-dire ceux qui sont dans la moyenne ou au-dessus de la moyenne en écriture. On ne remarque pas de différence significative entre ces deux derniers groupes. En ce qui concerne l'environnement de littératie familiale, les trois groupes d'élèves ne se distinguent pas de façon significative.

Tableau III – Moyennes, écarts-types, F ratio et comparaison pour les caractéristiques parentales selon le niveau de réussite en écriture des élèves

Caractéristiques parentales	Groupe 1 Au-dessous de la moyenne n = 18 M.	É.-t.	Groupe 2 Dans la moyenne n = 20 M.	É.-t.	Groupe 3 Au-dessus de la moyenne n = 10 M.	É.-t.	F	Comparaisons entre les groupes (Duncan)
Résultats des parents au TRF	4,88	1,41	5,76	1,35	6,71	1,35	5,910*	3 > 1
Implication parentale à la maison /16	11,83	1,54	11,20	2,44	12,60	1,90	1,618	
Implication parentale à l'école (base collective) /16	6,17	2,20	5,75	1,68	6,70	2,26	0,756	
Implication parentale à l'école (base individuelle) /35	14,28	5,32	13,35	4,45	8,60	1,25	5,933*	3 < 2,1; 1 = 2
Perception des enseignants envers l'implication parentale /16	10,50	3,52	13,10	2,00	13,50	2,01	5,933*	3, 2 > 1; 3 = 2
Environnement de littératie familiale /95	55,11	10,30	59,55	10,22	64,20	9,51	2,677	

* $p < 0,05$.

CARACTÉRISTIQUES QUI CONTRIBUENT AU RENDEMENT EN LECTURE ET EN ÉCRITURE DE L'ÉLÈVE

Deux analyses de régressions multiples hiérarchiques ont été réalisées afin de connaître l'impact du niveau de scolarité des parents, de l'environnement de littératie familiale et de l'implication parentale sur le rendement de l'élève en lecture et en écriture. Les variables prédictives ont été choisies étant donné que plusieurs recherches antécédentes ont mis en évidence l'importance de chacun de ces facteurs pour la réussite scolaire de l'élève. Dans chaque équation, le niveau de scolarité des parents a été la première variable à entrer dans le modèle, puisque nous voulions connaître la contribution unique de cette variable sur le rendement de l'élève en lecture et en écriture. Nous voulions également savoir si l'environnement de littératie familiale aiderait à prédire leur rendement. Cette variable a donc été l'un des éléments du modèle à la deuxième étape. Finalement, la perception des enseignants envers l'implication parentale a été ajoutée au modèle, nous permettant ainsi de vérifier si cette variable avait une valeur prédictive, même après avoir contrôlé le niveau de scolarité des parents et l'environnement de littératie familiale. Le tableau IV présente les changements dans le ΔR^2, le coefficient de régression (ß), et la valeur du t qui permet de vérifier la signifiance de ß après chaque étape de la régression.

Tableau IV – Analyses de régressions multiples hiérarchiques
pour les variables prédisant le rendement de l'élève
en lecture et en écriture

	Réussite en lecture			Réussite en écriture		
Variable	ΔR^2	ß	t	ΔR^2	ß	t
Étape 1	0,11*			0,20***		
Scolarité des parents		0,35	2,7**		0,47	3,6***
Étape 2	0,24***			0,31***		
Scolarité des parents		0,33	2,6*		0,44	3,6***
Environnement de littératie		0,38	3,0**		0,36	3,0**
Étape 3	0,25***			0,40***		
Scolarité des parents		0,29	2,2*		0,36	3,1**
Environnement de littératie		0,36	2,8**		0,31	2,7**
Perception des enseignants de l'implication parentale		0,16	1,2		0,33	2,8**
F		6,165***			11,570***	

* $p < 0,05$; ** $p < 0,01$; *** $p < 0,001$.

Nous constatons que le niveau de scolarité des parents, de même que l'environnement de littératie familiale, contribue significativement au succès de l'élève en lecture. La valeur additionnelle du ΔR^2 est significative dans les deux premières étapes de l'équation. La perception des enseignants envers l'implication parentale contribue significativement à l'équation, mais modestement. Après la troisième étape, le ΔR^2 a une valeur de 0,25. Par ailleurs, les trois variables faisant partie de l'équation contribuent également de façon significative au rendement en écriture de l'élève. Aux trois étapes de l'équation, la valeur additionnelle du ΔR^2 est significative. Après la troisième étape, le ΔR^2 a une valeur de 0,40.

DISCUSSION

Les élèves provenant des milieux défavorisés risquent, plus que les autres élèves, de connaître l'échec scolaire (Snow, Burns et Griffin, 1998). Cependant, la présente étude met en évidence que malgré le fait que leurs parents soient faiblement scolarisés, certains élèves apprennent à lire et à écrire avec succès. En fait, comparativement à leurs collègues de classe, certains se retrouvent même parmi les élèves qui réussissent le mieux en lecture et en écriture. En comparant leur environnement de littératie familiale avec celui qui se retrouve dans les familles des élèves qui éprouvent des difficultés dans ces domaines, il nous a été possible d'identifier des aspects particuliers qui semblent avoir un effet positif sur le succès scolaire des élèves.

Dans la présente étude, les parents des élèves les plus performants en lecture et en écriture ont un niveau de scolarité équivalent à la 7e ou à la 8e année. Ces résultats corroborent ceux de Clark (1993), qui a aussi trouvé une relation positive entre le rendement scolaire des élèves et le niveau de scolarité de leurs parents. Cependant, le niveau de scolarité des parents ayant participé à l'étude de Clark était considérablement élevé, puisque la plupart d'entre eux avaient terminé des études secondaires ou postsecondaires. Dans la présente étude, les résultats sont plus précis. Ils indiquent que bien qu'il y ait une relation entre le niveau de scolarité des parents et le rendement scolaire des enfants, ceux qui se trouvent parmi les plus performants de leur classe ont tout de même des parents ayant un niveau de scolarité équivalent à la 7e ou à la 8e année scolaire. On peut donc croire que pour les parents ayant moins d'une 7e année, les défis pour soutenir le développement de la littératie des enfants sont encore plus grands.

Dans les familles des enfants ayant un rendement en lecture supérieur à la moyenne, l'environnement de littératie familiale apparaît comme étant de meilleure qualité que dans les familles des élèves moins performants. Ces résultats étaient prévisibles, puisque plusieurs études ont déjà établi une relation positive entre la qualité de l'environnement de littératie familiale et la réussite en lecture des élèves (Paratore, 2003; Snow, Burns et Griffin, 1998; Storch et Whitehurst, 2001). Pourtant, l'environnement de littératie familiale s'est avéré semblable d'une famille à l'autre indépendamment du rendement des élèves en écriture.

Comment expliquer cette incohérence concernant l'effet de l'environnement de littératie familiale sur le rendement en lecture et en écriture de l'élève? Dans leur étude, Storch et Whitehurst (2001) ont remarqué que certains aspects de la littératie familiale étaient plus étroitement associés à différentes habiletés de littératie émergente chez l'enfant. Par exemple, faire la lecture à l'enfant était associé au développement de son vocabulaire et à ses connaissances conceptuelles, alors que d'autres activités de littératie étaient davantage associées à sa connaissance du principe alphabétique et au développement de sa conscience phonologique. Il est donc possible que les parents, en particulier ceux qui sont faiblement scolarisés, soient plus enclins à offrir à leur enfant un environnement de littératie favorisant davantage les habiletés en lecture que les habiletés d'écriture.

Les effets de l'implication parentale sur le rendement des élèves en lecture et en écriture ne sont pas aussi concluants. Les parents de la présente étude semblent comparables en ce qui concerne leur implication dans l'éducation de leur enfant, tant à la maison qu'à l'école. Ces résultats diffèrent des résultats de Clark (1993), selon lesquels les parents des enfants démontrant une haute performance scolaire étaient plus impliqués que les parents des enfants dont la performance était moins élevée. Les présents résultats divergent également de ceux de Nord (1998) qui, dans son étude, a indiqué que les mères n'ayant pas achevé des études secondaires étaient moins impliquées dans l'éducation de leur enfant que les mères ayant obtenu un diplôme d'études postsecondaires. Les présents résultats ne permettent pas d'entériner ces conclusions. Selon les réponses de l'ensemble des parents, ceux-ci ne semblent pas tellement impliqués dans les activités scolaires. De façon générale, le fait de s'impliquer dans l'éducation de l'enfant à la maison ne semble pas être une pratique répandue. Ceux qui s'impliquent en offrant de l'aide pour faire les devoirs s'en acquittent pour une courte période de temps, quelques fois dans la semaine. De plus, ils semblent participer rarement aux événements et activités scolaires ayant lieu à l'école. Toutefois, nos résultats, tout comme ceux de Clark et de Nord, doivent être considérés avec réserve, puisqu'on ne connaît pas dans quelle mesure l'école offre aux parents l'opportunité de s'impliquer dans l'éducation de leur enfant à l'école, sur une base individuelle ou collective.

Les perceptions des enseignants permettent de distinguer plus nettement les parents en ce qui concerne leur implication dans l'éducation de leur enfant. Les parents d'enfants qui se retrouvent au-dessous de la moyenne, tant en lecture qu'en écriture, sont perçus par les enseignants comme étant moins impliqués que les autres parents. Il semblerait qu'ils soient moins enclins à collaborer avec l'école afin d'encourager la réussite scolaire de leur enfant, qu'ils participent moins souvent aux événements auxquels ils sont convoqués et qu'ils demandent moins souvent de l'aide concernant les devoirs de leur enfant. Cependant, Brady (1999) a mis en évidence que les enseignants et les parents ne perçoivent pas l'implication parentale de la même façon. Les présents résultats soutiennent cette hypothèse, puisque nous n'avons pas observé de relation significative entre la perception des enseignants vis-à-vis de l'implication des parents et la perception qu'ont les parents de leur implication. En avançant de tels résultats, il faut reconnaître la possibilité que les perceptions des enseignants envers les parents les plus faiblement scolarisés soient vraisemblablement influencées par des stéréotypes négatifs à leur égard, de même qu'à l'égard des élèves dont la réussite en lecture et en écriture se situe au-dessous de la moyenne. Selon Moles (1993), plusieurs enseignants entretiennent des stéréotypes négatifs à l'endroit des familles provenant de milieux défavorisés.

Selon les résultats, le niveau de scolarité des parents est associé aux comportements de leur enfant lorsqu'ils l'aident à faire ses devoirs à la maison. Les parents ayant un niveau de scolarité équivalent ou inférieur à la 3e année scolaire observent davantage de comportements indésirables chez leur enfant que les autres parents lors de cette activité. Dans leur étude, Anesko *et al.* (1987) rapportent que pour 319 enfants provenant de la classe moyenne, le score moyen (par rapport à la *Homework Problem Checklist*) était de 10,5/60. Les enfants concernés par la présente étude démontrent donc davantage de comportements problématiques avec un score moyen de 14,08/60. Quant aux enfants des parents les plus faiblement scolarisés de notre échantillon, ils obtiennent un score moyen de 23,43/60. En considérant ces informations, les présents résultats suggèrent que les parents faiblement scolarisés observent plus de problèmes de comportement de la part de leur enfant lors de l'aide pour faire les devoirs que les parents des enfants provenant de la classe moyenne. Comment expliquer ces comportements défavorables chez les enfants des parents faiblement scolarisés? Clark (1993) suggère que les parents qui ont terminé au moins des études secondaires ont plus d'aptitudes et de connaissances leur permettant d'aider l'enfant à faire ses devoirs que les parents qui n'ont pas atteint ce niveau d'étude. Dans notre échantillon, il est possible que les parents les plus hautement scolarisés soient plus compétents dans cette tâche, alors que ceux ayant l'équivalence d'une 3e année scolaire ou moins démontrent des comportements allant à l'encontre de leurs efforts lorsqu'ils offrent de l'aide à leur enfant. De plus, il est possible que ces derniers ne soient pas en mesure de comprendre le contenu des devoirs de leur enfant. En fait, Moles (1993) a trouvé que le faible niveau de scolarité des parents les empêchait parfois de le comprendre.

Les enseignants ont décelé un problème important chez les enfants dont les parents sont faiblement scolarisés. Dans l'ensemble, ces enfants démontrent un intérêt modéré envers la lecture, l'écriture et les apprentissages en général. Dans une étude portant sur des élèves faisant preuve d'une haute performance scolaire et provenant de milieux défavorisés, Ebener, Lara-Alecio et Irby (1997) ont mis en évidence que les parents de ces enfants accordaient beaucoup d'importance aux apprentissages scolaires et encore plus à la lecture. Selon les auteurs, ces parents transmettent à leur enfant l'importance d'acquérir un haut niveau d'éducation afin de bien réussir dans la vie. Ces façons de faire semblent avoir un effet positif sur le rendement scolaire de leur enfant. Dans la présente étude, il est possible que les enfants ne soient pas exposés à de telles influences positives, ce qui expliquerait partiellement leur intérêt modéré envers les activités impliquant la littératie.

Les résultats de la présente étude doivent être considérés à la lumière de certaines limites méthodologiques. Premièrement, il faut mentionner qu'une partie des données ont été recueillies à partir de l'autoévaluation des participants. Conséquemment, le sentiment de désirabilité sociale des parents a pu affecter leurs réponses concernant l'environnement de littératie familiale, leur implication dans l'éducation de l'enfant, de même que les comportements problématiques observés lors de l'aide apportée pour les devoirs. Deuxièmement, le fait que les parents se sont portés volontaires pour participer à cette étude est possiblement une indication que, comparativement à d'autres parents faiblement scolarisés, ceux-ci sont naturellement plus enclins à s'impliquer dans diverses activités se rapportant à l'éducation de leur enfant. Enfin, le fait que l'échantillon ne soit composé que de parents faiblement scolarisés affecte la généralisation des résultats. En constituant un échantillon plus varié, c'est-à-dire en considérant des parents plus scolarisés vivant dans les mêmes milieux, il serait possible de relever des similitudes et des divergences concernant les effets de l'environnement de littératie familiale et de l'implication parentale sur le rendement des enfants en lecture et en écriture.

Ces limites méthodologiques sont contrebalancées par les forces de notre étude. Le fait que les données portant sur le rendement des élèves en lecture et en écriture aient été recueillies auprès des enseignants et non pas auprès des parents augmente la validité de ces informations, celles-ci étant les variables dépendantes ayant servi à vérifier les effets des caractéristiques parentales. De plus, le rapport des enseignants concernant les comportements problématiques des enfants à l'école vient valider celui des parents concernant les problèmes comportementaux observés lors de l'aide apportée pour les devoirs à la maison. Finalement, il faut mentionner que les compétences des parents en lecture et en écriture ont été vérifiées à l'aide d'un instrument de mesure de consistance interne élevée, ce qui nous a permis d'étudier avec confiance les effets du niveau de scolarité des parents sur le rendement scolaire de leur enfant, indépendamment de leur revenu familial.

CONCLUSION

Le faible niveau de scolarité des parents est considéré comme un facteur de risque pour les enfants qui connaissent des échecs scolaires. Selon l'Organisation de coopération et de développement économiques dans les pays industrialisés, l'adulte ayant un niveau de scolarité inférieur à la 9e année scolaire est considéré comme étant un analphabète fonctionnel. Celui dont le niveau de scolarité est inférieur à la 5e année est considéré comme un analphabète (Thomas, 1998). Dans cette recherche, aucun parent n'avait un niveau de scolarité allant au-delà de la 8e année. Les enfants étaient donc tous exposés à des risques d'échec scolaire. En effet, certains enfants éprouvaient des difficultés scolaires, mais plusieurs avaient un rendement moyen alors que d'autres étaient parmi les meilleurs de leur classe en lecture et en écriture. Cependant, les parents des enfants réussissant le mieux dans ces domaines ont pour le moins l'équivalence de la 7e ou de la 8e année scolaire. Le fait d'avoir un niveau de scolarité inférieur à la 7e année semble constituer un élément qui désavantage sérieusement le parent dans ses efforts pour soutenir le développement scolaire de son enfant.

Des études suggèrent que les parents faiblement scolarisés veulent jouer un rôle dans l'éducation de leur enfant, mais qu'ils ne savent pas comment s'y prendre (Ebener *et al.*, 1997; Moles, 1993). Par ailleurs, les enseignants sont généralement pour une plus grande implication de tous les parents dans l'éducation de leur enfant (Saint-Laurent *et al.*, 1994). Afin de mieux guider les parents faiblement scolarisés qui souhaitent favoriser le développement de la littératie de leur enfant, les écoles doivent élaborer des stratégies visant à encourager les efforts allant dans ce sens. Les parents des milieux défavorisés accordent beaucoup d'importance aux suggestions des enseignants. Lorsqu'ils profitent d'un encadrement, leur sentiment d'efficacité est accru puisqu'ils constatent des effets positifs sur le rendement scolaire de leur enfant (Hoover-Dempsey, Bassler et Burow, 1995). Une autre façon de favoriser la réussite scolaire des enfants dont les parents sont faiblement scolarisés est de leur offrir de l'aide à l'école, pour faire les devoirs. Les enfants pourraient sûrement profiter de cette aide supplémentaire. Cependant, une telle initiative devrait compléter et non remplacer l'implication des parents dans l'éducation de leur enfant.

Des recherches additionnelles portant sur le rendement scolaire des enfants dont les parents sont faiblement scolarisés pourraient être utiles afin d'améliorer davantage notre compréhension de ce facteur qui est déterminant pour la réussite scolaire de ces enfants. De telles recherches pourraient mettre en évidence la manière dont les parents contribuent au succès scolaire de leur enfant à partir du moment où ce dernier acquiert un niveau de compétence en lecture et en écriture supérieur à leur propre niveau dans ces deux domaines. Il serait également pertinent de savoir si les enfants des parents faiblement scolarisés, qui sont parmi les plus performants de leur classe, maintiennent leur avance au fur et à mesure qu'ils progressent dans leur cheminement scolaire, par exemple au niveau secondaire.

RÉFÉRENCES

Anesko, K. M., G. Schoiock, R. Ramirez et F. M. Levine. (1987). The homework problem checklist: assessing children's homework difficulties. *Behavioral Assessment, 9*, 179-185.

Brady, M. L. (1999). *Parents' reported involvement in their children's literacy development and teachers' reported perceptions of that involvement*, (ERIC Document Reproduction N° ED 437 210).

Britto, P. B., et J. Brooks-Gunn. [Eds.]. (2001). The role of family literacy environments in promotiong young children's emerging literacy skills. *New directions for child and adolescents development*. San Francisco, Jossey-Bass Inc.

Burns, S., L. Espinosa et C. Snow. (2003). Débuts de la littératie, langue et culture : perspective socioculturelle. *Revue des sciences de l'éducation, 29*(1), 75-100.

Chavkin, N. F. [Eds.]. (1993). *Families and schools in a pluralistic society*. Albany, NY: State University of New York Press.

Christian, K., F. J. Morrison et F. B. Bryant. (1998). Predicting kindergarten academic skills: interactions among child care, maternal education, and family literacy environments. *Early Childhood Research Quarterly, 13*(3), 501-521.

Clark, R. M. (1993). Homework-focused parenting practices that positively affect student achievement. Dans N. F. Chavkin (Ed.), *Families and Schools in a Pluralistic Society*. Albany, NY: State University of New York Press.

Cotton, K., et K. R. Wikelund. (1989). Parent involvement in education. *School improvement research series* [En ligne]. www. nwrel.org/scpd/sirs/3/cu6.html.

Dauber, S. L., et J. L. Epstein. (1993). Parents' attitude and practices of involvement in inner-city elementary and middle schools. Dans N. F. Chavkin. (Ed.) *Families and schools in a pluralistic society*. Albany, NY: State University of New York Press.

Durkin, D. (1984). Poor black children who are successful readers: an investigation. *Urban Education, 19*(1), 53-76.

Ebener, R., R. Lara-Alecio et B. J. Irby. (1997). *Supportive practices among low-income parents of academically successful elementary students in even start programs*, (ERIC Document Reproduction N° ED 405 111).

Hoover-Dempsey, D. V., O. C. Bassler et R. Burow. (1995). Parents' reported involvement in students' homework: strategies and practices. *The Elementary School Journal, 95* (5), 435-450.

Hoover-Dempsey, D. V. et H. M. Sandler. (1997). Why do parents become involved in their children's education? *Review of Educational Research, 67*, 3-42.

Kao, G., et M. Tienda. (1995). Optimism and achievement: the educational performance of immigrant youth. *Social Science Quarterly, 76*, 1-19.

Marcon, R. A. (1998). *Predicting parent involvement and its influence on school success: a follow-up study*. Poster presented at the National Head Start Research Conference. Washington, DC. (ERIC Document Reproduction No. ED 421 250).

Moles, O. C. (1993). Collaboration between schools and disadvantaged parent: obstacles and openings. Dans N. F. Chavkin (Ed.), *Families and schools in a pluralistic society*. Albany, NY: State University of New York Press.

Nord, C. W. (1998). *Factors associated with fathers' and mothers' involvement in their children's schools. Issue Brief*. National Center for Education Statistics, Washington. (ERIC Document Reproduction N° ED 417 872).

Paratore, J. R. (2003). Building on family literacy: examining the past and planning the future. Dans A. DeBruin-Parecki et B. Krol-Sinclair (Eds.), *Family literacy: from theory to practice*. Newark, DE: International Reading Association.

Purcell-Gates, V. (1996). Stories, coupons, and the TV guide: relationships between home literacy experiences and emergent literacy knowledge. *Reading Research Quarterly, 31*, 406-428.

Quigley, D. D. (2000). *Parents and teachers working together to support third grade achievement: parents as learning partners (PLP) Findings*. (ERIC Document Reproduction N° ED 440 787).

Richgels, D. J. (2003). Emergent literacy. Dans A. DeBruin-Parecki et B. Krol-Sinclair (Eds.), *Family literacy: from theory to practice*. Newark, DE: International Reading Association.

Saint-Laurent, L., E. Royer, M. Hébert et L. Tardif. (1994). Enquête sur la collaboration famille-école. *Revue canadienne de l'éducation, 19*, 270-286.

Saracho, O. N.(1999). Families' involvement in their children's literacy Development. *Early Child Development and Care, 153*, 121-126.

Snow, C. E., M. S. Burns et P. Griffin. [Eds.]. (1998). *Preventing reading difficulties in young children*. Committee on the Prevention of Reading Difficulties in Young Children. National Research Council.

Storch, S. A., et G. J. Whitehurst. (2001). The role of family and home in the literacy development of children from low-income backgrounds. *New Directions for Child and Adolescent Development, 92*, 53-72.

Taylor, D. (1983). *Family literacy: young children learning to read and write*. Portsmouth, NH: Heinemann.

The Psychological Corporation (1995). *Test de rendement pour francophones, niveau A*. Hartcourt Brace et Company.

Thomas, A. (1998). *Family literacy in Canada: profiles of effective practices*. Welland, Ontario: Éditions Soleil Publishing Inc.

Walberg, H. J. (1984). Improving the productivity of America's schools. *Educational Leadership, 41*, 19-27.

Whitehurst, G. J. (1993). The Stony Brook family reading survey. [En-ligne] www.whitehurst.sbs.sunnybr.edu/pubs/ famsurw93.htm.

Yarosz, D. J., et W. S. Barnett. (2001). Who reads to young children?: identifying predictors of family reading activities. *Reading Psychology, 22*, 67-81.

De l'autre côté du miroir : considérations méthodologiques pour la préparation et la mise en œuvre de recherches sur le développement de la lecture

André A. Rupp
Faculté d'éducation
Université d'Ottawa

Nonie K. Lesaux
Harvard Graduate School of Education
Harvard University

LE processus mis en œuvre pour développer les habiletés en lecture est, par nature, à la fois complexe et multidimensionnel. Autant il y a de nombreux principes auxquels il faut penser quand on s'intéresse au développement de la lecture sur un plan général, autant il est également important de prendre en compte toutes les variations individuelles qui interviennent dans le processus d'acquisition de la lecture. Il y a de nombreux facteurs, aussi bien dus aux individus qu'au contexte, qui jouent un rôle important dans le développement des habiletés de lecture. En conséquence, toute étude scientifique portant sur le développement de la lecture nécessite une méthodologie sophistiquée et flexible qui permet au chercheur d'étudier l'évolution du développement de la lecture, et de découvrir les facteurs individuels et contextuels qui caractérisent et influencent ce processus de développement complexe. En tenant compte de la tendance actuelle qui tend à valoriser les collectes de données à grande échelle, utilisant des plans expérimentaux aléatoires analysés grâce à des méthodes quantitatives, il est important de prendre un peu de recul et de percevoir que ces types de méthodologies peuvent être plus ou moins pertinents selon la question de recherche posée. Dans cet article, nous abordons les principes et les conceptualisations qui départagent les méthodes quantitatives et qualitatives, tout en reconnaissant que les deux approches permettent des recherches rigoureuses et scientifiques sur le développement de la lecture.

Dans le but d'illustrer comment la recherche méthodologique des dix dernières années a donné la possibilité aux chercheurs de répondre à des questions plus riches et plus approfondies concernant le développement de la lecture à partir de données quantitatives empiriques, nous réunissons les principes fondamentaux des statistiques et de la recherche en psychométrie (voir par exemple Casella et Berger, 1990; Cohen, 1990, 1994; Embretson et Reise, 2000; Fabrigar, MacCallum, Wegener et Strahan, 1999; Gravetter et Wallnau, 2004; Kuehl, 2004; Neter, Kutner, Nachtsheim et Wasserman, 1996; McDonald, 1999; Tate, 2003) et les mettons en relation avec les récents développements dans le domaine des variables latentes (par exemple Kamata, 2001; Muthén, 2002; Rijmen, Tuerlinckx, De Boeck et Kuppens, 2003). Tout au long de cette présentation, nous montrerons comment la conception d'une recherche est en fait un processus de prise de décisions qui nécessite un jugement et des compromis permanents. En particulier, il apparaîtra clairement que les méthodes ayant un potentiel théorique à fournir des résultats « objectifs » ne peuvent jamais tenir leur promesse parce que le choix de ces méthodes, leur application et leur interprétation est lié au système de valeurs du chercheur. Ce système de valeurs, toutefois, détermine ses convictions sur la nature du développement de la lecture, sur ce qui est digne de faire l'objet de recherche et sur l'interprétation qui peut être faite des résultats de la recherche. En conséquence, plutôt que de mettre l'accent sur une recette miracle unique permettant de faire de la recherche sur le développement de la lecture, nous proposerons des considérations clés que les chercheurs devraient prendre en compte afin de d'élaborer une méthode de recherche adaptée à leur propre problème.

PREMIÈRE PARTIE : DÉVELOPPER LES QUESTIONS DE RECHERCHE ET LE DESIGN DE LA RECHERCHE

L'un des aspects les plus importants dans la démarche de toute recherche est la formulation d'un ensemble de questions de recherche fructueuses. Bien qu'il n'y ait pas de recette miracle pour définir ce qui constitue une question de recherche fructueuse, un certain nombre de considérations de base doivent toutefois être gardées à l'esprit de tous les chercheurs. Par exemple, les questions de recherche devraient généralement être suffisamment complexes pour ne pas attendre un simple oui ou non pour réponse; une bonne question de recherche suppose plusieurs approches possibles pour y répondre, ce qui fournit souvent l'opportunité de poser par la suite des questions plus complexes ouvrant ainsi la voie à de futures études. La question de recherche doit également être suffisamment précise pour fournir une vision claire de ce qui est cherché de même que le cadre conceptuel de la recherche; ainsi, la question doit-elle énoncer clairement quelles facettes du problème sont abordées ou non.

Par exemple, dans le domaine du développement de la lecture, depuis plusieurs dizaines d'années, la recherche est guidée par une question dominante, à savoir quel est le déficit essentiel dont souffrent les individus affligés d'une certaine incapacité en lecture (comme par exemple la dyslexie)? En particulier, les chercheurs cherchent à déterminer quelles habiletés, qui empêchent la bonne acquisition et le bon développement de la lecture pour ces individus, sont sous-développées ou même inexistantes et permettent de différencier ces individus de leurs pairs qui ne souffrent pas d'incapacité. Les résultats des recherches des années 1990 tendent à démontrer que les individus dyslexiques présentent un déficit majeur dans le domaine de la phonologie, la compréhension de la structure des sons du langage. Dans le but de chercher à savoir si ce déficit majeur dû à la dyslexie était le seul, de nombreuses questions de recherche ont été posées par la suite. Peut-on identifier les enfants ayant un déficit d'ordre phonologique au jardin d'enfants avant même qu'ils apprennent à lire? Peut-on remédier à ce type de déficit par une méthode d'enseignement appropriée? À partir de quel moment peut-on commencer à appliquer une telle méthode d'enseignement? Quel est le type de méthode d'enseignement qui donne les meilleurs résultats pour pallier ces déficits?

IMPLICATIONS DES QUESTIONS DE RECHERCHES SUR LE DESIGN DE LA RECHERCHE

Pour illustrer les grandes implications des types de questions de recherche que nous posons, de même que des systèmes de valeurs que nous utilisons pour leur élaboration, supposons que nous croyons qu'il existe un type d'intervention meilleur que les autres dans le développement de la lecture. Dans ce cas, nous devons mettre en place une expérience dans laquelle nous intervenons, pendant un certain temps, sur un certain groupe d'enfants identifiés comme étant en difficulté en ce qui concerne la lecture, que nous pouvons appeler le *groupe de traitement*. Durant ce temps, nous n'intervenons pas auprès d'un autre groupe d'enfants ayant les mêmes difficultés, que nous pouvons appeler le *groupe de contrôle*. Cette façon de faire nous permet de déterminer, dans une *expérience étudiant les échantillons*, si cette intervention concernant la lecture peut avoir, en moyenne, un effet positif et quelle peut être l'importance de cet effet. À l'inverse, supposons que nous sommes intéressés par le développement et les expériences faites sur des enfants ayant des niveaux d'habileté de lecture différents et issus de milieux familiaux et scolaires divers. Dans ce cas, nous devons suivre ces enfants sur une période de temps plus longue grâce à une *étude longitudinale,* et essayer de capturer l'essentiel de ces expériences par l'intermédiaire d'entretiens et d'observations. En conclusion, le développement d'une question de recherche a besoin de se faire par rapport aux traditions de recherche influencées par les systèmes de valeurs de façon à ce que les choix faits soient parfaitement compris dans le contexte des tendances actuelles et des habitudes d'investigation. Plus que le simple fait de caractériser le chercheur, les questions de recherche ont un rôle à jouer dans les types de design qui sont utilisés, ce qui permet de déterminer qui participera à la recherche et comment elle sera conduite.

DEUXIÈME PARTIE : FIXER LES POPULATIONS ET LES ÉCHANTILLONS

Les questions de recherche n'existent pas par elles-mêmes – elles sont inextricablement ancrées à la fois dans la théorie et dans la réalité. Chaque fois qu'une recherche est menée, nous devons d'abord considérer le concept fondamental de la *population* et des *échantillons*. Même si nous pensons souvent à des groupes ou à des individus lorsque nous parlons de populations, les statisticiens, quant à eux, pensent aux populations de façon plus globale, ex. comme une collection d'entités ou d'unités expérimentales que le chercheur aimerait généraliser[1]. Par exemple, une population peut être constituée de tous les enfants du jardin d'enfants qui prennent part au programme « Stratégie de lecture au primaire » dans la province de l'Ontario, mais pourrait aussi être formée par des unités, à un niveau supérieur, telles que les classes ou les écoles qui prennent part à ce programme.

Une fois que la population est déterminée, les chercheurs doivent trouver un moyen de l'échantillonner. C'est une étape compliquée qui, pour être efficace et appropriée, nécessite une planification réfléchie et un *plan d'échantillonnage*. Dans le domaine de la recherche qualitative, l'échantillonnage est souvent un processus itératif, c'est-à-dire qu'après qu'un échantillon initial a été choisi et que les données ont été collectées et analysées, de nouveaux échantillons sont sélectionnés à partir de nouvelles questions de recherche et des résultats qui ont été obtenus (par exemple Creswell, 2002; Lincoln et Guba, 1985; Merriam, 1997). Par exemple, après avoir choisi dix enfants souffrant d'un certain type de dyslexie venant de différents milieux linguistiques ou ethniques d'un même district scolaire, et après les avoir interrogés et observés pendant quelques semaines, il peut être décidé qu'un nombre plus important d'enfants de certains milieux minoritaires est nécessaire afin d'obtenir un portrait plus complet de leur expérience particulière. Au contraire, dans le domaine de la recherche quantitative, les plans d'échantillonnage sont entièrement définis dès le début de la recherche et tous les échantillonnages sont faits simultanément.

LES CARACTÉRISTIQUES FONDAMENTALES DES ÉCHANTILLONS

Dans les designs de recherche, trois caractéristiques des échantillons contribuent à une bonne qualité des inférences; idéalement, les échantillons se doivent d'être 1) représentatifs, 2) grands et 3) aléatoires. C'est vrai, à la fois pour les recherches quantitatives et qualitatives, toutefois la nature onéreuse des recherches qualitatives (c'est-à-dire le besoin important de main-d'œuvre et de temps) rend les échantillons de grande taille et aléatoires en général impossibles à utiliser. Ceci explique pourquoi ce qui va suivre s'applique plutôt aux designs de recherche quantitative.

Il est facile de confondre ces concepts alors qu'il est important de comprendre qu'ils sont, au fond, sans rapport. En particulier, des échantillons devraient être représentatifs parce que les chercheurs veulent s'assurer de généraliser à la bonne sorte d'entité. Par exemple, dans le but de généraliser à la population des enfants du jardin d'enfants qui prennent part au programme de « Stratégie de lecture au primaire », il est crucial de faire l'échantillonnage sur les enfants qui prennent part au programme au jardin d'enfants, mais pas sur ceux dont le programme d'études n'inclut pas une sélection individuelle et une composante d'intervention. Les échantillons devraient être grands parce qu'un grand échantillon sera plus semblable sur certains points à la population. Ensuite, intuitivement, plus on a de données disponibles sur la population, plus les inférences sur celles-ci seront précises. De grands échantillons sont également nécessaires pour mener des analyses fiables et stables lorsque l'objectif est d'analyser les données en utilisant des techniques d'inférence statistique dont nous parlerons plus loin. Les échantillons doivent enfin être aléatoires parce qu'un tel échantillon garantit que les préjugés dus à la sélection sont éliminés et que les postulats requis par l'estimation statistique des paramètres du modèle sont rencontrés.

LE DÉFI D'OBTENIR DES ÉCHANTILLONS POSSÉDANT CES CARACTÉRISTIQUES FONDAMENTALES

Toutefois, comme on peut s'y attendre, aucun de ces trois préalables ne peut être apprécié de façon neutre et objective ou facilement garanti dans la pratique. Par exemple, la représentativité des échantillons est une question de degré et, de ce fait, est essentiellement un jugement que le chercheur se doit de faire et de justifier. Et plus important encore, c'est un jugement que les consommateurs critiques de la recherche doivent accepter pour que celle-ci soit accueillie dans le discours professionnel reconnu qui façonne la nouvelle recherche, les politiques et l'exécution des programmes qui en découlent (voir Schum, 1993)[2]. Par exemple, dans la planification de la recherche sur les sujets du jardin d'enfants qui prennent part au programme de « Stratégie de lecture au primaire », il est possible de faire l'échantillonnage à partir d'un certain nombre de classes du jardin d'enfants, chacune d'entre elles prenant part au programme. Toutefois, il peut y avoir de grandes différences dans ce qui porte l'appellation *programme de stratégie de lecture précoce au primaire*, aussi bien dans les classes sélectionnées que dans celles qui ne le sont pas. Il peut en résulter des débats sur les effets de ce programme mais, afin d'assurer la représentativité, une solution consiste à décrire soigneusement le programme d'études et les caractéristiques des activités d'alphabétisation des programmes étudiés afin de mesurer l'effet de l'intervention et de pouvoir présenter des critères clairs de ce programme d'intervention précoce en lecture. La grandeur des échantillons est également une question de degré et, par conséquent, de jugement. Il n'est jamais possible de déterminer une taille d'échantillon précise qui représente la limite du *suffisamment grand* pour tous les problèmes sous un certain nombre de conditions. Même dans le domaine de la théorie des modèles statistiques, le nombre de sujets nécessaires à une bonne estimation des modèles dépend de la complexité du modèle et du type de variables entrant en jeu dans la recherche (voir par exemple Fabrigar *et al.*, 2003, pour une discussion sur la question de l'échantillonnage dans le cas d'une analyse factorielle exploratoire).

Par exemple, si nous savons d'avance que nous allons utiliser un modèle de régression pour étudier, à la fois, l'influence de l'intervention en lecture et des caractéristiques de l'enfant (c'est-à-dire son contexte langagier) sur les scores obtenus à un test standardisé de compréhension en lecture pour un groupe de quatrième année, nous devrions être capables de déterminer un nombre approximatif permettant une bonne estimation d'un tel modèle par rapport à quelques postulats généraux. Toutefois, supposons que nous cherchions à ajuster un modèle plus complexe qui inclut, par exemple, plusieurs variables latentes sous forme de variables résumant les réponses individuelles à un questionnaire selon un modèle qui tient compte explicitement du fait que les enfants appartiennent à différentes classes et à différentes écoles. Dans ce cas, trouver une valeur précise est plus difficile parce que de nombreuses composantes doivent être considérées simultanément et de nombreux postulats concernant la structure des données doivent être faits pour permettre d'estimer des tailles d'échantillon convenables. Il est intéressant de noter que l'augmentation de la puissance des ordinateurs dans les années 1990 a donné l'opportunité aux chercheurs de faire de nombreuses simulations permettant d'étudier la sensibilité des différentes méthodes statistiques à la violation de leurs postulats. Pourtant, étant donné la grande variété des variations possibles des caractéristiques des données dans les modèles complexes, la détermination de la taille « souhaitable » des échantillons avant de faire l'analyse n'est, en aucune façon, devenue automatique.

Le fait d'être aléatoire pour un échantillon, qui est souvent décrit comme une sélection impartiale des unités expérimentales, et opérationnalisé grâce à des mécanismes comme les générateurs de nombres aléatoires, est aussi clairement un statut idéal. En pratique, le tirage aléatoire est en général difficile à assurer à un degré satisfaisant parce que la plupart des échantillons résultent plutôt de la commodité que de pures considérations techniques d'un tirage aléatoire. De plus, les designs d'échantillonnage peuvent avoir des composants avec une structure imposée comme des grappes (par exemple les enfants dans les écoles) ou des stratifications (par exemple si les enfants sont échantillonnés différemment selon les caractéristiques dues à leur milieu), ce qui requiert une sélection aléatoire à différents niveaux.

LES LIMITES ÉTHIQUES ET PRATIQUES DE L'ÉCHANTILLONNAGE DANS LA RECHERCHE SUR LA LECTURE

Si l'on pense à étudier le développement de la lecture dans le cadre de l'école, il est important de tenir compte des questions éthiques et pratiques concernant l'obtention d'un échantillon de grande taille, représentatif et aléatoire des enfants de différentes classes. La recherche dans le cadre de l'école reflète habituellement une collaboration entre le district scolaire et le ou les chercheurs et est souvent guidée par une question spécifique, un problème, un défi pour lequel l'investigation présente un intérêt mutuel. Toutefois, si on y regarde de plus près, l'intérêt mutuel est souvent guidé par des priorités différentes. Par exemple, le chercheur est habituellement très intéressé par la conduite d'une recherche rigoureuse sur le plan méthodologique qui apportera une contribution significative dans le domaine de la recherche en éducation (par exemple, les effets d'un programme attribué de façon aléatoire), et fournit les informations pertinentes au district scolaire. Celui-ci peut avoir beaucoup d'intérêts à obtenir des informations sur les effets d'un programme pour les lecteurs en difficulté de quatrième année, mais l'école (c'est-à-dire le directeur) de même que les enseignants manifestent souvent aussi un intérêt pour la recherche. De plus, en ce qui a trait aux enseignants, il peut arriver qu'ils précisent qu'ils souhaitent que *tous* leurs élèves puissent participer et veulent pouvoir le dire aux parents. De la même façon, dans le cas de leurs lecteurs en difficulté, il peut y avoir un traitement particulier qu'ils veulent que certains de ces élèves reçoivent.

En outre, il est nécessaire que les parents donnent leur accord afin que leurs enfants participent à une recherche, et il peut s'avérer difficile d'obtenir cet accord, lorsque les conditions d'attribution sont mal déterminées, ou lorsqu'il y a des chances que l'enfant se retrouve par tirage aléatoire dans un groupe qui ne reçoit aucun traitement ou encore en liste d'attente pour le traitement.

En conclusion, il faut avoir à l'esprit que la décision concernant l'échantillonnage et l'application de la procédure d'échantillonnage finit toujours par être un compromis entre ce qui est statistiquement souhaitable et réellement faisable. La vraie question n'est pas d'argumenter pour ou contre certaines méthodes en général, mais plutôt d'encourager les chercheurs à exposer les hypothèses et les compromis qu'ils prennent en compte dans ce processus. Mais quelle que soit la façon dont les chercheurs sont capables de justifier leurs prises de décisions, ils ne pourront jamais généraliser avec assurance les résultats issus de leur échantillon à une population vraiment différente.

TROISIÈME PARTIE : DÉCIDER DE LA STRUCTURE DE LA RECHERCHE

Collecter des données, quelle que soit leur sorte, nécessite un cadre conceptuel qui guide le processus. Les chercheurs font habituellement la distinction entre les *études d'observation* ou *design quasi expérimentaux* et les *designs expérimentaux*.

DESIGNS QUASI EXPÉRIMENTAUX *VERSUS* DESIGNS EXPÉRIMENTAUX

En termes simples, un *design quasi expérimental* est caractérisé par un processus de collecte de données qui n'inclut pas une intervention formelle ou une manipulation de la part du chercheur, alors qu'un *design expérimental* suppose l'administration d'un traitement à un groupe expérimental (par exemple des étudiants, des classes, des écoles). En d'autres mots, ce qui caractérise précisément un design expérimental est l'assignation aléatoire des unités expérimentales (par exemple les enfants) au *groupe subissant le traitement*. Par exemple, il pourrait y avoir deux groupes d'enfants, choisis aléatoirement, chaque groupe recevant un mode d'enseignement différent avec un programme de lecture différent, ainsi qu'un troisième groupe de contrôle qui ne recevrait aucun enseignement supplémentaire en lecture. Dans un tel design, il serait intéressant de mesurer et de comparer les résultats moyens obtenus par ces groupes en lecture.

LE RÔLE ESSENTIEL DU HASARD DANS UN DESIGN EXPÉRIMENTAL

Il est important de comprendre que l'affectation aléatoire des unités expérimentales aux traitements joue un rôle important qui va au-delà du simple respect des hypothèses du mécanisme statistique. Son rôle est, en particulier, de « faire la moyenne » des valeurs de tout ce qui peut avoir une influence ou d'amalgamer les variables qui pourraient affecter les résultats avant ou après l'application du traitement. À partir du moment où le but premier est de mener une expérience afin d'estimer l'effet d'un traitement parmi une multitude d'autres effets possibles, l'attribution au hasard est l'une des parties les plus importantes du processus. Le succès de l'attribution aléatoire peut être contrôlé, en partie, si les variables qui peuvent avoir une influence sur les résultats, mais ne sont pas celles qui nous intéressent, sont opérationnalisables et mesurables (par exemple le nombre d'heures d'enseignement de la lecture relié au programme) et si les distributions statistiques des variables des groupes expérimentaux sont identiques ou au moins comparables (par exemple les enfants dans les différents programmes de lecture reçoivent en moyenne le même nombre d'heures d'enseignement). Si ces étapes de l'expérience sont menées à bien et si les étapes suivantes (c'est-à-dire l'administration du traitement, la collecte des données) sont aussi convenablement effectuées, une *inférence de causalité* est alors possible[3].

Malheureusement, les chercheurs oublient parfois que le succès du processus aléatoire nécessite des échantillons suffisamment grands pour permettre de contrôler ces effets parce qu'il est impossible d'obtenir des groupes identiques, en moyenne, sur plusieurs caractéristiques si ces groupes ne sont constitués que de quelques sujets.

LES LIMITES PRATIQUES ET ÉTHIQUES DES DESIGNS EXPÉRIMENTAUX

Il y a de nombreuses questions éthiques qui interviennent dans le domaine de la recherche portant sur des êtres humains, en particulier lorsqu'il s'agit d'enfants, et toutes les questions de recherche ne peuvent pas être étudiées grâce à des expériences. Prenons un exemple extrême : il ne pourrait pas être possible d'examiner, à l'aide d'un processus expérimental, si la quantité de l'apport linguistique a un effet sur l'habileté en lecture des enfants, parce qu'il faudrait alors créer un groupe de contrôle regroupant des enfants ne bénéficiant d'aucun apport linguistique, et systématiquement contrôler la quantité de cet apport dans tous les autres groupes de traitement. En plus, il peut être difficile d'obtenir de grands échantillons pour étudier l'impact d'un certain type de programme de lecture sur le développement des habiletés de lecture à long terme et difficile de former convenablement les enseignants dans ce programme si les effets de l'administration elle-même sont minimisés. Par conséquent, bien qu'une étude d'observation tienne seulement compte des *relations* (c'est-à-dire qu'elle ne permet que de décider si un phénomène, tel qu'opérationnalisé par le chercheur, se produit alors), il est bien sûr préférable de mener une bonne étude d'observation bien conçue plutôt qu'une expérience mal conçue et mal conduite.

CONCLUSION

En conclusion, il n'est pas recommandé de débattre sur la mise en application de tel type de design de recherche par rapport à tel contexte, parce que les contraintes d'ordre pratique éliminent souvent les côtés positifs, à tel point que des designs de remplacement donnent des renseignements plus utiles. Étant donné que la recherche portant sur le développement de la lecture nécessite une collaboration entre les chercheurs et de nombreux membres de la communauté, dont les enfants, les parents, les enseignants et les directeurs, il est très important de faire des choix qui permettent de conduire la recherche afin qu'elle serve tous ses acteurs. Cela nécessite, rappelons-le, un équilibre entre les avantages théoriques et ce qui est réellement faisable, équilibre qui suppose de faire différentes hypothèses et divers compromis. Lorsqu'un tel équilibre est possible, la recherche y gagne grandement en signification, indépendamment du design particulier retenu.

QUATRIÈME PARTIE : DÉCIDER DES CONCEPTS ET DE LEUR OPÉRATIONNALISATION

Dans le but de comprendre les débats sur le choix des procédures statistiques et l'implication de ces choix pour répondre à certaines questions de recherche particulières, il est extrêmement important de bien comprendre d'où proviennent les données numériques qui sont utilisées dans l'analyse.

En particulier, certaines des différences les plus communément mal comprises dans le processus d'obtention et d'analyse des données sont celles qui existent entre 1) les questions de recherche et les hypothèses statistiques et 2) entre les concepts, les variables et les échelles de mesure.

Bien que les questions de recherche guident les chercheurs dans la conceptualisation de leur recherche, elles peuvent souvent être formulées à des degrés de complexité variables. L'un des mécanismes indispensables pour mener avec succès une recherche quantitative consiste à réduire la complexité des questions de départ, ou de la question globale, en la transformant en sous-questions ou en série d'hypothèses précises et compartimentées qui peuvent faire l'objet de tests statistiques.

LES CONCEPTS

Le processus de prise de décision concernant la méthode à choisir afin de répondre à une question de recherche commence habituellement par une description des concepts théoriques qui entrent dans le processus que les chercheurs essaient de saisir (par exemple l'habileté en lecture, l'intelligence, la motivation, l'autorégulation). Ces concepts sont liés les uns aux autres dans un réseau de concepts appelé aussi *réseau nomologique* (par exemple Embretson, 1983, 2001; Messick, 1989, 1995; Zumbo et Rupp, 2004) et il incombe au chercheur de décider d'un sous-ensemble de relations entre les concepts qui présentent un intérêt pour lui. De façon tout aussi importante, le chercheur doit également décider de la manière de mesurer ces concepts.

OPÉRATIONNALISATION DES CONCEPTS

Le processus d'opérationnalisation des concepts, qui constitue une partie essentielle des questions de recherche, cherche à traduire des descriptions théoriques en des entités mesurables qui peuvent, à leur tour, être transformées en hypothèses statistiques sur les caractéristiques de la population, qui sont alors connues comme étant les *paramètres de la population*. Selon la complexité de la question de recherche initiale, cette façon de procéder peut paraître quelque peu réductrice. En particulier, bien qu'il soit déjà difficile de définir les frontières d'un concept tel que « l'habileté en lecture » (par exemple, l'habileté en lecture peut signifier « l'habileté à comprendre de courtes phrases dans des activités de tous les jours » ou « l'habileté à décoder des mots écrits dans une liste »), il est encore plus difficile de le rendre opérationnel et de le mesurer.

Par exemple, si l'on travaille à partir de la définition qui met l'accent sur la compréhension, peut-on fournir aux sujets des phrases qu'ils vont lire en silence pour ensuite leur demander de réexprimer le sens de ces phrases dans leurs propres mots, ou peut-on simplement leur demander de choisir une réponse parmi un choix de réponses dans un test à choix multiple? La tentative de répondre à des questions comme celles-ci permet immédiatement de clarifier la raison pour laquelle les chercheurs insistent autant sur l'administration d'*instruments standardisés* qui ont été développés en se basant sur des théories complexes à propos des concepts qu'ils étudient, et ont été validés à plusieurs reprises avec différentes populations dans des contextes différents (par exemple le *Gray Oral Reading Test*). De même, cela illustre également pourquoi, dans de nombreux autres cas, les chercheurs dépensent énormément de temps et d'énergie à développer des mesures expérimentales, basées sur la façon particulière selon laquelle ils ont opérationnalisé les concepts qui les intéressent, qui peuvent être différentes des opérationnalisations des mesures standardisées, ou pourraient convenir à diverses populations.

Dès que le chercheur a décidé d'opérationnaliser un concept et a déterminé quels autres facteurs devraient être mesurés (par exemple le sexe et l'âge des participants), il a créé les variables de sa recherche. Par exemple, bien qu'un instrument standardisé ait une existence réelle, il n'est pas, en soi, un objet qui peut être utilisé pour l'analyse des données. Ce sont les réponses à cet instrument, les *scores*, qui constituent les objets statistiques qui peuvent être analysés. En plus, la création d'une variable n'est pas forcément un processus linéaire. Bien que certains types de concepts conduisent directement à une seule façon de les mesurer (par exemple la variable sexe ne peut prendre que les valeurs « masculin » ou « féminin »), la plupart des concepts permettent d'obtenir des scores divers qui seront inclus dans l'analyse statistique.

Par exemple, les réponses aux questions d'un test de réussite en lecture peuvent fournir des scores sous forme *dichotomique*, comme « rencontre les attentes » et « ne rencontre pas les attentes » et comme ce peut être le cas dans les évaluations à grande échelle telles que les examens provinciaux. Ces scores peuvent aussi prendre une forme polytomique, comme « à risque », « à la limite » et « pas à risque », comme c'est le cas dans la plupart des programmes de lecture précoce du jardin d'enfants. Nous pourrions aussi mesurer un composant de l'habileté en lecture sous une forme continue comme c'est souvent le cas avec les mesures d'aisance en lecture, quand la mesure qui nous intéresse est le temps de réponse, ou encore nous pourrions compter le nombre d'erreurs de prononciation lorsque les enfants lisent un certain texte à haute voix.

Chacune de ces variables représente un aspect de la manière selon laquelle l'instrument a recueilli le concept qui intéresse le chercheur, ici, l'*habileté en lecture*. Ces choix sont essentiels pour l'interprétation des résultats de l'étude parce que les variables fournissent les nombres qui serviront à l'analyse des données et déterminent, en partie, les types de modèles statistiques disponibles pour modéliser les données. Par exemple, si un chercheur veut prédire une seule variable dichotomique (par exemple, le classement en lecture) à partir d'autres variables ordinales ou continues (par exemple les scores obtenus à partir d'une mesure phonologique), le chercheur devrait utiliser un modèle de régression logistique. Au contraire, si le chercheur souhaite résumer les réponses à un test standardisé par un score total, il peut simplement additionner les scores ou il peut utiliser un modèle particulier de variable latente. Avoir à l'esprit quelle variable et quelle échelle représente quel concept est donc indispensable pour se lancer dans une discussion à propos de la qualité des données et de la validité de l'inférence lors de la présentation des résultats.

CINQUIÈME PARTIE : DÉCIDER DU MODÈLE STATISTIQUE

Au début du processus de sélection du modèle statistique, les chercheurs doivent prendre du recul et se demander s'ils souhaitent être capables de faire des inférences sur la population ou s'ils souhaitent simplement décrire ce qu'ils ont trouvé dans l'échantillon qu'ils ont utilisé pour leur recherche. Le premier scénario, certainement la situation la plus courante en recherche quantitative, conduit à un ensemble de procédures appelées *statistiques inférentielles* qui permettent aux chercheurs d'utiliser les statistiques de l'échantillon (c'est-à-dire les valeurs numériques calculées dans l'échantillon) pour faire des inférences concernant les *paramètres de la population* qui leur correspondent (c'est-à-dire les valeurs numériques de la population qu'ils ne peuvent pas calculer directement, mais qu'ils souhaitent estimer).

STATISTIQUES DESCRIPTIVES *VERSUS* STATISTIQUES INFÉRENTIELLES

Si les chercheurs n'ont pas besoin de généraliser à partir de l'échantillon de population sélectionné et veulent simplement en décrire les caractéristiques, ils peuvent s'appuyer sur un ensemble de techniques statistiques appelées *statistiques descriptives*. Par exemple, les chercheurs peuvent simplement vouloir présenter la distribution des scores sur une mesure de l'habileté en lecture pour des enfants de milieux familiaux et ethniques différents. Dans ce cas, les chercheurs n'ont pas besoin de se poser de questions sur d'éventuelles erreurs de leurs estimateurs, puisqu'ils utilisent seulement ce qu'ils connaissent plutôt que de deviner ce qu'ils ne connaissent pas sur les populations.

Au contraire, lorsqu'ils choisissent de faire des analyses qui incluent des *statistiques inférentielles*, les chercheurs ont besoin ou veulent être capables de généraliser, à partir des variables observées dans leur échantillon, à la population dont est issu l'échantillon. Techniquement, toute procédure d'inférence comporte une incertitude à propos de la précision des valeurs numériques observées dans l'échantillon comme « meilleurs prédicteurs » des valeurs de la population; il s'agit des estimations de l'erreur d'échantillonnage. Ces erreurs sont appelées *erreurs standards* et indiquent quelle probabilité les valeurs de l'échantillon ont de s'éloigner des valeurs de la population qui ne sont pas connues, mais que l'on aimerait connaître.

Les deux procédures de statistiques inférentielles les plus importantes sont les *tests d'hypothèses* et les *intervalles de confiance*. Les tests d'hypothèses sont liés à la notion de résultats *statistiquement significatifs*, ce qui donne une indication sur le fait que ces résultats *ne* sont probablement *pas* obtenus grâce au hasard; le fait d'être statistiquement significatif se déduit de la statistique du test (*p-value* en anglais) et du seuil de signification a. Par exemple, prenons un test d'hypothèse sur les moyennes en habileté de lecture de deux groupes d'enfants ayant suivi des programmes de lecture différents. Un résultat statistiquement significatif de ce test indique que la différence observée entre les moyennes en habileté de lecture, pour l'échantillon, est trop grande pour être simplement due au hasard. En d'autres mots, ce test indique qu'une telle différence existerait si tous les enfants suivaient ces programmes de lecture. Une procédure complémentaire, les intervalles de confiance, est associée aux *coefficients de confiance* et fournit des intervalles de valeurs souhaitées pour les paramètres de la population. Dans l'exemple précédent, un intervalle de confiance pourrait proposer une estimation de l'écart des scores moyens qu'on pourrait obtenir si tous les enfants suivaient ces programmes.

RÉSUMÉ

Il ressort de la discussion précédente que mener une recherche nécessite une réflexion, à toutes les étapes de la préparation et de l'exécution, sur un ensemble de points méthodologiques qui ont un impact sur la qualité des inférences qui peuvent être faites à partir des données. Ce processus de prise de décision n'est en aucun cas simple, linéaire ou objectif. Il fait plutôt appel, continuellement, à des jugements et à des compromis induits à partir des valeurs et les croyances que le chercheur apporte avec lui.

Par conséquent, les designs de recherche et les analyses doivent être menés avec soin parce que les choix que les chercheurs font à partir de leurs données ont un rôle à jouer dans les théories des concepts qu'ils étudient, sur la façon dont ces concepts seront étudiés par la suite et sur les politiques qui seront élaborées ainsi que sur les interventions qui seront faites (voir Popham, 2003; Zumbo et Rupp, 2004). Comme dernière étape de notre réflexion, nous allons maintenant illustrer comment les progrès récents dans la modélisation des variables latentes permettent aux chercheurs de se dépasser en posant – et en répondant à – des questions, plus complexes et souvent plus riches, qui abordent plus explicitement les sortes de processus qui les intéressent.

SIXIÈME PARTIE : LES PROGRÈS RÉCENTS DE LA MODÉLISATION STATISTIQUE UTILES À LA RECHERCHE SUR LA LECTURE

Dans les quinze dernières années, les communautés statistiques et psychométriques ont assisté à une fantastique sophistication dans le développement et l'étude des modèles de mesure, en particulier en ce qui concerne leur unification à l'intérieur d'un même cadre statistique (par exemple Bauer, 2003; Curran, 2003; Kamata, 2001; McDonald, 1999; Muthén, 2002; Rupp, Dey et Zumbo, 2004). Pour la plupart, ces efforts sont dus à l'augmentation de la puissance des ordinateurs parce que les algorithmes permettant d'estimer des modèles complexes sont incroyablement exigeants du point de vue calculatoire. D'ailleurs, plusieurs modèles ne peuvent pas encore être estimés de façon efficace. De plus, les indications sur les recommandations concernant quel modèle utiliser sous quelles conditions reposent lourdement sur les simulations dans lesquelles les chercheurs génèrent des données possédant des effets spécifiés et étudient comment les modèles statistiques se comportent selon ces effets.

LES PROGRÈS GÉNÉRAUX DES MODÈLES PSYCHOMÉTRIQUES

Les plus importants progrès méthodologiques ayant un rapport avec la recherche en lecture concernent le domaine de la *modélisation des variables latentes*, qui englobe les modélisations connues sous le nom 1) de théorie de réponse à l'item (TRI et IRT en anglais) [voir Embretson et Reise, 2000], et 2) d'analyse factorielle confirmatoire (AFC et CFA en anglais) avec une modélisation par équations structurelles (MES et SEM en anglais) [voir, par exemple, Bollen, 1989] et de modélisation linéaire hiérarchique (MLH et HLM en anglais) [voir, par exemple, Raudenbush et Bryk, 2002].

Dans la TRI et l'AFC, le but premier est de relier un ensemble de réponses observables à partir d'un test qui capte un ou plusieurs concepts (par exemple une mesure de l'habileté de lecture) à des *variables latentes*, qui représenteraient ces concepts et seraient capables de représenter la covariation présente dans les réponses observées (voir Borsboom, Mellenbergh et van Heerden, 2003, pour une excellente discussion détaillée). Les variables latentes sont construites par les chercheurs et condensent les réponses (par exemple, on peut résumer les réponses à toutes les questions mesurant l'habileté en lecture par une variable latente représentant cette habileté, équivalant à un score total sur le test, mais possédant, en général, de meilleures propriétés statistiques). La TRI correspond plutôt à des scores dichotomiques (par exemple des questions dont la réponse est correcte ou incorrecte) et à des scores polytomiques (par exemple des questions corrigées sur une échelle ordonnée). L'AFC correspond plutôt à des réponses sur une échelle continue (par exemple des questions mesurant un phénomène continu comme le temps de réponse).

Les progrès les plus intéressants dans le domaine de la modélisation des variables latentes sont multiples. Premièrement, il y a l'incorporation de variables prédictives catégoriques et continues dans des modèles complexes à variables latentes pour expliquer des mesures (De Boeck et Wilson, 2004). Ensuite, il y a la spécification des variables latentes catégoriques pour qu'elles s'adaptent aux modèles de classes latentes (par exemple les modèles qui différencient qualitativement divers types de lecteurs en se basant uniquement sur les données) [Vermunt et Magidson,

2002]. Enfin, il y a l'utilisation des variables latentes ayant un effet aléatoire (par exemple pour modéliser la variation individuelle en développement de la lecture dans le temps), pour la modélisation de croissance (Muthén et Muthén, 2000) et la MLH (Raudenbush et Bryk, 2002).

Nous allons maintenant décrire les progrès de la modélisation de croissance plus en détail parce qu'ils se rapprochent des progrès cités précédemment et permettent une modélisation souple des écarts de développement en lecture dans le temps et dans différents groupes de lecteurs ayant des caractéristiques distinctes permettant d'expliquer les croissances.

LES PROGRÈS PARTICULIERS DE LA MODÉLISATION DE CROISSANCE

Il est en général vrai de dire que les chercheurs sont plus critiques à propos des limites de la collecte et de l'analyse des données correspondant à un moment donné, comme c'est le cas pour la plupart des modèles à variables latentes, parce que de tels modèles sont des modèles intersujets qui prennent en compte les différences entre les sujets seulement (par exemple les différences d'habileté de lecture entre des enfants à un moment donné), et non pas des modèles intrasujets qui prennent en compte les variations individuelles (par exemple les différences d'habileté de lecture d'un même enfant à différents moments). Les bases de données longitudinales, qui sont modélisées grâce à des modèles à variables latentes, permettent toutefois aux chercheurs de comprendre comment les variations intersujets et intrasujets interagissent pour créer les schémas des données qu'ils observent et tentent de comprendre.

Il y a une variété de parcours possibles dans lesquels les chercheurs peuvent employer des modèles à variables latentes dans des études longitudinales. Afin de comprendre les avantages des modèles utilisant des variables latentes par rapport aux modèles utilisant des variables observées, prenons l'exemple d'un modèle simple de développement de la lecture dans lequel les chercheurs saisissent les tendances du développement grâce à un modèle de mesures répétées avec des contrastes orthogonaux qui décrivent le type de croissance (par exemple linéaire, curviligne). Les deux plus fortes limites de ce type de modèle sont 1) qu'il suppose qu'il n'y a pas de variation individuelle dans la croissance et

2) qu'il n'y pas d'erreur de mesure dans les scores qui sont utilisés pour mesurer l'habileté en lecture.

Les modèles à variables latentes, au contraire, modélisent explicitement l'erreur de mesure et tiennent compte d'une variation individuelle, en plus de la tendance spécifique du groupe, en lecture. Cette variation individuelle saisit les notions intuitives disant que les instruments de mesure fournissent des mesures imparfaites d'habiletés inobservables, telle l'habileté en lecture, qu'il y a des groupes d'apprenants qui suivent des cheminements différents et que tous les apprenants n'évoluent pas exactement de la même manière que le groupe auquel ils appartiennent. Aujourd'hui, il est même possible d'ajouter des variables prédictives dans de tels modèles, si la taille de l'échantillon et les caractéristiques des données conviennent à l'estimation de ces modèles. Les valeurs de ces variables prédictives peuvent en plus varier en fonction du temps (par exemple les scores mesurant l'habileté de traitement phonologique), elles sont alors appelées *covariables variant dans le temps*, ou leurs valeurs peuvent rester fixes (par exemple la classification selon le langage maternel), elles sont alors appelées *covariables invariantes*. Ces variables peuvent servir à prédire la probabilité d'appartenance à un groupe aussi bien que la forme de développement caractérisant ces groupes. Techniquement, il y a de nombreuses sous-catégories de ces modèles, mais en discuter nécessiterait de faire appel à trop de détails par rapport au cadre de cet article (Muthén et Muthén, 2001, 2004) et nous choisissons plutôt d'illustrer certaines de ces idées par un exemple tiré de nos propres recherches.

EXEMPLE : MODÈLE DE CROISSANCE AVEC DES VARIABLES PRÉDICTIVES

Nous avons participé à une recherche récente (voir Chiappe, Siegel et Gottardo, 2002; Chiappe, Siegel et Wade-Wolley, 2002; Lesaux et Siegel, 2003; Lesaux, Rupp et Lipka, en révision; Lesaux, Siegel et Rupp, en révision) dans le Nord de Vancouver, en Colombie-Britannique, recherche qui a nécessité un examen sur le développement de la lecture de tous les enfants qui sont entrés au jardin d'enfants en 1998 (n = 1238). À ce moment-là, le district scolaire a mis en application, au jardin d'enfants, un programme d'études qui contient une formation sur la conscience phonologique, formation créée dans le but de réduire et de prévenir l'apparition de difficultés en lecture chez les enfants de ce district scolaire. Le programme d'études, qui inclut un modèle d'identification précoce de problèmes de lecture et des interventions afin d'y remédier, a été élaboré afin de répondre aux besoins de la province dans laquelle un grand nombre d'élèves ont eu besoin d'une aide en lecture vers la quatrième année. D'un point de vue théorique, l'étude a été conduite à un moment où la recherche sur la lecture tendait à démontrer l'efficacité de fournir un programme de lecture équilibré avec une composante de dépistage et d'intervention précoce auprès des enfants identifiés comme étant à risque.

Nous avons recueilli des informations sur chaque enfant concernant son âge, son sexe, le langage utilisé à la maison. Chaque enfant a ensuite subi une batterie de tests sur le langage et des tâches de lecture précoce à l'automne et au printemps de l'année au jardin d'enfants. À partir de leur performance sur les tâches administrées à l'automne, les enfants étaient identifiés comme étant *à risque* ou comme n'étant *pas à risque* d'avoir des difficultés en lecture et les enseignants et le personnel de l'école concernés ont été mis au courant de cette information. Au cours de l'année, les enfants ont suivi le programme d'études de lecture précoce (*Firm Foundations*, 1999) et les enfants ayant été identifiés comme étant à risque ont bénéficié de soutien et d'interventions supplémentaires.

Après l'année au jardin d'enfants, nous avons évalué les enfants au printemps de chaque année, de la première à la quatrième. Les batteries de tests, qui étaient administrés à chaque enfant individuellement, mesuraient la lecture des mots, le décodage, la mémoire, l'orthographe, la compréhension en lecture, les habiletés dans le traitement des phonèmes. À partir du design de cette recherche et du processus naturel d'usure (c'est-à-dire les enfants qui quittaient l'étude pour diverses raisons comme le déménagement de leurs parents), 823 enfants sont restés dans l'échantillon. Pour chacun de ces enfants, nous avons ajouté six occasions de mesures ou *vagues* de données qui nous ont fourni la possibilité de poser de nombreuses questions sur le développement de la lecture dans le temps.

Dans deux études récentes (Lesaux, Rupp et Lipka, en révision; Lesaux, Siegel et Rupp, à paraître), nous avons modélisé le développement de l'habileté en lecture en fonction de variables issues du jardin d'enfants. Afin de servir d'illustration dans cet article, nous avons évalué un modèle semblable qui inclut la langue première de même que toutes les variables provenant du jardin d'enfants, et les données concernant la réussite en lecture lors des cinq premières années; le modèle est donné à la figure 1.

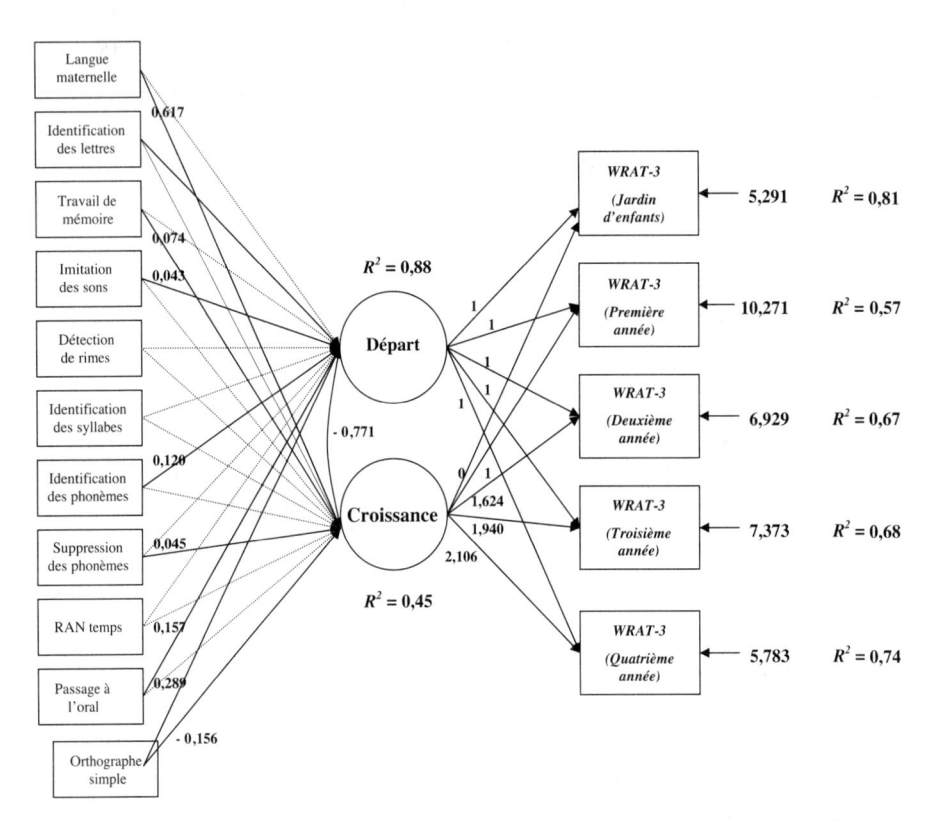

Fig. 1 – *Modèle de croissance non linéaire portant sur les données de cinq années sur le* WRAT-3: sous-test en lecture *avec des variables prédictives provenant du jardin d'enfants.*

Dans ce modèle, les variables latentes sont identifiées par des cercles et les variables observées par des rectangles. Plus particulièrement, ce modèle suppose que le développement en lecture – qui est mesuré par les scores obtenus au *WRAT-3 : sous-test en lecture* – suit un schéma de croissance non linéaire selon une progression en demi-tons et peut être prédit par les variables provenant du jardin d'enfants qui représentent les variations et les différences initiales ainsi que les paramètres de croissance. Il est à noter que la tendance de croissance non linéaire est rendue par les coefficients de croissance qui sont inscrits sur les liens qui joignent la variable d'intersection (départ), de même que la pente (croissance) avec les scores du *WRAT-3 : sous-test en lecture* de chacune des cinq années scolaires; tous les liens correspondant à des régressions statistiquement significatives sont présentés en gras et avec le coefficient estimé. Il est également à noter que nous n'avons toutefois pas pu modéliser l'erreur de mesure des variables *WRAT-3 : sous-test en lecture*, à cause d'un manque d'information touchant les items.

Les valeurs des coefficients R^2 du modèle montrent que nous avons tenu compte de 88 % des différences dans le paramètre correspondant à l'intersection (c'est-à-dire la variable latente appelée « départ ») et de 45 % de la variation dans le paramètre correspondant à la pente (c'est-à-dire la variable latente appelée « croissance »). Cela signifie que les variables provenant du jardin d'enfants nous aident beaucoup à expliquer la performance des enfants lors des tests *WRAT-3 : lecture* proposée au jardin d'enfants, mais que leur importance diminue quelque peu lorsque nous tentons de les utiliser pour expliquer les variations individuelles dans le processus d'évolution qui suit. De plus, en ajustant le modèle de croissance aux variables prédictives, nous pouvons expliquer une assez grande quantité de la variation dans les scores du *WRAT-3 : lecture* au long des années, et on peut le voir grâce aux valeurs relativement élevées de R^2 qui varient, *grosso modo*, entre 57 % et 81 %. À cause de la façon dont est codée la variable correspondant à la langue maternelle (c'est-à-dire 0 en anglais langue première, 1 en anglais langue seconde), les estimateurs des paramètres montrent que les différences moyennes sur le statut de départ ne sont pas significatives ici, mais que les élèves dont l'anglais est la langue seconde ont un taux de croissance plus élevé en moyenne. De plus, les paramètres estimés montrent que la tâche d'identification des lettres joue le plus grand rôle de prédiction des différences, aussi bien au départ que dans la croissance, permettant de penser que la seule administration de cette tâche pourrait être suffisante pour faire un diagnostic rapide des problèmes potentiels en lecture.

Enfin, le modèle montre clairement que le développement de la lecture ne se comporte pas de façon linéaire, ce qui, comme nous l'avons dit, est montré par les coefficients de croissance du modèle. Il faut noter que les coefficients de croissance ont été estimés librement par le programme, sauf en ce qui concerne les deux premiers qui ont été fixés à 0 et 1 pour les besoins de l'identification du modèle.

Ce modèle ainsi que ses variations brossent un portrait clair de la forme habituelle du développement de la lecture sur une durée de temps et démystifie le sujet. Par exemple, les modèles montrent de façon empirique que les enfants d'origines linguistiques différentes suivent des évolutions de développement de la lecture comparables, et que les différences d'habiletés en lecture du début peuvent être surmontées grâce à des programmes d'intervention efficaces.

Bien que ce soit un exemple allant dans le sens des études actuelles à grande échelle qui saisissent les effets d'une intervention à l'aide d'une approche quantitative, de nombreuses autres questions sur le développement de la lecture existent encore et pourraient être étudiées de façon appropriée grâce à une approche qualitative. Par exemple, une étude ethnographique dans une classe du jardin d'enfants permettrait de comprendre la culture et la dynamique de la classe, de même que les réactions des enseignants, des élèves ou des parents à ce modèle d'enseignement de lecture précoce. On retrouve également dans les écrits de nombreux exemples de belles descriptions de l'efficacité des techniques d'enseignement et avec des enfants provenant de différentes cultures; ces exemples posent la base, en de nombreux points, du champ de l'éducation. Par conséquent, les méthodes de recherche qualitative et quantitative dans l'étude du développement de la lecture sont complémentaires et montrent leur puissance individuelle quand elles sont convenablement adaptées aux objectifs de la question de recherche.

CONCLUSION

Dans cet article, nous avons démontré combien la compréhension du développement de la lecture dans un cadre empirique est un processus complexe, aux multiples facettes, qui nécessite de continuellement s'attarder à découvrir de nouvelles hypothèses, et de les utiliser afin de prendre des décisions fondées et justifiables qui peuvent être défendables face aux critiques des consommateurs de la recherche. Intégrer et comprendre les considérations méthodologiques qui interviennent dans ce processus nécessite une formation en méthodologie, et de prendre part à la communauté de la recherche, que ce soit comme chercheur principal, comme membre d'un groupe de recherche ou comme consommateur critique de cette dernière. Comme les prises de décision sont toujours fondées sur les choix méthodologiques, il ne peut pas exister de lien simple entre la méthodologie et le cadre théorique qui possède des propriétés idéales dans l'absolu. Les chercheurs doivent plutôt se débattre entre les compromis permanents et les décisions à prendre tout au long de leur cheminement, et ils sont nombreux. Nous avons illustré ces considérations méthodologiques dans le contexte du développement de la lecture, mais il est évident qu'elles sont également valables pour d'autres études liées à la littératie ou à des projets scientifiques plus généraux.

NOTES

1 Techniquement, les statisticiens pensent aux populations comme à des ensembles de nombres ou de classifications qui suivent des distributions, mais cette façon de voir est plus avancée et nécessite une discussion.
2 On peut, bien sûr, soutenir que la recherche qui n'est pas acceptée conduit à une compréhension des phénomènes, mais nous avons décidé ici de nous en tenir à l'impact le plus direct.
3 Ceci est dû au fait que les conditions de causalité – 1) l'ordre dans le temps, 2) une covariation entre la cause et l'effet et 3) la non-existence de l'effet si la cause est absente – sont supposées remplies (Borsboom, Mellenberg et van Heerden, 2003).

RÉFÉRENCES

Bauer, D. J. (2003). Estimating multilevel linear models as structural equation models. *Journal of Educational and Behavioral Statistics, 28,* 135-167.

Bollen, K. A. (1989). *Structural equations with latent variables.* New York: Wiley.

Borsboom, D., G. J. Mellenbergh et J. van Heerden. (2003). The theoretical status of latent variables. *Psychological Review, 110,* 203-219.

Casella, G., et R. L. Berger. (1990). *Statistical inference*. Belmont, CA: Duxbury Press.

Chiappe, P., L. S. Siegel et A. Gottardo. (2002). Reading-related skills of kindergartners from diverse linguistic backgrounds. *Applied Psycholinguistics, 23*(1), 95-116.

Chiappe, P., L. S. Siegel et L. Wade-Woolley. (2002). Linguistic diversity and the development of reading skills: a longitudinal study. *Scientific Studies of Reading, 6*(4), 369-400.

Cohen, J. (1994). The earth is round ($p < .05$). *American Psychologist, 49*, 997-1003.

Cohen, J. (1990). Things I have learned (so far). *American Psychologist, 45*, 1304-1312.

Creswell, J. W. (2002). *Research design: qualitative, quantitative, and mixed-method approaches*. Thousand Oaks, CA: Sage.

Curran, P. J. (2003). Have multilevel models been structural equation models all along? *Multivariate Behavioral Research, 38*, 529-569.

De Boeck, P., et M. Wilson. (2004). *Explanatory measurement: generalized linear and non-linear mixed models for item response data*. New York: Springer-Verlag.

Embretson, S. E. (2001). Improving construct validity with cognitive psychology principles. *Journal of Educational Measurement, 38*, 343-368.

Embretson, S. E. (1983). Construct validity: construct representation versus nomothetic span. *Psychological Bulletin, 93*, 179-197.

Embretson, S. E., et S. P. Reise. (2000). *Item response theory for psychologists*. Mahwah, NJ: Erlbaum.

Fabrigar, L. R., R. C. MacCallum, D. T. Wegener et E. J. Strahan. (1999). Evaluating the use of exploratory factor analysis in psychological research. *Psychological Methods, 4*, 272-299.

Gravetter, F. J., et L. B. Wallnau. (2004, 6th ed.). *Statistics for the behavioral sciences*. Belmont, CA: Wadsworth/Thomson Learning.

Henson, R. K., et A. D. Smith. (2000). State of the art in statistical significance and effect size reporting: a review of the APA Task Force report and current trends. *Journal of Research and Development in Education, 33*, 285-296.

Kamata, A. (2001). Item analysis by the hierarchical generalized linear model. *Journal of Educational Measurement, 38*, 79-93.

Kuehl, R. O. (2004, 2nd ed.). *Design of experiments: statistical principles of research design and analysis.* Pacific Grove, CA: Brooks/Cole.

Lesaux, N., et L. Siegel. (2003). The development of reading in children who speak English as a second language. *Developmental Psychology, 39*(6), 1005-1019.

Lesaux, N. K., L. S. Siegel et A. A. Rupp. (under review). *The development of reading skills in children from diverse linguistic backgrounds: findings from a 5-year longitudinal study.*

Lesaux, N. K., A.A. Rupp, et O. Lipka (under review). *Convergent and divergent lines of evidence for the construct validity of provincial reading classifications: results from a 5-year longitudinal study.*

Lincoln, Y., et E. Guba. (1985). *Naturalistic inquiry.* New York: Sage.

McDonald, R. P. (1999). *Test theory: a unified treatment.* Mahwah, NJ: Erlbaum.

Merriam, S. B. (1997). *Qualitative research and case study applications in education.* New York: Jossey-Bass.

Messick, S. (1995). Validity of psychological assessment: validation of inferences from persons' responses and performances as scientific inquiry into score meaning. *American Psychologist, 50,* 741-749.

Messick, S. (1989). Validity. Dans R. Linn (Ed.), *Educational measurement.* New York: Macmillan, 13-103.

Muthén, B. O. (2002). Beyond SEM: general latent variable modeling. *Behaviormetrika, 29,* 81-117.

Muthén, B., et L. K. Muthén. (2000). Integrating person-centered and variable-centered analyses: growth mixture modeling with latent trajectory classes. *Alcoholism: Clinical and Experimental Research, 24,* 882-891.

Neter, J., M. H. Kutner, C. J. Nachtsheim et W. Wasserman. (1996, 4th ed.). *Applied linear statistical models.* Chicago: Irwin.

Popham, W. J. (2003). Seeking redemption for our psychometric sins. *Educational Measurement: Issues and Practice, 22,* 45-48.

Raudenbush, S. W., et A. S. Bryk. (2002, 2nd ed.). *Hierarchical linear models: applications and data analysis methods.* Thousand Oaks, CA: Sage.

Rijmen, F., F. Tuerlinckx, P. De Boeck et P. Kuppens. (2003). A nonlinear mixed model framework for item response theory. *Psychological Methods, 8,* 185-205.

Rupp, A. A., D. K. Dey et B. D. Zumbo. (2004). To Bayes or not to Bayes, from whether to when: applications of Bayesian methodology to modeling. *Structural Equation Modeling, 11*, 424-451.

Schum, D. A. (1993). Argument structuring and evidence evaluation. Dans R. Hastie (Ed.), *Inside the juror: the psychology of juror decision making*. Cambridge: Cambridge University Press, 175-191.

Tate, R. (2003). A comparison of selected empirical methods for assessing the structure of responses to test items. *Applied Psychological Measurement, 27*, 159-203.

Vermunt, J. K., et J. Magidson. (2002). Latent class cluster analysis. Dans J. A. Hagenaars et A. L. McCutcheon (Eds.), *Advances in latent class analysis*. Cambridge University Press, 89-106.

Zumbo, B. D., et A. A. Rupp. (2004). Responsible modeling of measurement data for appropriate inferences: important advances in reliability and validity theory. Dans D. Kaplan (Ed.), *Handbook of quantitative methodology for the social sciences*. Newbury Park, CA: Sage Press 73-92.

Interventions pédagogiques favorisant l'apprentissage de la lecture en contexte d'actualisation linguistique en français

Marie Josée Berger
Faculté d'éducation
Université d'Ottawa

L'ÉCOLE de langue française dispersée sur tout le territoire de l'Ontario regroupe certaines régions dans lesquelles les francophones restent peu nombreux. Les ressources financières, humaines et matérielles demeurent limitées et la mise en œuvre des programmes devient problématique, particulièrement en ce qui concerne le développement et le maintien de la langue (Gallant, Gilbert et Thériault, 2001; Labrie et Lamoureux, 2003). Outre ces ressources limitées, l'école fait face à des défis de taille quant à sa clientèle d'élèves qui possèdent des bagages culturels et linguistiques forts variés : certains doivent apprendre le français, d'autres le perfectionner tant sur le plan des compétences à communiquer que sur celui de l'apprentissage en général ou encore pour pouvoir s'affirmer culturellement (Gérin-Lajoie, 2001). Les élèves qui parlent peu le français ou ne le parlent pas du tout se retrouvent dans un programme de transition désigné sous le vocable « Actualisation linguistique en français » (ALF).

Ce programme, mis en œuvre en 1994, a subi des changements en 2002 lors de la réforme du curriculum en Ontario par rapport aux attentes et aux contenus d'apprentissage. Toutefois, en dépit de ces modifications, les directives quant aux interventions pédagogiques en lecture restent vagues. Or, dès 1996, un sondage effectué auprès des enseignants de classes d'actualisation linguistique en français signalait que pour les élèves d'actualisation linguistique en français (ALF), l'apprentissage de la lecture s'avère très difficile durant les premières années d'études. Étant donné la structure scolaire et une transition rapide vers le programme ordinaire, les élèves d'actualisation linguistique en français (ALF) qui, durant leurs premières années d'études n'ont pas appris à lire, se retrouvent, en poursuivant leurs études, sans connaissances de base en lecture. Aucune intervention particulière ne leur est destinée de façon systématique et ils aboutissent, à un certain moment, dans les labyrinthes de l'enfance en difficulté parce qu'ils sont devenus analphabètes (Berger, 2003). Or, les données de plusieurs recherches dans le domaine de la lecture (Gilabert, 1992; Fijalkow, 1995) montrent que les premières années d'études constituent le moment par excellence pour une intervention précoce en vue d'une maîtrise adéquate des apprentissages de base. Pour Weltstein-Badour (1998), les interventions pédagogiques peuvent faire toute la différence dans l'apprentissage de la lecture. En effet, un très grand nombre d'élèves sans handicap ne réussissent pas à apprendre à lire alors que d'autres élèves vivant dans des conditions d'environnement très défavorable apprennent à lire lorsque les interventions pédagogiques proposées répondent à leurs besoins.

Il y a donc lieu d'examiner pour les élèves en actualisation linguistique en français (ALF), ayant des difficultés en lecture, des pistes d'interventions pédagogiques adéquates. Cette étude traite donc de ces pistes en prenant en considération le contexte de l'actualisation linguistique en français ainsi que les enjeux d'un apprentissage de la lecture en milieu minoritaire.

PROGRAMME D'ACTUALISATION LINGUISTIQUE EN FRANÇAIS

Le programme d'actualisation linguistique en français vise l'acquisition d'une connaissance suffisante de la langue pour communiquer et apprendre, de même que le développement des compétences langagières connexes indispensables à la poursuite des études. La première année d'études du programme est le point d'entrée de l'élève qui n'a aucune connaissance du français. Ce programme propose d'abord l'apprentissage des éléments de la langue nécessaires à la compréhension et à la production d'énoncés dans des contextes concrets et significatifs de la vie quotidienne. Cette compétence fondamentale à communiquer facilite chez l'élève l'expression des besoins immédiats et les échanges interpersonnels. Les activités pédagogiques doivent mettre l'accent sur les structures linguistiques et le vocabulaire concret, deux éléments utiles à l'expression des besoins personnels et sociaux.

Alors que l'enseignement du français a longtemps été basé sur une connaissance approfondie de la grammaire, le programme d'actualisation linguistique en français se situe plutôt dans un contexte d'aménagement comprenant les objectifs suivants : promouvoir le français, c'est-à-dire rendre son emploi usuel, spontané et valorisant; améliorer la qualité du français et développer l'étendue de son usage en donnant aux individus les moyens d'employer les formes orales et écrites de façon appropriée, dans une grande variété de situations (Cazabon, 1997).

Les principes du programme s'appuient sur :
a) la prise en compte des dimensions de l'apprentissage (le développement des connaissances, des compétences et des valeurs);
b) l'établissement de liens entre les matières et avec la vie quotidienne ainsi que l'adoption d'une approche intégrée;
c) la prise en compte des caractéristiques individuelles, des besoins de l'élève sur les plans scolaire et socioaffectif, la responsabilisation des élèves face à leur apprentissage;
d) le respect des cultures et des différences (ministère de l'Éducation, 2002).

Le programme d'actualisation linguistique en français est un programme d'appoint ou de mise à niveau et les élèves peuvent s'y inscrire à n'importe quel moment de l'année scolaire, et cela, indifféremment du niveau d'études, primaire ou secondaire. L'élève doit s'intégrer dans le programme d'études régulier dicté par le curriculum de l'Ontario. Ce curriculum décrit la langue comme étant au cœur de tous les apprentissages et l'enseignement du français comme le fondement et le complément de toutes les autres matières. Ses principaux objectifs portent sur le perfectionnement des compétences langagières : la communication orale, la lecture et l'écriture et l'appropriation de la culture. Il revient au personnel enseignant des classes d'actualisation linguistique en français de choisir le moment propice à l'intégration de l'élève, d'organiser ses pratiques, de se questionner pour répondre à ses besoins et de mettre en œuvre les principes du programme.

Le programme d'actualisation linguistique en français propose des stratégies d'apprentissage pour atteindre les objectifs de quatre domaines reliés à la communication orale, à la lecture, à l'écriture et à l'appropriation de la culture. Parmi ces stratégies, se retrouvent la création d'un environnement stimulant, des activités d'interactions sociales, des approches contextualisées et décontextualisées, des références au vécu de l'élève. Dans ces quatre domaines, la lecture et l'écriture revêtent une importance particulière, car ces élèves participent à la fin de leur troisième année au programme provincial de tests de l'Office de la qualité et de la responsabilité en éducation (OQRE); la question de la performance devient alors un point central et celle de leur intégration au programme ordinaire un impératif. Cet impératif est d'abord motivé par la question de responsabilisation, mais également et surtout par la préoccupation majeure d'aider ces élèves à acquérir les compétences langagières nécessaires pour poursuivre une scolarité ordinaire dans les écoles de langue française. Comme le mentionne le rapport de l'OQRE (2003-2004), certains élèves des écoles de langue française n'atteignent pas la norme provinciale en lecture et en écriture. Toutefois, une amélioration sensible de leur rendement s'amorce et met à la fois en évidence l'utilité des interventions pédagogiques ciblées, menées dans les écoles auprès des jeunes, et la nécessité d'un enseignement répondant davantage à leurs besoins. Des interventions pédagogiques adaptées au milieu minoritaire, visant l'apprentissage optimal de la langue orale et écrite, doivent donc être envisagées afin que la lecture devienne une réussite pour les élèves des classes d'actualisation linguistique en français.

APPRENTISSAGE DE LA LECTURE ET ACTUALISATION LINGUISTIQUE EN FRANÇAIS

Peu d'études portent sur l'apprentissage de la lecture par les élèves en contexte francophone minoritaire pour qui le français constitue la deuxième, voire la troisième langue. Ces études se penchent sur les enjeux et les approches de l'enseignement du français en situation de minorité : l'identité, la vitalité culturelle ethnolinguistique, la qualité de la langue, le profil des apprenants du secondaire (Allard, 1994; Cazabon, Lafortune, Boissonneault et Beniak, 1993; Herry et Levesque, 1993; Laforge, 1993; Landry et Allard, 1997; Bernard, 1997; Bordeleau et al.,

1999; Landry et Allard, 2000). Selon Cazabon (1997), l'étude de l'enseignement en français en situations minoritaires n'est pas un champ délimité et reconnu comme discipline. L'éducation des minorités émerge à peine, et on se préoccupe surtout du traitement de la langue seconde acquise à l'école.

En effet, les stratégies d'enseignement de la langue en milieu minoritaire s'articulent principalement autour de l'école. Cazabon (2001) rapporte que les études effectuées de 1980 à 2000 sur l'enseignement de la langue au sein de l'école, en milieu minoritaire, portent sur la nature linguistique, sociolinguistique et psycholinguistique de la langue. Il propose un modèle holistique de la didactique du français langue maternelle. D'autres chercheurs se penchent sur la norme linguistique et ses conséquences (Heller, 1994) ainsi que sur le lien entre la scolarisation en français et le développement psycholangagier (Landry et Allard, 2000). Ces études apportent un certain éclairage sur le maintien de la langue et de la culture françaises dans un contexte de bilinguisme additif, de vitalité ethnolinguistique et du rôle de l'école et de la famille (Bernard, 1997; Cazabon *et al.*, 1993), mais elles n'établissent pas de liens spécifiques entre des éléments précis de l'enseignement de la langue dans le quotidien de l'école.

D'autres études, comme celle de Mandin (2003) et celle de Berger (2003), mettent en évidence que le développement de compétences langagières constitue un facteur primordial du développement et du maintien de la langue en milieu minoritaire. Masny, Lajoie et Pelletier (1993) ont également examiné des procédures reliées au développement des compétences langagières pour conclure que l'actualisation linguistique en français – culturelle, socioéconomique et politique – des francophones en milieu minoritaire ne peut se réaliser que par leur accession à un niveau supérieur des processus cognitifs associés aux pratiques pédagogiques. Quelles sont les pratiques pédagogiques qui conduiraient à ce niveau supérieur? Et, particulièrement pour l'élève en actualisation linguistique en français, comment ces pratiques peuvent-elles lui donner accès à la littératie?

Pour Masny *et al.* (1993), la littératie désigne la façon dont une personne véhicule et comprend les informations simples ou complexes dans des situations de communication authentiques, et ce, tant à l'oral qu'à l'écrit, et dans une multiplicité de supports imprimés ou non que l'on peut qualifier de « textes » : les livres, la publicité, les nouvelles télévisées, les exposés oraux en classe, les textes informatifs et narratifs, etc. (Masny *et al.*, 1993, p. 37-38). Le concept de littératie en tant qu'ensemble de connaissances, d'habiletés, d'attitudes, de valeurs et de comportements reliés aux compétences langagières doit se refléter dans les interventions pédagogiques en salle de classe d'actualisation linguistique en français. C'est au sein de ce concept de littératie que l'élève du programme d'actualisation linguistique en français doit s'approprier les éléments de la lecture. L'élève n'est exposé qu'à la langue de l'école et il s'ensuit que les interventions pédagogiques devront prendre en compte l'apprentissage formel de la lecture qui nécessite un ensemble d'opérations étroitement liées les unes aux autres comme la segmentation de la chaîne orale en unités sonores aboutissant à l'identification des phonèmes, la segmentation de la chaîne écrite en unités graphiques et leur mise en correspondance avec les phonèmes, la découverte au sein de ces assemblages et la compréhension des ensembles de mots, de phrases et des textes (Barré-De Miniac, 2003).

Pour avoir accès à la segmentation de la chaîne écrite en unités graphiques, il faut pouvoir relier un graphisme à ce qu'il représente et identifier avec précision les formes dont il est constitué. L'alphabet français étant composé d'un grand nombre de lettres symétriques les unes aux autres (par exemple b/d/p/q), l'élève doit apprendre à repérer l'orientation des signes dans l'espace afin de les différencier et de les rattacher aux sons qu'ils représentent (Alexander, 2003). Les opérations de segmentation et de compréhension se réalisent de manière synchronisée durant le décodage qui conduit à lier les graphismes et les sons, tout en recherchant la compréhension (Ferrand, 1995). L'élève acquiert le goût de lire s'il est capable de comprendre ce qu'il lit. Plus les interventions pédagogiques facilitent l'accès au sens, plus elles deviennent attirantes pour le lecteur. Les processus de segmentation doivent donc se faire par l'intermédiaire des interventions pédagogiques au cours desquelles l'enfant lit, dès les premières leçons, de petits textes tout en respectant une logique qui consiste à ne jamais introduire dans la lecture d'éléments inconnus en dehors de celui qui constitue la leçon du jour (Allington et McGill-Franzen, 2000).

Le plus grand défi pour les élèves du programme d'actualisation linguistique en français (ALF) demeure l'apprentissage du français qui se fait essentiellement à l'école et non au sein de leur foyer. Soulignons que le français est leur deuxième ou troisième langue. Pourtant, les enseignants n'hésitent pas à présenter la lecture, ainsi que les processus de segmentation, en fonction d'une classe de français langue maternelle, même s'ils sont très conscients que ces élèves apprennent à lire dans une langue qui est véhiculée seulement à l'école (Berger, 2003).

INTERVENTIONS PÉDAGOGIQUES EN LECTURE ET EN ACTUALISATION LINGUISTIQUE EN FRANÇAIS

Plusieurs programmes d'intervention en lecture existent et s'adressent à des élèves identifiés comme ayant des difficultés d'apprentissage (Clay, 1985; Mantzicopoulous *et al.*, 1992; Pikulski, 1994). Les élèves en actualisation linguistique en français (ALF) n'appartiennent pas à ces groupes; ils forment plutôt un groupe hétérogène qui utilise peu ou n'utilise pas la langue enseignée à l'école (Gérin-Lajoie, 2001). Compte tenu de cette hétérogénéité, l'école et particulièrement les apprentissages en salle de classe doivent pallier la faible valorisation de la langue dans l'environnement sociétal en majorité anglophone (Lafrance, 1993). En plus de se pencher sur l'apprentissage des mécanismes de la langue, l'apprentissage en milieu minoritaire requiert donc des interactions sociales et culturelles pour un développement de la littératie orienté vers l'affirmation de la francité. Selon Brilt-Mari (1993), les interactions culturelles et sociales favorisent le déclenchement de processus internes permettant de faire des liens entre la connaissance que possède déjà l'individu et les nouvelles connaissances à acquérir.

Dans le cas de l'actualisation linguistique en français, ces interactions peuvent se réaliser lors des échanges entre l'élève et l'enseignant et facilitent le développement du dialogue et l'établissement des liens entre les connaissances antérieures et les nouvelles informations présentées. Pour Cazabon (1997), de telles interactions s'appuient sur la « perspective constructiviste qui conçoit la langue d'une façon intégrée, holistique et réelle et qui souligne l'apport d'activités concrètes dans la régulation des savoirs langagiers. » (p. 499).

Une étude effectuée auprès d'enseignants des classes d'actualisation linguistique en français des 12 conseils scolaires de langue française en Ontario indique que pour plus de 5 % d'entre eux, les interventions pédagogiques sur le plan de la construction des savoirs langagiers se situent dans la prise en compte des dimensions d'apprentissage en termes de connaissances, de compétences et de valeurs. L'inventaire de leur portfolio montre que lors des interventions en salle de classe, le développement des valeurs est aussi important que celui des connaissances et des compétences; ils intègrent les valeurs dans les leçons, les textes, et ce, dans les domaines de la lecture, de l'écriture et de la communication orale. Les enseignants véhiculent les valeurs de la communauté francophone et les font vivre aux élèves au sein de la salle de classe par différentes activités. Ils responsabilisent les élèves face à leur apprentissage et au développement de l'autodiscipline. La communication orale tient également une place importante. Plusieurs de leurs interventions correspondent aux principes du programme d'actualisation linguistique en français qui englobe le développement des connaissances, des compétences et des valeurs en établissant des liens avec la vie quotidienne (Berger, 2003).

À la suite de cette étude et d'autres projets auprès d'élèves des classes d'actualisation linguistique en français (ministère de l'Éducation de l'Ontario, 2000, 2003, 2004), de nouveaux paradigmes d'interventions ont été proposés. Les interventions pédagogiques en classe d'actualisation linguistique en français mettent l'accent de plus en plus sur la construction par l'élève de ses connaissances, à travers les expériences qu'il vit dans son environnement. Cette construction repose sur un ensemble de rapports implicites ou explicites, entre un élève ou un groupe d'élèves et l'enseignant (Brousseau, 1992). Il s'agit d'une situation de dialogue entre l'enseignant et un élève, ou plusieurs, en ce qui a trait à un savoir à communiquer. Il existe ainsi un partage de responsabilités puisque l'enseignant n'exerce pas un contrôle exclusif. La responsabilité de l'élève est prise en considération : « Il doit accomplir son métier d'élève, à savoir apprendre » (Jonnaert, 1996, p. 216).

Les nouveaux paradigmes d'interventions pédagogiques en lecture, comme en témoigne le rapport Suurtamm *et al.* (2004), s'articulent autour des éléments suivants : la prise en compte de la communication, des caractéristiques individuelles, de l'intention de communication, de la qualité des conversations et du degré de participation aux échanges langagiers, de la prononciation et de la compréhension des messages avant même que ne débutent les processus de segmentation et de compréhension en lecture. L'élève en actualisation linguistique en français devra démontrer ses capacités à communiquer oralement sur des sujets variés, à adapter ses discours aux situations de communication et au destinataire, à les organiser de façon à transmettre clairement le message à l'aide d'un vocabulaire juste et précis et en respectant les conventions de la langue. Il devra être capable de tenir des conversations courantes et variées, de prononcer correctement les mots d'un usage courant et de comprendre une variété de messages énoncés selon un débit normal.

La performance globale de l'élève s'évalue à partir des échantillons de ses productions orales et écrites. Il est alors possible de déterminer son développement langagier. Les compétences langagières s'établissent par rapport aux fonctions de communications (Berger, 1999).

1. *Fonction informative :* l'élève apprend à communiquer l'information au sujet d'un contenu.

2. *Fonction expressive :* le contenu du message de l'élève révèle ses sentiments et ses opinions.

3. *Fonction incitative :* l'élève demande, persuade, argumente, donne un ordre.

4. *Fonction poétique :* l'élève utilise sa créativité.

5. *Fonction interactionnelle :* l'élève utilise les formules de politesse orales et écrites, les interpellations.

6. *Fonction heuristique :* l'élève utilise la langue pour résoudre des problèmes, apprendre et découvrir.

7. *Fonction métalinguistique :* l'élève utilise la langue pour faire des jeux de mots, établir des rapports entre les mots.

La prise en compte des besoins de chaque élève par l'enseignant se fait par l'individualisation ou l'adaptation des interventions afin de lui fournir une aide individuelle et en suggérant aux parents des moyens d'aider leur enfant à s'adapter au programme. Le rôle de médiation de l'enseignant consiste à mettre en interaction plusieurs réseaux de savoirs. C'est ainsi qu'il met en réseau l'enseignement, les connaissances de l'élève, les exigences et les contraintes de la littératie. L'enseignant en actualisation linguistique en français a pour fonction d'ajuster les situations proposées aux élèves en prenant en considération leurs connaissances. Il poursuit l'objectif de les faire interagir. Pour cela, il observe et analyse sans cesse l'activité de l'élève par rapport à une situation donnée. Il évalue et étend les limites de l'expérience que ce dernier peut développer dans la situation proposée. L'apprentissage nécessite un va-et-vient permanent entre les caractéristiques de la situation et les représentations de l'élève; la médiation de l'enseignant se situe, entre autres, à ce point de vue. Et enseigner selon le paradigme de construction de connaissances exige de profiter de toutes les occasions qui s'offrent pour en faire des situations d'apprentissage (Jonnaert, 1996).

L'assimilation de tout nouveau savoir passe par la reconstruction personnelle de l'information et son lien à ce qui est déjà connu ou familier (Gipps, 1994). « Le rôle actif et structurant [de l'apprenante ou de l'apprenant] et de ses schèmes conceptuels dans [sa] constitution du savoir et de la réalité » (Legendre, 1993, p. 255) est essentiel à la reconstruction d'un savoir qui place l'élève au cœur du processus pédagogique. Chacun ayant des antécédents qui lui sont propres, les nouveaux apprentissages s'y rattachent de manière personnelle. Le temps n'apparaît pas comme une variable fixe dans le développement de nouvelles habiletés, il s'ajuste aux besoins de chacun. La motivation, l'effort et l'estime de soi jouent alors un rôle déterminant; le travail en groupe est bienfaisant. Il est important de reconnaître aussi l'existence de différents styles d'apprentissage, de différences culturelles et de multiples formes d'intelligence ainsi que de l'authenticité des apprentissages (Bruer, 1994).

De plus, compte tenu de l'apprentissage de la langue minoritaire, les interventions doivent prendre en considération certains apports de l'enseignement d'une langue comme les expériences sociales et culturelles et le contexte d'apprentissage qui sont aussi considérés comme des facteurs reliés à l'attitude et à la motivation (Anderson, 1991).

OPÉRATIONNALISATION DES INTERVENTIONS PÉDAGOGIQUES EN ACTUALISATION LINGUISTIQUE EN FRANÇAIS

Les interventions pédagogiques pertinentes à l'actualisation linguistique en français se concrétisent lors de la mise en situation, de l'exploration, de l'application et du réinvestissement d'activités proposées à l'élève pour lui apprendre à lire. En se basant sur les recherches d'Adams (1990), Cairney (1990), Beck et Connie (1992), Chall (1993), Stanovich et Stanovich (1995), sur le modèle d'intervention précoce en lecture (Berger *et al.*, 1999) ainsi que sur le document intitulé « Stratégie de lecture au primaire » (ministère de l'Éducation de l'Ontario, 2003), les éléments essentiels des activités d'interventions pédagogiques sont les suivants :
- un apprentissage en salle de classe en petits groupes et individualisé selon les besoins;
- un apprentissage social;
- un apprentissage équilibré des compétences de raisonnement, de communication, d'organisation des idées, de résolution de problèmes, d'acquisition de concepts, d'application des procédures;
- une évaluation régulière et continue par l'enseignant.

MISE EN SITUATION : INTERVENTIONS EN LECTURE

L'étape de la mise en situation consiste à vérifier les connaissances des élèves sur tout sujet traité dans un texte, à les amener à rechercher mentalement leurs connaissances sur le sujet, à vérifier le vocabulaire, le bagage lexical, avant d'entreprendre la lecture. Cette mise en situation permet de mettre le matériel à la portée des élèves en adoptant une perspective socioconstructiviste pour laquelle l'apprentissage suppose non seulement la maîtrise d'un ensemble de connaissances et d'habiletés qui les sous-tend, mais également les capacités sociales et culturelles qui permettent à l'apprenant de s'intégrer en tant que participant et non comme observateur (Gilly, 1988).

Par ailleurs, la mise en situation permet de prendre en compte les facteurs affectifs mis en jeu lors de l'apprentissage d'une langue. L'attitude, la motivation, la confiance en soi, l'anxiété par rapport à une situation sont autant de facteurs déterminants pour l'apprentissage de la langue. Cette mise en situation permet de tenir compte de ce que Krashen (1985) appelle le « filtre affectif ». La préparation de la mise en situation requiert aussi la mise en place d'éléments spécifiques tels que le niveau de complexité de la compréhension recherchée, le niveau de validité des transferts (Brilt-Mari, 1993). Comme le mentionne Ecalle (1995), la lecture est une partie constituante du capital culturel que possède tout individu. L'apprenti lecteur prend connaissance de la langue écrite par l'intériorisation de connaissances spécifiques acquises au cours d'interactions sociales et multiples.

La présentation

L'enseignant présente le texte et l'intention de lecture aux élèves, ainsi qu'un élément déclencheur sous forme d'images ou d'objets afin de les motiver et de les inciter à lire, de leur présenter le contexte, de piquer leur curiosité et de les amener à anticiper le contenu et à formuler des hypothèses. Les élèves doivent alors participer activement et partager les éléments d'information avec le groupe (Guthrie et Wigfield, 2000).

Le rôle de l'enseignant consiste à accompagner les élèves dans l'acquisition de nouvelles informations. Il peut faire prendre conscience aux élèves de leurs expériences sensorielles, les aider à verbaliser, à trier et à comprendre les informations. Pour rendre le matériel accessible aux élèves, l'enseignant peut en effet poser des questions, souligner les mots clés présents dans les phrases.

L'anticipation

En posant des questions pertinentes, l'enseignant aide les élèves à identifier les stimuli, à les décrire, à les observer activement, à les comparer, à les classifier, et à les discriminer tout en développant un vocabulaire pertinent par rapport au texte présenté. L'enseignant conduit les élèves à anticiper, à explorer, à expérimenter (Smith, 1995). C'est l'occasion favorable de développer les compétences langagières, car l'apprentissage de la lecture est aussi de nature sociale et la connaissance se construit à travers l'interaction des élèves avec leur entourage. Ainsi, conscient de l'expérience des élèves et de leur langage, l'enseignant pourra s'assurer que les élèves comprennent le pourquoi de l'activité de lecture et prennent possession du langage approprié (Richaudeau, 1992).

Lors de cette anticipation, le développement langagier se fait par la prise de conscience des structures de la langue dans le texte (Bentin, 1992; Ball, 1993). Comme en milieu minoritaire les élèves sont peu exposés à la langue et ont donc rarement l'occasion de développer l'habileté se rapportant à l'écoute du français, l'anticipation devient alors un moment privilégié pour l'acquérir. Il est alors important de montrer de l'intérêt pour les productions de l'élève lorsqu'il travaille en groupe ou seul. La communication orale constitue le point de départ le plus important de l'anticipation.

L'exploration

Tout au long de la lecture, l'enseignant doit amener les élèves à évaluer leurs hypothèses et à en formuler d'autres. Ainsi, lorsque les élèves se trouvent dans une impasse, l'enseignant doit leur montrer comment se servir des informations visuelles et syntaxiques, leur faire prendre conscience des stratégies face à des mots nouveaux ou inconnus. L'apprentissage est activé et l'enseignant joue alors le rôle de médiateur (Malone et Taylor, 1994) dans des situations réalistes et stimulantes qui amènent l'élève à discuter et à coopérer avec ses camarades.

Les stratégies

L'enseignant aide les élèves à intégrer les nouvelles informations, à développer des stratégies de rappel et à reconnaître l'information précédemment emmagasinée. Cette activité se fait individuellement ou collectivement, selon les situations. Au cours de la lecture orale, l'enseignant peut aussi aider les élèves à se retrouver dans les différentes stratégies fondamentales de prévision du sens général du texte, de reconnaissance spontanée de mots, ou dans les stratégies de dépannage face à des mots nouveaux ou inconnus. Tout au long de la lecture, les stratégies deviennent un processus qui permet à l'élève de découvrir le sens. En fait, ces stratégies permettront aux élèves d'aborder et de négocier leur apprentissage (Meirieu, 1995).

L'objectivation

L'enseignant pose des questions aux élèves, vérifie les difficultés rencontrées, pour les amener à l'objectivation. Ces questions portent sur les éléments importants du texte et permettent de développer davantage les compétences langagières. Tout au long de l'apprentissage et de l'enseignement de la lecture, on travaille différentes habiletés comme le repérage des mots et des expressions qui réfèrent explicitement à l'information cherchée; ainsi, la sélection permet aux élèves de choisir parmi les informations données celles dont ils ont besoin compte tenu de l'intention de lecture; le regroupement leur donne l'occasion de retrouver des informations dispersées dans le texte. Quant à l'inférence, elle suppose que les élèves identifient des informations implicites du texte à partir de leurs connaissances antérieures. C'est apprendre aux élèves à lire entre les lignes. L'enseignant amène aussi les élèves à porter un regard critique sur ce qu'ils lisent, à faire des analogies, en les aidant à effectuer une association subjective entre les mots et les informations du texte et leurs propres connaissances.

Application et réinvestissement

Cette étape consiste à mettre sur pied des activités cohérentes par rapport à la lecture effectuée. Les élèves peuvent résumer dans leurs propres mots ce qu'ils ont compris, oralement ou à l'écrit, réviser leurs hypothèses, discuter de leur lecture afin de se représenter la compréhension du texte lu. C'est aussi l'occasion d'exploiter, dans le cahier d'activités, les fonctions de la mémoire sensorielle ou immédiate. L'information que la mémoire sensorielle contient se perd rapidement si elle ne se renouvelle pas constamment par la répétition interne. C'est la raison pour laquelle des activités répétitives sont proposées; elles consistent à placer des mots ou des phrases en ordre, à reconstituer le déroulement du texte lu. Les élèves ont aussi à leur disposition un journal où ils peuvent planifier leur rédaction, la corriger et l'éditer. Au chapitre du réinvestissement, les élèves utilisent les connaissances et les compétences apprises et les transfèrent dans d'autres activités. Au cours du processus d'apprentissage, il se crée ainsi un *habitus lectural*, car la lecture s'inscrit dans des contextes qui génèrent des attitudes et des pratiques. Puisque l'*habitus lectural* de l'environnement en milieu minoritaire est faible, l'école devra compenser cette lacune par un certain nombre d'actions comme la présence d'un coin de lecture en classe avec une quantité et une diversité de livres en français, une variété d'activités en rapport avec des livres et des formes d'animation. En somme, la salle de classe devient un *habitus lectural* (Ecalle, 1995).

L'évaluation

Les activités d'évaluation permettent à l'enseignant de vérifier le progrès des élèves tout au long de l'intervention pédagogique. Les interventions en lecture proposent une évaluation formative pour accompagner les élèves dans leur apprentissage. Les différentes activités d'évaluation composent le dossier d'intervention en lecture de l'élève dans ce programme (ALF). Elles permettent de tracer un profil de sortie favorisant l'intégration de l'élève dans le programme ordinaire. Ce dossier comprend :
- l'analyse des travaux de l'élève : forces, faiblesses, directions ;
- ses meilleures performances ;
- l'amélioration de ses performances ;
- des échantillons de travaux faits à la maison, à l'école ;
- l'autoévaluation ;
- l'évaluation par les pairs ;
- des réflexions, corrections et projections ;
- des éléments de curiosité et de confusion.

CONCLUSION

Comme le programme d'actualisation linguistique en français constitue un programme de transition, l'élève débutant aura besoin d'un soutien intensif pour développer ses compétences langagières. Il s'agit d'aider cet élève durant les premiers mois à comprendre des mots familiers et des questions simples et à utiliser des indices phonétiques, syntaxiques et sémantiques pour lire de petits textes. Il pratique alors une lecture « par écrémage » où il explore tous les indices y compris les illustrations. Au fur et à mesure que l'élève s'approprie les indices importants, il faut l'aider à continuer à comprendre une langue orale plus élaborée, à lui faire explorer la lecture de textes comportant des structures complexes. Lorsque l'élève s'intègre dans le programme ordinaire, on devrait pouvoir lui offrir un choix de textes variés pour une lecture plus fluide où il peut s'exercer à retrouver les idées secondaires du texte ou à décrire des événements très précis. Le développement de la langue devra se poursuivre dans toutes les activités, même avec l'élève de niveau avancé, car il ne faut pas oublier qu'en milieu minoritaire, l'élève doit valoriser sa langue maternelle « de manière à pouvoir "vivre en français" et à faire en sorte que sa langue devienne un facteur de personnalisation et de socialisation » (Labelle et Lentz, 1993, p. 851). Les interventions pédagogiques axées sur le développement de la langue devront donc se poursuivre tout au long de l'apprentissage en classe d'actualisation linguistique en français, mais aussi en classe régulière d'enseignement du français en milieu minoritaire.

RÉFÉRENCES

Adams, M. J. (1990). *Beginning to read: learning and thinking about print*. Cambridge, MA: MIT Press.

Alexander, P. A. (2003). Profiling the developing reader: the interplay of knowledge, interest and strategic processing. Dans D. L. Schalbert, C. M. Fairbanks, J. Wrothy, B. Maloch, J. V. Hoffman (réd.), *52nd yearbook of the National Reading Conference*. Oak Creek, WI: National Reading Conference, 47-65.

Allard, S. (1994). L'encadrement langagier au préscolaire : une intervention en situation bilingue et bidialectale. *Éducation et francophonie*, Association canadienne d'éducation de langue française, 42-46.

Allard, S. (1993). Les avantages de l'utilisation d'une approche fonctionnelle et bidialectale pour l'enseignement de la langue maternelle en milieu minoritaire. *La Revue canadienne des langues vivantes, 49*(4), 760-769.

Allington, R. L., et A. McGill-Franzen. (2000). Looking back. Looking forward: a conversation about teaching, reading in the 21st century. *Reading Research Quarterly, 35*, 131-153.

Anderson, N. J. (1991). Individual differences in strategy use in second language reading and testing. *The Modern Language Journal, 75*, 460-472.

Ball, E. (1993). Phonological awareness: what's important and to whom? *Reading and Writing: An Interdisciplinary Journal, 5*, 141-159.

Barré-De Miniac, C. (2003). La littératie: au-delà du mot, une notion qui ouvre un champ de recherches variées. *Revue suisse des sciences de l'éducation, 25*(1), 111-122.

Beck, T. L., et J. Connie. (1992). The role of decoding in learning to read. Dans S. Y. Samuel et A. Farstrup (réd.), *What research has to say about reading instruction (2nd edition)*. Newark: International Reading Association.

Bentin, S. (1992). Phonological awareness, reading and reading acquisition. Dans R. Frost et L. Katz (dir.), *Orthography, phonology, morphology and meaning*. Amsterdam: North Holland, 193-210.

Berger, M. J. (2003). Exploration du porte folio de l'enseignant comme outil de réflexion et de mise en œuvre d'un curriculum. *Revue suisse des sciences de l'éducation, 25*(1), 125-141.

Berger, M. J. (1999). Vers un modèle d'intervention précoce en lecture en actualisation linguistique en français. *La revue canadienne des langues vivantes, 55*(4), 515-531.

Bernard, R. (1997). Les contradictions fondamentales de l'école minoritaire. *Revue des sciences de l'éducation, 23*(3), 509-526.

Block, E. L. (1986). The comprehension strategies of second language learners. *TESOL Quarterly, 20*, 463-491.

Bordeleau, L. G., R. Bernard et B. Cazabon. (1999). *L'éducation en Ontario français. Francophonies minoritaires au Canada: l'état des lieux*. Moncton: Éditions d'Acadie.

Brilt-Mari, B. (1993). *Le savoir en construction*. Paris: Retz.

Brousseau, G. (1992). Didactique: what it can do for the teacher. Dans R. Doudy et A. Mercier (dir.), *Research in didactique of mathematics, selected papers*. Grenoble: La pensée sauvage, 7-39.

Bruer, J. T. (1994). *Schools for thought. A science of learning in the classroom*. Boston: Massachusetts Institute of Technology.

Cairney, T. (1990). *Teaching reading comprehension: meaning makers at work*. Millon Keynes: Open University.

Cazabon, B. (2001). De la recherche en didactique et pédagogique du/en français en milieu minoritaire au Canada. *Actes de colloque de Moncton*.

Cazabon, B. (1997). L'enseignement en français langue maternelle en situation de minorité. *Revue des sciences de l'éducation, 23*, 483-508.

Cazabon, B., S. Lafortune, J. Boissonneault et E. Beniak. (1993). *La pédagogie du français langue maternelle et l'hétérogénéité linguistique*. Toronto : Ministère de l'Éducation et de la Formation de l'Ontario.

Chall, J. (1993). Research supports direct instruction models. Dans Point/counterpoint: whole language versus direct instruction models. *Reading Today, 10*(3), 8-10.

Charmeux, E. (1992). *Apprendre à lire et à écrire : 2 cycles pour commencer*. Toulouse : Sedrap.

Clay, M. M. (1985). *The early detection of reading difficulties*. Portsmouth, NH: Heinemenn.

Coghlan, V., et J. Y. Thériault. (2002). *L'apprentissage du français en milieuminoritaire, une revue documentaire*. Université d'Ottawa : CIREM, 12.

Ecalle, J. (1995). *L'apprentissage de la lecture*. Paris : Armand Colin.

Ellis, R. (1985). *Understanding second language acquisition*. Oxford: Oxford University Press.

Ferrand, L. (1995). Évaluation du rôle de l'information phonologique dans l'identification des mots écrits. *L'année psychologique, 95*, 293-315.

Fijalkow, J. (1995). L'entrée dans l'écrit. Dans G. Vergnaud (dir.), *Apprentissage et didactique, où en est-on?* Paris : Hachette, 12-40.

Gallant, N., A. Gilbert et J. Y. Thériault. (2001). La tâche d'enseigner. *Rapport de consultation pour l'Association des enseignantes et des enseignants franco-ontariens* (AEFO). Université d'Ottawa : CIREM.

Gérin-Lajoie, D. (2001). Les défis de l'enseignement en milieu minoritaire : le cas de l'Ontario. *Revue de l'ACELF, 29*(1) www.acelf.ca/revue/XXIX-1/articles/02-Gerin-Lajoie.html.

Gilabert, H. (1992). *Apprendre à lire en maternelle*. Paris : ESF éditeur.

Gilly, M. (1988). Interactions entre pairs et constructions cognitives : modèles explicatifs. Dans A. N. Perret-Clermont (réd.), *Interagir et connaître : enjeux et régulations sociales dans le développement cognitif*. Cousset, Suisse : Éditions Delval.

Gipps, C. (1994). Quality in teacher assessment. Dans W. Harlen (réd.), *Enhancing quality in assessment*. London: Chapman, 71-86.

Guthrie, J. T., et A. Wigfield. (2000). Engagement and Motivation in Reading. Dans M. L. Kamil, P. B. Mosenthal, P. D. Pearson, L. R. Barr (réd.), *Handbook of Reading Research*. Mahwah, N.J.: Erlbaum, 3, 403-422.

Heller, M. (1994). La sociolinguistique et l'éducation franco-ontarienne. *Sociologie et sociétés, 26*(1), 155-166.

Herry, Y., et D. Lévesque. (1993). *Les caractéristiques des apprenants et des apprenantes âgés de 15 à 18 ans dans le système d'éducation en langue française de l'Ontario*. Toronto : Ministère de l'Éducation et de la Formation de l'Ontario.

Jonnaert, P. (1996). *Construire le nombre*. Bruxelles, Belgique : Plantyn.

Krashen, S. D. (1985). *The input hypothesis: Issues and Implications*. London: Longman.

Labelle, A., et F. Lentz. (1993). L'interaction travail pédagogique/images de la langue en milieu minoritaire : quelques réflexions didactiques. *La revue canadienne des langues vivantes, 49*, 849-864.

Labrie, N., et S. A. Lamoureux, sous la dir. de. (2003). *L'Éducation de langue française en Ontario : enjeux et processus sociaux*. Sudbury : Prise de parole.

Laforge, L. (1993). L'enseignement de la culture maternelle en milieu minoritaire. *La revue canadienne des langues vivantes, 49*(4), 815-831.

Lafrance, E. (1993). Les conditions sociolinguistiques de l'enseignement du français langue minoritaire et leurs conséquences sur la pédagogie du français langue maternelle en Ontario. *Revue du Nouvel Ontario, 15*, 11-34.

Landry, R., et R. Allard. (1997). L'exogamie et le maintien de deux langues et de deux cultures : le rôle de la francité familioscolaire, *Revue des sciences de l'éducation, 23*(3), 561-592.

Landry, R., et R. Allard. (2000). *Langue de scolarisation et développement bilingue : le cas des Acadiens et francophones de la Nouvelle-Écosse*. Canada : Divers Cité Langues. www.tewg.uquebec.ca/diverscite.

Legendre, R. (1993). *Dictionnaire actuel de l'éducation* (2e édition). Montréal : Guérin.

Malone, J. A., et P .C. S. Taylor. (1994). Constructivist interpretations of teaching and learning mathematics. Dans *Actes du 7ᵉ Congrès international sur l'enseignement des mathématiques.* Sainte-Foy : Presses de l'Université Laval, 146-153.

Mandin, L. (2003). Enseigner l'écriture : une étude épistémologique d'une enseignante. Dans H. Duschesne (dir.), *Recherche en éducation francophone en milieu minoritaire : regards croisés sur une réalité mouvante.* Winnipeg, Manitoba : Presses universitaires de Saint-Boniface, 123-145.

Mantzicopoulous, P., M. Delmont, E. Stone et W. Setrabian. (1992). Use of the SEARCH/TEACH tutoring approach with middle-class students at risk for reading failure. *The Elementary School Journal, 92,* 574-586.

Masny, D. (2001). Pour une pédagogie axée sur les littératies. Dans D. Masny (dir.), *Culture de l'Écriture : Les défis à l'école et au foyer.* Outremont, Québec : Les Éditions Logiques, 15-26.

Masny, D., M. Lajoie et F. Pelletier. (1993). Les jardins à temps plein et le développement des habiletés langagières : l'expérience des écoles françaises d'Ottawa-Carleton. *La revue canadienne des langues vivantes, 49,* 832-847.

Meirieu, P. (1995). *Apprendre... oui, mais comment?* Paris : E.S.F.

Ministère de l'Éducation de l'Ontario (2004a). *Politique d'aménagement linguistique de l'Ontario.* Toronto, Ontario : Imprimeur de la Reine.

Ministère de l'Éducation de l'Ontario (2004b). *Politique d'aménagement linguistique de l'Ontario pour l'éducation en langue française.* Toronto, Ontario : Imprimeur de la Reine.

Ministère de l'Éducation de l'Ontario (2003). Stratégie de lecture au primaire. *Rapport de la table ronde des experts en lecture.* Toronto, Ontario : Imprimeur de la Reine.

Ministère de l'Éducation de l'Ontario (2002). *Actualisation linguistique en français et perfectionnement du français (ALF/PDF).* Toronto, Ontario : Imprimeur de la Reine.

Ministère de l'Éducation de l'Ontario (2000). *Trousse d'évaluation diagnostique-aménagement linguistique.* Toronto, Ontario : Imprimeur de la Reine.

Office de la Qualité et de la Responsabilité en Éducation (2004). *Rapport annuel 2003-2004.* Toronto, www.eqao.com.

Pikulski, J. J. (1994). Preventing reading failure: a review of five effective programs. *The Reading Teacher*, 4, 30-39.

Richaudeau, F. (1992). *Sur la lecture*. Paris : Albin Michel.

Roubtsov, V. (1991). L'activité d'apprentissage et les problèmes de formation de la pensée théorique des écoliers. Dans C. Garnier, N. Bednarz et I. Vlanovskaya (réd.), *Après Vygotski et Piaget*. Bruxelles : De Boeck.

Smith, F. (1995). *Understanding reading*. Hillsdale, N.J.: Laurence Erlbaum.

Stanovich, K., et P. Stanovich. (1995). How research might inform the debate about early reading acquisition. *Journal of Research in Reading*, 8(2), 87-105.

Suurtamm, C., B. Graves, N. Vezina, M. J. Berger, R. Forgette-Giroux et C. Maltais. (2005). Studies of the implementation of the early reading and early math strategies. *Interim report*. Ontario: Ministry of Education.

Weltstein-Badour, G. (1998). *Pour bien apprendre à lire aux enfants: Méthode alphabétique plurisensorielle d'apprentissage de la lecture*. Le Mans, France : Fransyas.

Lire au 21ᵉ siècle : la perspective des littératies multiples

Diana Masny
Faculté d'éducation
Université d'Ottawa

Thérèse Dufresne
Directrice
Commission scolaire Sir-Wilfrid-Laurier
(Québec)

INTRODUCTION

S'il existe un terme qui n'est pas neutre en éducation, c'est bien le mot « littératie ». Son importance se perçoit par toutes les formes d'interventions dans les domaines économique, politique, pédagogique, culturel et social de divers organismes. La littératie d'un peuple ou d'un pays devient un indicateur de rendement très puissant, et cela à l'échelle mondiale. De plus, il existe différentes littératies. Entre autres, la littératie fonctionnelle ou l'alphabétisation, la littératie culturelle, la littératie médiatique et la littératie critique.

Un débat est en cours également quant à la signification du mot « littératie » en français. Certains signalent que c'est un néologisme venant de l'anglais; plusieurs le trouvent parfaitement adéquat, alors que d'autres semblent préférer le mot alphabétisation. Pour nous, les mots « littératie » et « alphabétisation » ne sont pas interchangeables. Il est important de revoir comment ces concepts se réalisent dans le temps et dans l'espace ainsi que les cadres conceptuels qu'ils épousent. Pour nous, un cadre conceptuel tout comme un mot n'a pas de signification fixe, car un concept opère et fonctionne seulement en relation avec ce cadre ainsi que d'autres concepts. De la même façon, le sens qu'on attribue au concept de littératie n'est pas statique. La formalisation d'un concept change selon le cadre proposé. Et c'est ainsi que le cadre conceptuel actuel et les termes qui en proviennent trouvent leur contexte épistémologique. Il est important d'identifier les tendances philosophiques sous-jacentes à un cadre conceptuel, car les assises épistémologiques sont les éléments qui nous permettent de produire le cadre conceptuel avec lequel nous travaillons (St. Pierre, 2000).

Il s'ensuit que la littératie peut désigner tout aspect linguistique et psychologique (et aussi culturel) qui sert, par exemple, à l'apprentissage d'un lecteur débutant, ce qui veut dire, entre autres, des éléments de décodage, de conscience métalinguistique (syntaxique, sémantique) et de construction de sens. Le sens qui se dégage du terme « littératie » est principalement basé sur des prémisses en psychologie ou en psycholinguistique. Toutefois, il n'en demeure pas moins qu'avec l'influence de plus en plus grandissante de la sociologie et de l'anthropologie en éducation, la littératie a pris aujourd'hui une tout autre allure. De plus, les recherches en éducation ne se cantonnent pas seulement dans la modernité, mais s'étendent jusque dans l'ère postmoderne. La postmodernité mise davantage ou plus ouvertement sur des considérations épistémologiques et sur le cadre conceptuel qui en découle.

Dans cet article, nous allons tout d'abord déconstruire la définition traditionnelle de *littératie* pour, ensuite, reconceptualiser le terme en proposant un cadre qui comprend ce que l'on appelle les « littératies » au pluriel, terme que nous préconisons. Par la suite, les différentes composantes du cadre seront décrites. Enfin, nous ferons valoir les raisons pour lesquelles les littératies multiples sont un modèle pour le milieu minoritaire.

DÉCONSTRUIRE LE CONCEPT DE LITTÉRATIE

Nous voulons déconstruire la conception de littératie telle que préconisée dans la recherche en psycholinguistique. Cette déconstruction se fait en rapport avec 1) l'apprentissage de la lecture au 21e siècle et 2) les débuts de l'apprentissage de la lecture.

APPRENDRE À LIRE AU 21e SIÈCLE

Dans un premier temps, lorsqu'il s'agit de mieux comprendre ce que signifie apprendre à lire au 21e siècle, il faut, à notre avis, revoir également quelles interprétations on donne au mot « littératie ». Quand ce mot apparaît dans un texte français, un réflexe ou un automatisme nous renvoie presque immédiatement au terme anglais. Jadis, ce mot en anglais signalait la compétence à lire et à écrire tant pour les adultes que pour les enfants. De nos jours, le terme anglais épouse un sens plus large qui, comme le sens du mot « texte », englobe maintenant les aspects visuel, oral, écrit et hyper médiatique (Dagenais, 2004). En français, on soutenait – et on soutient toujours – que le terme « alphabétisation » se rapporte aux mêmes notions : lire et écrire. Toutefois, l'alphabétisation est associée davantage aux adultes qu'à l'apprentissage de lecture et de l'écriture chez les enfants. De plus, le mot alphabétisation se rattache plus à des compétences de base en lecture – par exemple le décodage – et à des compétences de lecture essentielles pour fonctionner dans une société particulière. Par ailleurs, quand il s'agit de savoir quel est le bon mot ou le mot correct, on cherche à fixer sa signalisation ou son sens. Chemin faisant, on se situe dans la modernité en utilisant des notions binaires, bon mot/mauvais mot, et l'utilisation du mot devient alors prescriptive. Dans cet article, il n'est nullement dans notre intention de fixer le sens d'un mot.

LES DÉBUTS DE L'APPRENTISSAGE DE LA LECTURE

Quoi qu'il en soit, le cadre conceptuel dans lequel se situe les termes « alphabétisation » ou « littératie » est cantonné avant tout dans la modernité et dans un modèle à la fois psycholinguistique, social ou cognitif (Hall *et al.*, 2003). Dans ce contexte, qu'en est-il pour l'individu qui en est à ses débuts de l'apprentissage de la lecture ? En psycholinguistique, le processus de lecture comprend plusieurs éléments de base qui contribuent à la compréhension d'un texte. Choisissons l'exemple du décodage. Nous tenons pour acquis qu'il y a un code à déchiffrer, et dans ce sens il s'agit d'un savoir fixe, d'un savoir officiel, d'un code prescriptif (Stainthorp, 2003). Que fait l'élève au moment où il arrive à l'école avec sa vision du monde et sa façon de l'interpréter ? Dans le sens de Derrida (1967, 1996), il doit différer son sens de code, suspendre ses connaissances à ce sujet lorsqu'il est présenté avec des notions du code prescriptif. L'enfant construit ou reconstruit ses connaissances de décodage. Quels sont les processus avec lesquels l'enfant a expérimenté ? Combien de recherches tentent d'élucider ce qui se passe quand l'enfant démontre ce que nous observons comme étant des difficultés? Savons-nous ce que l'enfant pense lorsqu'il est confronté à la tâche de décodage? Un modèle psycholinguistique de recherche ne permet pas l'observation, les échanges entre l'enfant et les intervenants sans s'appuyer *a priori* sur des grilles pour coder un questionnaire ou un sondage à partir d'entrevues. L'importance, dans cette méthode, est de pouvoir quantifier en utilisant l'analyse statistique. De plus, ce modèle fixe prend comme point de départ que le savoir est fixé et que la notion de décodage existe à l'extérieur de l'individu à titre de compétences prescriptives à transmettre. Ce modèle reconnaît peu les connaissances d'un individu lorsqu'il s'agit d'étudier ses interprétations de correspondance entre les lettres et les sons. Si l'on désire vérifier l'état actuel de ses connaissances, c'est souvent en rapport avec une norme. Dans ses débuts d'apprentissage de la lecture, nous avons vu au paragraphe précédent que l'individu bâtit ses connaissances en lecture en partie sur une base prescriptive telle que le décodage, et de façon simultanée, il entreprend la construction du sens d'un texte. Quoi qu'il en soit, l'individu ne construit le sens d'un texte ni dans le vide ni de façon objective ou statique. Un texte par lui-même n'a pas de sens et cela pour n'importe quel individu; on peut alors parler de construction de sens. Comme nous le répète Hall (2001), les vérités fixes et absolues n'existent pas vis-à-vis d'un texte, car il n'y a pas d'universalité (Spivak, 1993) quand nous faisons référence aux sciences humaines. L'individu construit toujours le sens d'un texte en rapport avec une réalité, la constante ou le savoir qui existe sous différentes formes (Astolfi, Darot, Ginsburger-Vogel et Toussaint, 1997) en dehors de l'extérieur de l'individu. Même si l'on admet que ces savoirs s'acquièrent d'une façon non linéaire et individualisée, la construction de sens dans ce cadre conceptuel et théorique appartient à la modernité. Quoique ce modèle préconise la construction des savoirs, la finalité de cette construction reste un produit fixe et invariable (Fijalkow et Fijalkow, 2002). Il en découle des idées centrales qui influent sur la didactique en général, les contenus de l'enseignement et la conception de la langue et de la littératie en particulier.

Nous reconnaissons que le modèle actuel de littératie tel qu'employé peut reposer sur l'idée que les savoirs sont fixes, stables et invariables (voir, entre autres, les recherches de Snow, 2002). Le modèle fait appel aux savoirs et à la cognition selon Dufresne (2001). Dans une *première* situation, il s'agit d'un modèle où les savoirs sont présentés sous forme d'objectifs d'apprentissage et sur la transmission des savoirs. En prenant l'exemple du décodage, ce dernier est perçu comme un savoir fixe et c'est la transmission de ces savoirs et de ces connaissances à l'élève qui importe. Dans ce modèle, on fonctionne comme s'il y avait un sens qui réside dans le texte et l'individu doit le repérer. Le sens est objectif et comme un objet tangible; la tâche de l'apprenant est de le faire sortir de sa cachette, c'est-à-dire du texte. Ici, il n'est aucunement question de construction de sens ou de lecture à contre-courant (Hall, 2001; Lather, 2000), ce serait plutôt un repérage!

Dans une *seconde* situation, les savoirs sont construits et se modifient avec les interventions qui viennent principalement de l'enseignant. Quoique la construction des savoirs mette l'accent sur le processus mis en œuvre, le produit demeure. Ce sont des résultats d'apprentissage. À la fin du processus, le produit devient un savoir invariable et c'est la matière enseignée, le contenu du curriculum ou du programme, qui sont évalués. Dans le contexte du constructivisme cognitif, on s'intéresse au processus que l'élève adopte pour développer les habiletés de décodage et de construction du sens d'un texte. À la fin, l'élève est évalué dans sa capacité de décoder et de construire les sens d'un texte à partir de celui-ci. Dans ce contexte, le savoir demeure invariable. A l'ère de la mondialisation et d'Internet, nous ne pouvons pas cautionner les savoirs qui sont fixes et invariables. Apprendre à lire au 21e siècle signifie avoir une autre vision du monde et de la littératie.

RECONCEPTUALISER LE CONCEPT DE LITTÉRATIE

Dans le dernier volet, nous avons retenu la définition traditionnelle de la littératie pour la déconstruire dans son rapport avec la signification de l'apprentissage de la lecture au 21e siècle et les débuts de cet apprentissage. Dans ce prochain volet, nous voulons réconceptualiser le concept des littératies tel que préconisé dans nos recherches en rapport avec 1) le fait d'apprendre à *lire* au 21e siècle et 2) les littératies multiples et leurs composantes.

APPRENDRE À LIRE AU 21ᵉ SIÈCLE

La littératie a une signification limitée si on la conçoit comme étant seulement reliée aux compétences en lecture et en écriture. Dans ce contexte, la littératie a une définition fixe. Les aspects de compréhension écrite et de production écrite font appel à des connaissances prescriptives dans la notion de code. La littératie devient donc un savoir invariable dans cette conception, avec une valeur, même si elle n'est pas reconnue comme telle. On prétend que les conventions de la langue qu'il faut inculquer sont indépendantes de l'idéologie ou des valeurs politiques, sociales et culturelles qui y sont rattachées. C'est ainsi que l'on peut dire que dans une telle situation, l'on traite de la littératie comme si celle-ci avait une valeur neutre, car il n'y a que le code et c'est le code de la langue qui est l'élément important. C'est une perspective qui tente de contrôler et de régulariser les valeurs du texte et qui n'admet que peu de variations. Toutefois, la valeur normative cachée est celle qui compte comme autorité culturelle et qui détermine la légitimité de ce qui a une importance et de ce qui peut passer comme savoirs par rapport aux normes et aux valeurs qui sont les représentations de la vérité telle que perçue par l'enseignant. Trop souvent, la conception d'un nombre considérable de textes, d'interprétations multiples et des usages que l'on pourrait en faire ne font ni partie des situations d'enseignement ni partie de l'élaboration conceptuelle qui entre en jeu dans les savoir-faire.

Les recherches sur la littératie emploient régulièrement ce terme pour désigner les connaissances nécessaires pour lire et écrire (Legendre, 1993). Toutefois, nous constatons que le sens attribué au mot « lire » va au-delà de lire un texte imprimé. Premièrement, le sens du mot « texte » s'élargit pour englober le texte visuel, oral, écrit, tactile et hyper médiatique (Masny, 1995, 2001, 2002). Deuxièmement, *lire* acquiert également un sens plus large pour refléter les implications sociales, culturelles et politiques de la lecture (Ferdman, 1990; Freire et Macedo, 1987; Hall, 2002; Lankshear et McLaren, 1993; Luke, 1991). *Lire* signifie donc « lire le monde, se lire », et le processus de lecture s'opérationnalise dans un contexte spécifique. Grâce à l'usage multiple que nous faisons de ce mot, nous proposons le terme « littératies ».

Par ailleurs, *lire* au 21ᵉ siècle signifie aussi « lire à l'ère de la mondialisation » qui prend toute son importance. Quoique la mondialisation soit perçue de façon bénéfique sur les plans économique, politique, social et culturel, elle fait aussi l'objet de critiques (Burbules et Torres, 2000). Néanmoins, les réformes en éducation composent avec la mondialisation et la technologie (Dufresne, 2000). Des raisons de plus pour revoir ce que peut signifier *lire* au 21e siècle.

Grâce aux multiples utilisations du mot « littératie » dans divers contextes, nous constatons que le concept « apprendre à lire » renvoie à plusieurs significations. De plus, les connaissances requises ont changé également. Dans une société pluraliste, plus que jamais nous sommes sensibilisés au contexte spécifique dans lequel un individu apprend à lire, qu'il s'agisse d'un nouvel arrivant ou d'un individu qui vit en milieu minoritaire.

LES LITTÉRATIES MULTIPLES

Nous ne voulons pas assigner une signification statique au terme « littératie »; par contre, voici comment nous pouvons en concevoir une signification possible. Selon Masny (2002) et Dufresne et Masny (2005), les littératies sont :

> un construit social. Elles Comprennent les mots, les gestes, les attitudes, les identités sociales ou, plus exactement, les façons de parler, de lire, d'écrire et de valoriser les réalités de la vie - bref, une façon de devenir dans le monde... Les littératies comportent des valeurs. Elles sont souvent imbriquées dans des dimensions relevant de la religion, du sexe, de la race, de la culture, de l'identité, des idéologies et du pouvoir. Quand on parle, on écrit ou on lit, on construit le sens en s'appuyant sur un contexte particulier. Plus exactement, cet acte de construction de sens qu'on qualifie de littératies est intégré à la culture et aux dimensions sociopolitiques et sociohistoriques d'une société et de ses institutions. Le sens de littératies s'opérationnalise ou s'actualise à partir d'un contexte particulier dans le temps et dans l'espace où il se trouve et il opère.

À l'ère de la mondialisation et de la société des savoirs en transformation, le cadre conceptuel des littératies multiples sert à sensibiliser et à conscientiser le milieu aux formes de savoirs de la communauté minoritaire en devenir face aux tensions et aux ambiguïtés. De plus, il permet de lire le monde, de lire les mots et de se lire. Il suscite la réflexion et le questionnement. Finalement, il sert de toile de fond à l'élaboration d'un projet social et éducatif particulier en milieu francophone minoritaire. Il s'ouvre également sur le développement de propositions concrètes qui réunit le réseau école-foyer-communauté. Les littératies multiples forment et transforment une communauté et ses membres.

Les littératies dont il s'agit sont :

- la littératie personnelle;
- la littératie scolaire;
- la littératie communautaire;
- la littératie critique.

Ces littératies sont préconisées pour répondre aux nouvelles exigences de l'intégration à la société. Le cadre conceptuel des littératies multiples fait aussi appel au bilinguisme/multilinguisme et à l'éducation dans une perspective planétaire afin de donner aux apprenants et intervenants un sens d'appartenance à la communauté francophone régionale, nationale et internationale ainsi qu'à la société mondiale (Voir Fig. 1). Ce cadre est proposé pour répondre aux besoins sociaux et éducatifs des francophones qui sont minoritaires ainsi qu'à l'article 23 de la *Charte canadienne des droits et libertés*.

LITTÉRATIES MULTIPLES : UN CADRE CONCEPTUEL

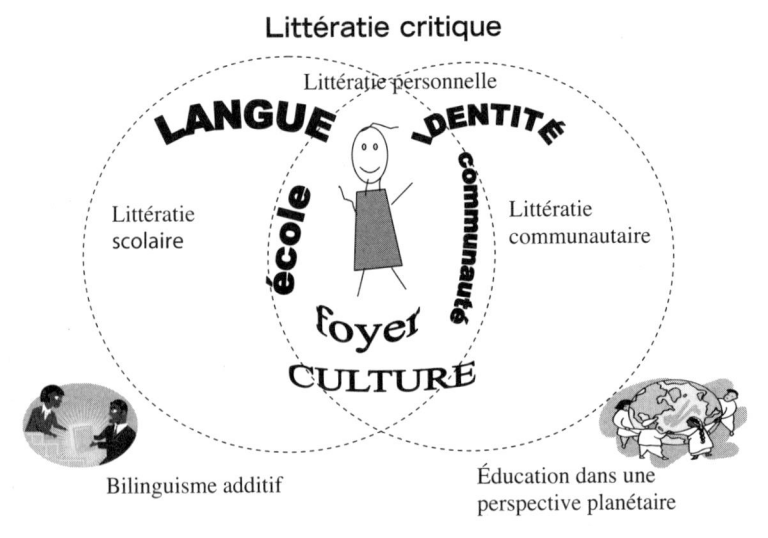

Fig. 1

En proposant une reconceptualisation de littératie, il importe de la situer dans un cadre qui est celui des littératies multiples : la littératie personnelle, la littératie scolaire, la littératie communautaire et la littératie critique. À l'école, traditionnellement, on se concentre sur les aspects langagiers et psychologiques de l'apprentissage à lire. Toutefois, si, selon Masny (1995), nous accordons un sens plus large au mot « littératie » en étant davantage sensibilisés à la littératie comme phénomène social, nous reconnaissons que différentes littératies sont interpellées selon le contexte spécifique de l'école, du foyer, de la communauté (Fédération canadienne de l'alphabétisation en français, 2004; Masny, 2005; ministère de l'Éducation de l'Alberta, 1999). Il faut se souvenir qu'au 18e siècle, le monde occidental accordait une importance à tous ces comportements littératiés. Ce n'est que plus tard que la notion de littératie dans le sens scolaire a été presque exclusivement retenue (Cook-Gumperz, 1986). C'est le poids politique et le « progrès économique » qu'on attribue à la littératie scolaire.

Dans la société technologique d'aujourd'hui, la plupart des informations présentées sont complexes sur le plan visuel, écrit et oral. Transmettre oralement de telles informations exige une attention particulière à de nombreux aspects du code écrit qui font désormais partie de la communication orale (par exemple l'utilisation du mot juste, le recours à différentes ressources syntaxiques, etc.). Dans ce contexte, la littératie devient un moyen d'accéder à de l'information et de la transmettre par des actes de communication efficace, non seulement en mode écrit, mais aussi en mode oral et visuel. Cependant, le bien-être d'un individu est souvent mesuré selon une littératie, celle valorisée par l'école, la **littératie scolaire**. Il en résulte qu'en accordant une primauté à cette littératie, un individu est analphabète ou illettré. Comme le soulignait Freire (1974), ce n'est pas l'individu qui est analphabète, il s'agit d'une catégorie que la société vient de nous imposer.

Selon Freire, la littératie est un phénomène social et un moyen de transformation chez un individu et dans une société. En se situant dans une perspective critique et moderne, Freire disait que la littératie pouvait contribuer au bien-être personnel. Par conséquent, la littératie va au-delà de l'habileté à lire et à écrire des textes conventionnels à des âges précis. Elle désigne des manières de parler, d'écrire, de lire et d'évaluer qui reflètent la façon d'agir des enfants. Au moment d'interagir avec le « texte » (utilisé au sens très large du terme pour inclure toutes les formes de médias), les enfants essaient de comprendre leur monde. Le développement de la littératie devrait ultimement amener les enfants à changer leur vision du monde. Elle peut aussi les aider à concevoir des projets, à participer à l'élaboration de projets qui influent sur la société et la transforment (Freire et Macedo, 1987). Cette conception de littératie s'élargit pour aller au-delà de la notion d'écrire et de lire, au-delà du code linguistique et du traitement d'information sur le plan cognitif, vers une **littératie critique**, éthique et morale.

La **littératie communautaire** s'insère dans un cadre conceptuel qui est social et culturel (et non psychologique). Elle vise l'appréciation, la compréhension et l'usage des pratiques littératiées d'une communauté. Par exemple, ici, nous parlons des pratiques d'une communauté de nouveaux arrivants qui vivent ou qui intègrent leur culture écrite et orale dans leur nouvelle communauté. Un exemple est celui de la littératie coranique où l'on demande souvent d'apprendre « par cœur », où l'interprétation n'est permise qu'à un groupe privilégié de la société (Masny et Ghahremani-Ghajar, 1999). D'autres exemples se rattachent aux usages que fait une communauté de la culture écrite et orale, que ce soit un compositeur qui écrit des chansons, un artiste qui parle de ses toiles, un agriculteur qui documente la production de ses terres ou un tailleur qui note des mesures pour faire un complet. Dans chaque exemple, cet appel à la culture écrite ou orale se fait dans un contexte spécifique social, culturel et politique qui est à la base de la construction de la vision du monde de l'individu dans sa communauté. Cette perspective d'une littératie communautaire peut augmenter le sens d'appartenance à cette communauté.

Nous retenons la notion de *lire*, c'est-à-dire la construction de sens, car c'est l'individu, situé dans un contexte spécifique social, culturel, historique et politique, qui construit son interprétation d'un texte. Comme le contexte est constamment en mouvement, les interprétations changent continuellement. Ces interprétations diffèrent avec la participation de l'individu dans l'action de savoir. Ce qui veut dire qu'un individu construit, déconstruit et reconstruit différemment les connaissances. De cette façon, l'individu participe à un processus. Les différentes connaissances sont le résultat de cette participation dans ce processus. Les interactions et les actions qui ont lieu dans le contexte qui mènent à l'action de savoir sont nécessaires et font partie de l'expérience de construction et de déconstruction. Elles contribuent au processus et à la construction des connaissances.

Dans ce processus de construction, l'individu est passé de l'acte de lire un texte imprimé à celui de lire un texte (au sens large du mot), le monde et à *se lire*, la **littératie personnelle**. Ce modèle complexe de littératies correspond à une vision du monde dans laquelle un individu est immergé dans les différents contextes d'une société (l'école, le foyer et la communauté) dans des contextes plus larges (sociaux, culturels et politiques).

Dans ce cadre conceptuel, nous voulons reprendre un aspect important de la signification de *littératies*, une façon de « devenir » dans le monde. Le contexte social, culturel, historique, politique et économique façonne notre vision du monde. Dans cette conception, les littératies s'appuient sur le constructivisme. Cela veut dire qu'une façon de devenir dans le monde est un processus de construction, un devenir dans le temps et dans l'espace. Le sens de devenir dans le monde n'est pas une finalité ou un produit, mais plutôt un processus qui est toujours en mouvement et en transition. Quand on lie les littératies à une façon de devenir en évolution continuelle, on souligne le fait qu'il existe une fluidité à l'intérieur des diverses littératies et entre elles (inter et intra littératies). Cela a pour effet de transgresser les frontières qui pourraient exister entre celles-ci et nous permet d'aller au-delà d'une définition simple et fixe de la littératie. Les diverses littératies ne sont pas linéaires, elles sont, au contraire, en mouvement constant. En même temps, elles sont le résultat de l'individu qui, en se lisant et en lisant le monde, est dans un processus de devenir, de créer et de donner un sens à sa façon de devenir par l'entremise d'un texte. Alors nous pouvons dire que le comportement littératié est un processus au cours duquel il n'y a pas de finalité. Dans ce sens, nous faisons toujours référence à « devenir par les textes » et non à « repérer le message contenu dans un texte ». Comme Derrida (1967) le signale, nous ne nous retrouvons ni dans le monde ni dans un autre monde, mais entre ce qui n'est plus et ce qui n'est pas encore.

C'est aussi dans la perspective de Derrida que nous voulons revoir la notion de **littératie critique**. Dans le volet précédent, nous avons avancé la notion de la littératie critique dans le sens donné par Freire.

Quoique ce modèle de littératie puisse sembler un modèle hybride du point de vue épistémologique, le sens critique de Freire s'associe avec la pédagogie critique et la modernité. Cette perspective devient incompatible dans le contexte d'une perspective postmoderne (poststructuraliste) que nous préconisons dans notre interprétation de *lire* (de littératies). Dans la modification du concept de littératie critique, nous employons le terme critique que nous signale la déconstruction popularisée par Derrida. Un exemple de la littératie critique est le décodage. Le décodage en lecture est lié à l'apprentissage de conventions se rapportant à la langue et à des connaissances officielles, prescriptives et objectives qui, à titre officiel, existent en dehors de l'élève. L'élève doit apprendre le décodage. Il ne fait aucun doute que l'enfant, dans son vécu, a construit ses propres liens entre les sons et les lettres. On en a la preuve en observant les tentatives au tout début de la production écrite ou quand l'apprenant ou l'individu, dans son milieu, identifie des lettres, des mots et les prononce à haute voix. Dans une salle de classe, l'enfant est en situation d'apprentissage vis-à-vis du décodage prescriptif, il doit suspendre ou différer ses connaissances. L'interprétation que l'enfant construit des connaissances officielles figure au premier plan. Quel que soit le résultat, il va construire, déconstruire et reconstruire en prenant en considération ses interprétations de correspondance entre les sons et les lettres (Lather, 2000).

LES LITTÉRATIES MULTIPLES EN MILIEU FRANCOPHONE MINORITAIRE
RÉFLEXIONS

Selon notre position postmoderne, une littératie est complexe, car elle est composée de couches superposées qui restent toujours souples, ouvertes et en train de « devenir autre ». La notion des littératies multiples est une vision qui répond aux enjeux d'une société pluraliste et minoritaire.

Le devenir de l'individu et de la communauté est fort complexe. Quand l'élève arrive à l'école, il a déjà un bagage (capital) linguistique, culturel et social. Qu'est-ce que cela veut dire pour les élèves en milieu minoritaire à l'ère de la mondialisation?

L'incidence de la mondialisation a pour résultat de faire céder les contraintes sociales, culturelles et géographiques face au marché économique. Lire, lire le monde et se lire, trois démarches qui correspondent à des littératies ou des manières de devenir, peuvent amener l'individu à prendre conscience du rapport qui existe entre une communauté minoritaire et les effets de la mondialisation.

Quels liens peuvent bien exister entre une communauté minoritaire et les littératies multiples à l'ère de la globalisation postmoderne? Dans une large mesure, ces liens pourraient relever de la situation particulière d'une communauté minoritaire et de l'attribution de significations lourdes de valeurs pour les littératies existant au sein de cette communauté (Masny, 1996). Les communautés minoritaires sont souvent « construites » en relation avec les communautés majoritaires. Les communautés minoritaires peuvent lire de manière critique l'étendue de ce qu'impose la majorité à leur manière de devenir. Une minorité se définit par le fait d'« être » différente. Si l'univers planétaire postmoderne est caractérisé par le chaos, la non-linéarité et la fragmentation, cela signifie que les communautés minoritaires peuvent créer et transformer. Dans le contexte de la globalisation, les multiplicités et la différence deviennent visibles. Par conséquent, affirmer la nature multiple des littératies crée une ouverture vers le questionnement, les réflexions sur nos savoirs et l'appropriation de l'acte de lire.

RÉFÉRENCES

Astolfi, J. P., E. Darot, Y. Ginsburger-Vogel et J. Toussaint. (1997). *Mots clés de la didactique des sciences.* Bruxelles : De Boeck et Larcier.

Burbules, N. C., et C. A. Torres (2000). Globalization and education. Dans N. C. Burbules et C. A. Torres (dir.), *Globalization and Education: critical perspectives.* New York: Routledge, 1-23.

Colebrook, C. (2002). *Deleuze.* New York, NY: Routledge.

Cook-Gumperz. J. (1986). *The social construction of literacy.* Cambridge: UK, Les Presses Universitaires de Cambridge.

Dagenais, D. (2004). New theory, changing practices. *Literacies*, printemps. www.literacyjournal.ca/literacies/3-2004/readers_s04.htm.

Derrida, J. (1996). Apories : Mourir-s'attendre aux « limites de la vérité ». Paris, France : Les éditions de Galilée.

Derrida, J. (1967a). *De la grammatologie*. Paris : Éditions de Minuit.

Dufresne, T. (2002). *Through a lens of difference OR when worlds collide: A poststructural study on error correction and focus-on-form in language and second language learning.* Thèse de doctorat, Université d'Ottawa.

Dufresne, T. (2001). Le poststructuralisme : Un défi à la mondialisation des savoirs. Dans L. Corriveau et W. Tulasiewicz (dir.), *Mondialisation, politiques et pratiques de recherche*. Sherbrooke, Québec : Éditions du CRP, 53-68.

Dufresne, T., et D. Masny. (2005). Voices of dissent: different and differing views in conceptualizing writing system research. Dans V. Cook et B. Basetti (dir.), *Second language writing systems*. Clevedon, Royaume-Uni : Multilingual Matters Ltd.

Fédération canadienne de l'alphabétisation en français (2004). *Programme d'intervention en littératie familiale*. Ottawa : Fédération canadienne de l'alphabétisation en français.

Ferdman, B. (1990). Literacy and cultural identity. *Harvard Education Review*, *60*(2), 181-204.

Fijalkow, J., et E. Fijalkow. (2002). *La Lecture*. Bruxelles, Belgique : Le Cavalier Bleu.

Freire, P. (1974). *La pédagogie des opprimés*. Paris : Maspero.

Freire, P., et D. Macedo. (1987). *Literacy*. Westport, Conn. : Bergin et Garvey.

Hall, K. (2002). Co-constructing subjectivities and knowledge in literacy class: An ethnographic-sociocultural perspective. *Language and Education*, *16*(3), 178-217.

Hall, K. (2001). Pour une littératie critique dès les premières années d'école. D. Masny (dir.), *La Culture De L'Ecrit : Les défis à l'école et au foyer*. Montréal, Québec : Les Éditions Logiques, 179-200.

Hall, N., J. Larson et J. Marsh. (2003). *Handbook of Early Childhood Literacy*. Thousand Oaks, CA. : Sage.

Lankshear, C., et P. McLaren. (1993). *Critical Literacy: Politics, Praxis, and the postmodern*. Albany : State University of New York Press.

Lather, P. (2000). Toward a curriculum of difficult knowledge. Communication présentée au congrès annuel de l'American Educational Research Association. Avril, Nouvelle-Orléans.

Legendre, R. (1993). *Dictionnaire actuel de l'éducation*. Montréal : Guérin (2ᵉ édition).

Luke, A. (1991). Literacies as social practice. *English Education*, *23*(3), 131-137.

Masny, D. (1995). Le développement de la littératie chez les jeunes enfants. *Interaction*. *6*(1), 21-24. http://collections.ic.gc.ca/child/docs/00000206.htm

Masny, D. (1996). Meta-knowledge, critical literacy and minority language education. *Language, Culture and Curriculum, 9*(3), 260-279.

Masny, D. (2000). Les littératies et la mondialisation des savoirs. Dans L. Corriveau et W. Tulasiewicz (dir.), *Mondialisation, politiques et pratiques de recherche*. Sherbrooke, Québec : Éditions du CRP, 69-78.

Masny, D. (2001). Pour une pédagogie axée sur les littératies. Dans D. Masny (dir.), *La culture de l'écrit : Les défis à l'école et au foyer*. Outremont, Québec : Les Éditions Logiques, 15-26.

Masny, D. (2002). Les littératies : un tournant dans la pensée et une façon d'être. Dans R. Allard (dir.), *Actes du colloque pancanadien sur la recherche en éducation en milieu francophone minoritaire : bilan*. Québec : ACELF; Moncton, NB : Centre de recherche et de développement en éducation (CRDE). www.acelf.ca/liens/crde/articles/14-masny.html.

Masny, D. (2005). Multiple literacies: An alternative OR beyond Freire. Dans J. Anderson, T. Rogers, M. Kendrick and S. Smythe (dir.), *Portraits of literacy across families, communities, and schools: Intersections and tensions*. Mahwah, N.J.: Lawrence Erlbaum Associates, 171-184.

Masny, D., et S-s. Ghahremani-Ghajar. (1999). Weaving multiple literacies: Somali children and their teachers in the context of the school culture. *Language, Culture and Curriculum, 12*(1), 72-93.

Ministère de l'éducation de l'Alberta (1999). *Programme d'éducation de maternelle français langue première*. Edmonton : Direction de l'éducation française. www.learning.gov.ab.ca/french/Maternelle/matfr.asp.

Sainthorp, R. (2003). Phonology and learning to read. Dans N. Hall, J. Larson et J. Marsh (dir.), *Handbook of Early Childhood Literacy*. Thousand Oaks, CA.: Sage, 209-219.

Snow, C. E. (2000). *Predicting Literacy Outcomes: The role of preschool and primary school skills.*
www.cal.org/front/events/csnow-talk_files/frame.htm#slide0001.htm.

Spivak, G. C. (1993). *Inside in the teaching machine.* New York: Routledge.

St. Pierre, E. (2000). The Call for Intelligibility in Postmodern Educational Research. *Educational Researcher, 29,* 25-28.

À propos des auteurs

ISABELLE BEAUDOIN

Docteure en psychopédagogie, professeure Beaudoin enseigne au Département des sciences de l'éducation de l'Université du Québec à Rimouski. Elle poursuit des recherches en didactique du français et s'intéresse plus particulièrement à la prévention des difficultés d'apprentissage en lecture/écriture. Ses études récentes tentent d'approfondir le rôle des interventions parentales dans le développement de la littératie.

MARIE JOSÉE BERGER

Elle est professeure titulaire en mesure et évaluation. Ses recherches dans le domaine de la littératie s'insèrent depuis plusieurs années dans la dynamique de l'amélioration des compétences langagières en milieu minoritaire. Elle s'intéresse particulièrement à l'enseignement, à l'apprentissage et à l'évaluation. Elle a publié différents articles et livres sur l'évaluation des compétences langagières. Elle participe à différents projets du ministère de l'Éducation de l'Ontario parmi lesquels on retrouve le comité sur l'autisme et la table ronde sur l'enfance en difficulté. Elle vient de rédiger, avec une équipe multidisciplinaire, quatre modules de formation sur la vision de l'enseignement public en milieu minoritaire. Plusieurs de ses études ont été utilisées comme toile de fond pour l'élaboration du programme-cadre d'actualisation linguistique en Ontario et du portfolio des acquis langagiers. Ce portfolio est maintenant utilisé à Hong Kong, en Chine, où l'anglais est la langue d'enseignement pour des élèves qui parlent le cantonais à la maison.

ANNE-MARIE DIONNE

Anne-Marie Dionne détient un doctorat en psychopédagogie de l'Université Laval qui lui a récemment accordé un prix d'excellence pour sa thèse portant sur la littératie. Elle est professeure adjointe en didactique des langues à la Faculté d'éducation de l'Université d'Ottawa, où elle a reçu une bourse de chercheuse universitaire. Ses intérêts de recherche portent sur les facteurs qui influencent le développement de la littératie chez les élèves. Elle s'intéresse aux caractéristiques parentales ayant possiblement des effets sur l'environnement de littératie familiale dans lequel évoluent les enfants. Un autre champ de recherche auquel s'intéresse professeure Dionne est les pratiques de lecture et les attitudes envers la lecture chez les étudiants-maîtres.

THÉRÈSE DUFRESNE

Thérèse Dufresne est une chercheuse pédagogique engagée qui œuvre dans les domaines du langage, de la littératie et de l'acquisition des langues secondes. À titre de directrice d'une grande école primaire située à Laval, une ville de la province de Québec, au Canada, elle participe présentement à une étude longitudinale sur les résultats de stratégies d'interventions précoces et sur le rôle joué par l'influence et l'autorégulation sur la réussite continue en littératie. Ses travaux découlent de son doctorat, dans lequel elle a reconceptualisé le rôle de la correction et de la rétroaction en matière d'apprentissage de la langue et de littératie, étudié la résistance à l'apprentissage et le rôle du positionnement de l'apprenant et de l'apprenante par rapport à l'acquisition de connaissances et, enfin, utilisé l'approche théorique poststructurale pour élaborer un cadre opératoire pour effectuer de la recherche sur le langage, la littératie et l'apprentissage des langues secondes. Auteure publiée en français et en anglais, elle est très impliquée dans la création et l'étude des façons alternatives de comprendre et d'acquérir des connaissances dans la différence.

JOCELYNE GIASSON

Jocelyne Giasson est professeure titulaire à la Faculté des sciences de l'éducation de l'Université Laval. Elle possède un doctorat en enseignement et une maîtrise en psychologie. Ses travaux portent principalement sur les programmes d'intervention en lecture et sur les lecteurs en difficulté.

NATALIE LAVOIE

Natalie Lavoie est professeure à l'Université du Québec à Rimouski. Elle est titulaire d'un doctorat en psychopédagogie. Elle a œuvré comme enseignante au préscolaire et au primaire et elle s'intéresse, depuis le début de sa carrière, à l'émergence de l'écrit et à l'apprentissage de la lecture et de l'écriture. Elle est auteure de différents articles sur ces sujets, coauteure du livre *L'éveil à la lecture et à l'écriture: une préoccupation familiale et communautaire* et du programme de développement de compétences parentales *On découvre l'écrit, je t'aide pour la vie!*

NONIE K. LESAUX

Nonie Lesaux est professeure adjointe à la Harvard Graduate School of Education. Elle s'intéresse à l'apprentissage de la lecture et à la santé chez les élèves qui risquent d'éprouver des difficultés d'apprentissage. Ces enfants proviennent de milieux linguistiques minoritaires et/ou des milieux socioéconomiquement défavorisés. Elle s'intéresse également aux enfants ayant des difficultés langagières ou ayant d'autres difficultés pouvant influencer l'apprentissage de la lecture. Ses projets de recherche portent généralement sur la relation entre les facteurs démographiques, la santé, le langage et les variables associées à la lecture dans les populations considérées à risque.

DIANA MASNY

Diana Masny est professeure à la Faculté d'éducation de l'Université d'Ottawa. Elle enseigne la didactique des langues ainsi que l'enseignement et l'apprentissage des littératies. Ses intérêts de recherche portent sur l'éducation en milieu minoritaire, l'enseignement et l'apprentissage des langues. Depuis plusieurs années, elle se consacre à élaborer un cadre conceptuel des littératies multiples. Ses recherches dans ce domaine ont attiré l'attention de plusieurs organismes gouvernementaux et paragouvernementaux. Présentement, elle est membre de l'unité de recherche en littératies multiples à la Faculté d'éducation de l'Université d'Ottawa.

ISABELLE MONTÉSINOS-GELET

Isabelle Montésinos-Gelet est professeure agrégée à la Faculté des sciences de l'éducation de l'Université de Montréal. Ses intérêts de recherche portent sur l'étude des composantes socio cognitives en jeu dans une situation de production collaborative d'orthographes inventées en maternelle et dans les tâches d'écriture créative au premier cycle du primaire.

MARIE-FRANCE MORIN

Marie-France Morin est professeure agrégée à la Faculté d'éducation de l'Université de Sherbrooke. Son implication dans la formation des maîtres en Adaptation scolaire et sociale ainsi que ses intérêts de recherche se situent dans le domaine de la didactique du français. Ses principaux travaux de recherche concernent les enjeux des premiers apprentissages en écriture et en lecture (compétences orthographiques, habiletés métalinguistiques, difficultés d'apprentissage). Elle s'intéresse aussi à mieux comprendre l'impact de pratiques pédagogiques novatrices (orthographes approchées et exploitation du livre jeunesse) sur le développement de la littératie.

ANDRÉ A. RUPP

André A. Rupp est professeur adjoint à la Faculté d'éducation de l'Université d'Ottawa. Ses intérêts de recherche portent sur la modélisation psychométrique de l'aspect cognitif, l'invariance des paramètres dans les modèles comportant des variables latentes ainsi que sur les approches psychométriques modernes de l'évaluation du langage. Il est présentement le chercheur principal d'un projet subventionné par le Conseil de recherches en sciences humaines dans lequel il étudie l'application et le développement de modèles psychométriques permettant de mesurer la compréhension en lecture.

LISE SAINT-LAURENT

Lise Saint-Laurent est professeure titulaire au Département d'études sur l'enseignement et l'apprentissage et vice-doyenne aux études à la Faculté d'éducation de l'Université Laval. Elle effectue des recherches portant sur la prévention de l'échec scolaire, les élèves à risque, la littératie en milieux défavorisés, la collaboration famille-école, les difficultés d'apprentissage et le retard de développement.

CHRISTINE SUURTAMM

Christine Suurtamm est professeure adjointe à la Faculté d'éducation de l'Université d'Ottawa. Dans ses recherches, elle étudie l'apprentissage et l'enseignement des mathématiques. Plus précisément, elle s'intéresse à l'évaluation en classe, à l'analyse de l'enseignement et à l'analyse du curriculum. Un autre champ d'intérêt de la professeure Suurtamm porte sur le développement professionnel des enseignants.

Index sélectif des noms propres

Adams, M. J., 197, 202
Ahlsten, G., 99, 124
Ahonen, T., 99, 126
Akey, T. M., 123, 125
Alberta, ministère de l'éducation de l', 217, 223
Alexander, P. A., 192, 202
Allard, R., 190, 191, 205, 223
Allard, S., 190, 202
Allington, R. L., 192, 202
Allman T. M., 37, 51
Alves-Martins, M., 8, 31, 37, 54
Ambrose, R., 78, 84, 90
Anderson, J., 77, 78, 82, 84, 89, 115, 123, 223
Anderson, N. J., 197, 202
Andersson, H. W., 99, 119, 124
Anesko, K. M., 135, 138, 139, 152, 156
Applebee, A. N., 77, 83, 90, 97, 103, 104, 124
Apostoleris, N. H., 93, 125
Araujo, L., 37, 51
Armand, F., 12, 34
Artelt, C., 60, 69
Aro, M., 8, 34
Astolfi, J. P., 212, 221

Baird, J., 59, 70
Baker, L., 114, 124
Baldwin, A. L., 99, 124
Ball, D. L., 68, 69, 70
Ball, E., 199, 202
Barnett, W. S., 132, 158
Barraball, L., 95, 96, 119, 125
Barré-De Miniac, C., 32, 33, 192, 203
Bass, H., 59, 67, 69
Bassler, O. C., 155, 157
Bauer, D. J., 175, 183
Baumert, J., 60, 69
Baumrind, D., 99, 124
Bearison, D. J., 97, 127

Beaudoin, I., v, 3, 93-129, 225
Beck, T. L., 197, 203
Becker, H. J., 93, 124
Beers, J. W., 75, 90
Behr, M., 68, 72
Beniak, E., 190, 204
Benjet, C., 93, 125
Bentin, S., 199, 203
Berger, M. J., iii, iv, vi, 4, 187-207, 225
Berger, R. L., 160, 184
Bergin, C., 95, 96, 102, 114, 116, 126
Berk, L. E., 76, 77, 90, 97, 124
Bernard, R., 190, 191, 203
Bertrand, R., 99, 125
Besse, J.-M., 9, 11, 24, 25, 31, 37, 38, 51, 76, 90
Bethea, K., 68, 71
Binder, J. C., 79, 82, 85, 90
Blachman, B. A., 37, 54
Blackwell, P. J., 97, 127
Blanche-Benveniste, C., 22, 31
Blomhoej, M., 61, 69
Blunk, M. L., 67, 71
Boaler, J., 59, 66, 67, 69, 70
Boissonneault, J., 190, 204
Bollen, K. A., 176, 183
Bonin, P., 7, 8, 23, 31
Bordeleau, L. G., 190-91, 203
Borsboom, D., 176, 183
Borzone de Manrique, A. M., 8, 31
Bosse, M. L., 37, 53
Bourassa, D., 8, 9, 34, 37, 54
Bousquet, S., 21, 31
Boyce, G., 98, 126
Brady, M. L., 152, 156
Brasacchio, T., 37, 51
Brilt-Mari, B., 193, 198, 203
Britto, P. B., 131, 156
Brooks-Gunn, J., 124, 131, 156
Brousseau, G., 194, 203
Brown, C. A., 59, 70

Brown, T., 57, 70
Bruer, J. T., 196, 203
Bruner, J. S., 10, 31, 97, 125, 129
Bruneau, B., 78, 84, 90
Bryant, F. B., 132, 156
Bryk, A. S., 176, 177, 185
Buell, M. J., 79, 82, 85, 90
Burbules, N. C., 215, 221
Burns, M. S., 79, 82, 90, 132, 150, 156, 158
Burow, R., 155, 157
Burstow M., 37, 54
Bus, A. G., 2, 5

Cairney, T., 197, 203
Casbergue, R., 79, 82, 90
Casella, G., 160, 184
Catach, N., 40, 51
Cazabon, B., 189, 190, 191, 193, 203, 204
Center, Y., 37, 51, 157, 185
Chall, J., 197, 204
Chan, J., 99, 125
Chapell, M. S., 99, 125
Chapman, M. L., 37, 51
Chavkin, N. F., 135, 156, 157
Chiappe, P., 178, 184
Chomsky, C., 36, 51
Christian, K., 132, 156
Clark, M., 75, 90,
Clark, R. M., 134, 135, 150, 151, 153
Clarke, L. K., 37, 52
Clarke, V., 93, 129
Clay, M. M., 75, 90, 193, 204
Cobb, P., 57, 58, 63, 65, 70, 71, 73
Cogis, D., 21, 31
Cohen, D., 67, 70
Cohen, J., 160, 184
Colé, P., 8, 12, 31, 32
Cook-Gumperz, J., 217, 221
Cooney, T., 59, 70
Cooper, D., 68, 71
Commission internationale sur l'enseignement des mathématiques (ICMI), 68, 216
Connie, J., 197, 203
Cordon, L. A., 97, 125
Cotton, K., 134, 156
Couture, C., 75, 92

Couture, R., 81, 91
Creswell, J. W., 163, 184
Cunningham, J. W., 37, 52
Cunningham, P. M., 37, 52
Curran, P. J., 78, 84, 91

Dagenais, D., 211, 221
Daley, K. E., 93, 127
Darling, N., 99, 125, 128
Darot, E., 212, 221
Dauber, S. L., 134, 135, 156
David, J., 12, 29, 31, 32, 33, 37, 53
David, Y. M., 97, 127
Davidson, R. G., 93, 125
Dawson, R., 65, 73
Day, J. D., 97, 125
DeBaryshe, B. D., 79, 82, 90
De Boeck, P., 160, 176, 184, 185
De Gaulmyn, M.-M., 24, 31, 32, 44, 52
De Koninck, Z., 12, 34
De Jong, P. F., 93, 126
Dehn, M., 75, 90
Dekovic, M., 105, 125
Derrida, J., 211, 219, 220, 222
Deslandes, R., 99, 114, 125
Dey, D. K., 175, 186
Dionne, A.-M., iii, iv, v, 1-6, 131-158, 225, 226
Dornbusch, S. M., 99, 128
Dorsey-Gaines, 2, 6
Dossey, J. A., 56, 57, 70
Draper, K. D., 98, 126
Dreher, M. J., 26, 33
Drolet, M., 27, 34
Ducard, D., 21, 31
Dufresne, T., vi, 5, 209-224, 226
Dunn, L. M., 30, 32
Durkin, D., 132, 156

Eberhardt, N. C., 37, 53
Eberle, T., 96, 125
Ebener, R., 153, 155, 156
Ecalle, J., 15, 32, 198, 201, 204
Edwards, A. J., 75, 78, 80, 85, 90, 91, 129
Edwards, P. A., 75, 78, 90, 93, 128
Edwards, S. A., 80, 85, 91
Ehri, L. C., 7, 32, 36, 52
Elmen, J. D., 99, 128

Index sélectif des noms propres 231

Embretson, S. E., 160, 171, 176, 184
Epstein, J. L., 93, 124, 134, 135, 156
Ernest, P., 56, 57, 70
Erskine, J. N., 8, 34
Espinosa, L., 132, 156
Evans, M. A., 12, 32, 95, 96, 98, 102, 114, 115, 116, 119, 125
Even, R., 68, 69

Fabrigar, L. R., 160, 165, 184
Fayol, M., 7, 8, 31, 32, 34
Fédération canadienne de l'alphabétisation en français, 217, 222
Feeley, J. T., 78, 91
Ferdman, B., 214, 222
Ferrand, L., 192, 204
Ferreiro, E., 9, 10, 11, 17, 27, 32, 34, 36, 37, 52, 54, 75, 76, 83, 90, 91
Fidell, L. S., 123, 129
Fijalkow, E., 10, 32, 212, 222
Fijalkow, J., 90, 188, 204, 212, 222
Findell, B., 60, 71
Fitzgerald, J., 78, 84, 91
Forman, E. A., 57, 59, 70
Fox, M., 98, 125
Freeman, L., 37, 51
Freire, P., 214, 217, 218, 219, 220, 222, 223
Frith, U., 7, 21, 32, 36, 43, 52
Frost, J., 10, 28, 32, 36, 37, 52
Frykholm, J., 68, 70

Gallant, N., 187, 204
Gallimore, R., 97, 103, 129
Garber, M., 75, 92
Gentry, J. R., 36, 52
Gérin-Lajoie, D., 187, 193, 204
Gerris, J. R. M., 105, 125
Gettinger, M., 37, 52
Ghahremani-Ghajar, 218, 223
Giasson, J., v, 3, 27, 75, 92, 93-129, 226
Gilabert, H., 188, 204
Gilbert, A., 187, 204
Gilly, M., 197, 204
Ginsburger-Vogel, Y., 212, 221
Gipps, C., 196, 204
Gombert, J. É., 12, 32, 34
Gomez-Palacio, M., 9, 17, 32

Gottardo, A., 178, 184
Graves, B., 58, 71, 207
Graves, D. H., 76, 91
Gravetter, F. J., 160, 184
Green, S. B., 123, 125
Greenfield, P. M., 97, 103, 123, 125
Griffin, P., 150, 158
Griffith, P. L., 37, 52
Grolnick, W. S., 93, 99, 114, 125
Guba, E., 163, 185
Guthrie, J. T., 198, 205

Hall, K., 212, 213, 214, 222
Hall, N., 211, 222, 223
Hannon, P., 93, 94, 95, 102, 114, 126
Harel, G., 68, 72
Hathaway, C., 99, 128
Heath, S. B., 1, 2, 5
Hébert, M., 137, 157
Heidegger, M., 38, 52
Henderson, E., 36, 52
Herry, Y., 190, 205
Hersh, R., 57, 71
Hewison, J., 93, 93, 126, 129
Hiebert, J., 58, 71, 127
Hobsbaum, A., 97, 104, 126
Hoeigaard, T., 61, 69
Hoffman, S., 78, 79, 83, 85, 91
Hoover-Dempsey, D. V., 134, 135, 155, 157,

Invernizzi, M., 37, 52
Irby, B. J., 153, 156

Jackson, A., 94, 126
Jaffré, J. P., 9, 21, 29, 31, 32, 33, 37, 53
Janssens, J. M. A. M., 105, 125
John-Steiner, V., 97, 127
Johnson, H. A., 37, 53
Jones, B., 78, 91
Jonnaert, P., 194, 196, 205
Juel, C., 98, 99, 119, 126
Julius-McElvany, N., 60, 69

Kahan, J., 68, 71
Kamata, A., 160, 175, 184
Kamii, C., 8, 33
Kao, G., 132, 157

Kazemi, E., 63, 72
Kilpatrick, J., 60, 70, 71, 72
Korkeamäki, R. L., 26, 33
Krashen, S. D., 198, 205
Kuehl, R. O., 160, 185
Kuhn, B., 37, 51
Kuppens, P., 160, 185
Kurowski, C. O., 93, 125
Kutner, M. H., 160, 185

Laakso, M. L., 99, 126
Labrie, N., 187, 205
Laforge, L., 190, 205
Lafortune, S., 190, 204
Lafrance, E., 193, 205
Lajoie, M., 191, 206
Lakoff, G., 57, 71
Lamborn, S. D., 99, 128
Lamoureux, S. A., 187, 205
Lampert, M., 58, 63, 65, 67, 71
Lancy, D. F., 92, 95, 96, 98, 99, 102, 114, 116, 119, 126
Landry, R., 190, 191, 205
Langer, J. A., 77, 83, 90, 97, 103, 104, 124
Lankshear, C., 214, 222
Lara-Alecio, R., 153, 156
Lather, P., 213, 220, 222
Lave, J., 57, 71, 125
Lavoie, N., v, 3, 75-92, 226
LeFevre, J.-A., 93, 128
Lefevre, P., 58, 71
Legendre, R., 196, 205, 214, 223
Lévesque, D., 190, 205
Lévesque, J. Y., 81, 91
Leinhardt, G., 68, 71
Lesaux, N., vi, 4, 159-186, 227
Leseman, P. P. M., 93, 126
Lesh, R., 68, 72
Levin, I., 10, 28, 34
Levine, F. M., 135, 156
Lincoln, Y., 163, 185
Lipka, O., 178, 180, 185
Loef Franke, M., 63, 72
Long, R., 8, 33
Louvet-Schmauss, E., 8, 34, 79, 92
Luis, M. H., 11, 24, 31, 32, 33
Luria, A. R., 36, 53
Lyytinen, P., 99, 119, 126

MacCallum, R. C., 160, 184
Maccoby, E., 99, 126
Macedo, D., 214, 218, 222
Mackler, K., 114, 124
Magidson, J., 176, 186
Magnan, A., 15, 32
Malone, J. A., 199, 206
Maloy, R. W., 80, 85, 91
Malrieu, D., 40, 53
Mandin, L., 191, 206
Manning, G., 8, 33
Manning, M., 8, 33
Mantzicopoulous, P., 193, 206
Marcon, R. A., 131, 134, 157
Marec-Breton, N., 8, 33
Marjoribanks, K., 99, 126
Martin, J., 99, 127
Martin, S., 37, 51
Martineau, I., 93, 126
Martinet, C., 37, 53
Masny, D., vi, 1, 5, 6, 191, 192, 206, 209-224, 227
Massonnet, J., 21, 31
MacCallum, R. C., 160, 184
McDonald, R. P., 160, 175, 185
McGill-Franzen, A., 192, 202
McLaren, P., 214, 222
McMahon, R., 76, 91
McBride-Chang, C., 37, 53
McNaughton, S., 93, 126
Meirieu, P., 199, 206
Mélançon, J., 12, 33
Mellenbergh, G. J., 176, 183
Merriam, S. B., 163, 185
Messick, S., 171, 185
Michaelson, M., 37, 51
Middleton, D., 97, 129
Miller, H. M., 37, 53
Moles, O. C., 134, 152, 153, 155, 157
Montésinos-Gelet, I., v, 3, 9, 11, 15, 16, 28, 30, 33, 35-54, 227
Morais, J., 76, 91
Moretti, S., 98, 125
Morin, M.-F., v, 2, 7-34, 228
Morrison, F. J., 132, 156
Morrow, L. M., 2, 6, 75, 91, 92
Mounts, N. S., 99, 127, 129

Muthén, B. O., 160, 175, 177, 178, 185
Muthén, L. K., 177, 178, 185

National Council of Teachers of Mathematics (NCTM), 56, 61, 71, 72
Neter, J., 160, 185
Nicholson, M.-J. S., 37, 53
Nord, C. W., 134, 151, 157,
Núñez, R. E., 57, 71

Office de la qualité et de la responsabilité en education (OQRE), 190, 206
Oken-Wright, P., 77, 91
Olmsted, P., 77, 83, 91
Ontario, ministère de l'éducation de l', 73, 194, 197, 204, 205, 206, 207, 225
Organisation de coopération et de développement économiques (OCDE), 55, 72, 154
Overton, W. F., 99, 125

Pacifici, C., 97, 127
Palincsar, A. S., 97, 127
Panofsky, C. P., 97, 127
Paratore, J. R., 78, 92, 135, 150, 157
Parr, J., 93, 127
Pelletier, F., 191, 206
Perrenoud-Aebi, C., 76, 92
Pellegrini, A. D., 2, 5
Perfetti, C. V., 7, 32, 34
Peschar, J., 60, 69
Peters, S., 97, 126
Peterson, B., 101, 127
Pikulski, J. J., 193, 207
Poikkeus, A. M., 99, 126
Pontecorvo, C., 8, 31, 32
Popham, W. J., 175, 185
Post, T. R., 68, 72
Psychological Corporation, 137, 158
Prêteur, Y., 8, 34, 79, 92
Programme international portant sur le suivi des acquis des élèves (PISA), 55, 69
Purcell-Gates, V., 2, 6, 78, 92, 93, 127, 131, 157

Québec, ministère de l'éducation du, 115
Quigley, D. D., 131, 134, 140, 157

Ramirez, R., 135, 156
Rasinski, T., 78, 84, 90
Rasku-Puttonen, H., 99, 126
Rastier, F., 40, 53
Raven, J. C., 30, 34
Raudenbush, S. W., 176, 177, 185
Read, C., 36, 53
Reeves-Zazelskis, C., 76, 91
Reid, D. K., 76, 92, 92
Reise, S. P., 160, 176, 184
Reynolds, A., 93, 127
Richaudeau, F., 199, 207
Richgels, D. J., 37, 53, 132, 157
Richmond, M. G., 76, 91
Rieben, L., 7, 32, 34
Rijmen, F., 160, 185
Riojas Clark, E., 37, 53
Robertson, G., 37, 51
Robinson, V., 93, 127
Romberg, T. A., 64, 72
Ross, G., 97, 129
Rowe, K. J., 93, 127
Royer, E., 92, 99, 125, 137, 157
Rubin, H., 37, 53
Rupp, A. A., vi, 4, 159-186, 228
Ryan, R. M., 99, 114, 125,

Saint-Laurent, L., v, 3, 27, 75, 92, 93-129, 137, 138, 155, 157, 228
Salkind, N. J., 123, 125
Sandler, H. M., 134, 135, 157
Saracho, O. N., 128, 135, 158
Schofield, W. N., 93, 129
Schoiock, G., 135, 156
Schum, D. A., 164, 186
Sénéchal, M., 8, 34, 93, 128
Serpell, R., 114, 124
Seymour, P. H. K., 8, 34
Sfard, A., 58, 63, 72, 73
Shaffer, D. R., 99, 128
Share, D. L., 10, 28, 34
Shatil, E., 10, 28, 34
Shaw, D., 32, 98, 125
Shilling, W. A., 37, 53
Siegel, L. S., 178, 180, 184, 185
Signorini, A., 8, 31
Silva, C., 37, 54
Simard, C., 76, 92

Index sélectif des noms propres

Sipe, L. R., 37, 54
Slaughter, H., 99, 128
Smith, D. A., 68, 71
Smith, F., 90, 92, 198, 207
Snow, C. E., 76, 92, 93, 125, 132, 150, 156, 158, 212, 224
Sommerfelt, K., 99, 124
Sonnander, K., 99, 124
Sonnenschein, S., 114, 124
Spiegel, D. L., 78, 84, 91
Spivak, G. C., 212, 224
Stainthorp (OR Sainthorp), 211, 223
Stanovich, K., 197, 207
Stanovich, P., 197, 207
Steinberg, L., 99, 114, 125, 128
Stone, C. A., 103, 128
Storch, S. A., 132, 133, 135, 150, 151, 158
St. Pierre, E., 210, 224
Strahan, E. J., 160, 184
Strickland, C., 75, 90
Strickland, D. S., 83, 92
Strom, R., 99, 114, 119, 128
Sulzby, E., 76, 92, 93, 129
Suurtamm, C., v, 3, 55-73, 194, 207, 228
Swafford, J., 60, 71
Sylva, K., 97, 126

Tabachnik, B. G. (OR Tabachnick), 123, 129
Tainturier, M. J., 37, 53
Tangel, D. M., 37, 54
Tardif, 137, 157
Tate, R., 160, 186
Taylor, D., 2, 6, 131, 158
Taylor, P. C. S., 199, 206
Teale, W. H., 75, 76, 92, 93, 129
Teberosky, A., 36, 52
Tharp, R. G., 97, 103, 129
Thériault, J. Y., 75, 76, 83, 92, 187, 204
Thériault-Whalen, C. M., 30, 32
Thomas, A., 154, 158
Thomas, E., 93, 127
Tienda, M., 132, 157
Timberley, H., 93, 127
Tizard, J., 93, 126, 129
Toomey, D., 94, 129
Torres, C. A., 215, 221

Toussaint, J., 212, 221
Treiman, R., 8, 9, 34, 37, 54
Tuerlinckx, F., 160, 185
Turcotte, D., 99, 125

Uhry, J. K., 37, 54

Valdois, S., 37, 53
Van de Walle, J., 62, 73
van Heerden, J., 176, 183
VanIJzerndoorn, M. H., 2, 5
Varnhagen, C. K., 37, 54
Vermunt, J. K., 176, 186
Vernon, S. A., 10, 27, 34, 37, 54
Véronis, J., 30, 34
Vézina, N., 60, 73, 207
Vygotsky, L. S., 36, 54, 76, 77, 90, 92, 97, 118, 124, 127, 129,

Wade-Woolley, L., 178, 184
Walberg, H. J., 134, 158
Wallnau, L. B., 160, 184
Ware, W., 75, 77, 83, 91, 92
Wasserman, W., 160, 185
Webb, R., 77, 83, 91
Wegener, D. T., 160, 184
Weinberger, J., 94, 126
Weltstein-Badour, G., 188, 207
Wertsch, J. V., 97, 129
Whalers, S. G., 78, 91
Whitehurst, G. J., 132, 133, 135, 138, 150, 151, 158
Wigfield, A., 198, 205
Wikelund, K. R., 134, 156
Wilson, L. D., 64, 72
Wilson, M., 176, 184
Wilks, R. T., 93, 129
Winsler, A., 76, 77, 90, 97, 124
Wood, D., 97, 129
Wood, H., 97, 129

Yackel, E., 58, 73
Yarosz, D. J., 132, 158

Zack, V., 58, 71
Ziarko, H., 12, 13, 30, 33, 34
Zumbo, B. D., 171, 175, 186